双层连续配筋混凝土路面结构与工程应用

Structure and Engineering Application of Continuously Reinforced Concrete Pavement with Double-layer Reinforcement

李　盛　刘朝晖　著

人民交通出版社股份有限公司

北　京

内 容 提 要

现行行业规范中只涉及单层配筋 CRCP(连续配筋混凝土路面),缺少双层配筋 CRCP 设计与施工内容,本书是对现行规范很好的补充和完善。本书共分 8 章,详细阐述了双层连续配筋混凝土路面的结构及应用技术,内容包括绪论、温缩和干缩对 CRCP 配筋率设计指标的影响、双层配筋 CRCP 结构力学响应分析、双层钢筋对 CRCP 配筋率设计指标的影响、双层钢筋 CRCP 配筋率设计指标计算和修正、双层配筋 CRCP 优势及结构优化、双层配筋 CRCP 修筑关键技术及裂缝控制与预测以及结语。

本书可作为高等学校道路工程专业研究生和高年级本科生的教材或参考用书,也可供从事道路工程科研、教学、设计与施工的专业人员参考使用。

图书在版编目(CIP)数据

双层连续配筋混凝土路面结构与工程应用/李盛,刘朝晖著.—北京:人民交通出版社股份有限公司,2020.10

ISBN 978-7-114-16732-4

Ⅰ.①双… Ⅱ.①李…②刘… Ⅲ.①连续配筋混凝土路面—路面设计—研究②连续配筋混凝土路面—路面施工—研究 Ⅳ.①U416.216

中国版本图书馆 CIP 数据核字(2020)第 131840 号

Shuangceng Lianxu Peijin Hunningtu Lumian Jiegou yu Gongcheng Yingyong

书　　名: 双层连续配筋混凝土路面结构与工程应用
著 作 者: 李　盛　刘朝晖
责任编辑: 戴慧莉
责任校对: 孙国靖　龙　雪
责任印制: 刘高彤
出版发行: 人民交通出版社股份有限公司
地　　址: (100011)北京市朝阳区安定门外外馆斜街 3 号
网　　址: http://www.ccpcl.com.cn
销售电话: (010)59757973
总 经 销: 人民交通出版社股份有限公司发行部
经　　销: 各地新华书店
印　　刷: 北京交通印务有限公司
开　　本: 787×1092　1/16
印　　张: 10.25
插　　页: 2
字　　数: 226 千
版　　次: 2020 年 10 月　第 1 版
印　　次: 2020 年 10 月　第 1 次印刷
书　　号: ISBN 978-7-114-16732-4
定　　价: 48.00 元

前　　言

我国已投入运营的重载道路，由于重载超载较为普遍且近年极端气候频现，不少未达到使用年限即出现了较为严重的结构性破坏和使用功能衰退。重载道路的早期损坏和维修不断，产生了巨大的经济损失和资源浪费，并引起了广泛的社会关注，迫切需要探索重载交通长寿命路面结构与技术，增强路面结构的耐久性和可靠性，以助力交通强国建设。

连续配筋混凝土路面（Continuously Reinforced Concrete Pavement，简称CRCP）具有优良的路用性能。水泥混凝土面板内配置上下两层连续钢筋的路面（简称双层配筋 CRCP）在重载、板底脱空等不利条件下仍具有良好的可靠性和耐久性，并具有行车舒适性好、使用寿命长、维修费用低等优点，可应用于重载交通的公路与城市道路、岩溶与采空地区公路、机场跑道、隧道路面等。修筑双层配筋 CRCP 能充分利用我国相对丰富的水泥、粉煤灰、砂石等材料，促进当地经济发展并减少对石油资源的依赖，也有利于解决我国钢筋、水泥产能过剩的问题，社会与经济效益显著。

目前，单层配筋 CRCP 已广泛应用于国内外的公路、机场道面及旧路加固工程。在美国、比利时、西班牙、瑞典、荷兰、英国、法国、德国等欧美国家有相当多的应用和研究。其中，美国和比利时是 CRCP 应用最成功的国家，早在 1921 年美国就在华盛顿特区修筑了 CRCP 试验路，比利时也有着 70 多年 CRCP 的应用经验。CRCP 在日本的通车总里程已超过 1 万 km。我国吉林、陕西、山西、河北、河南、江苏、湖南、湖北、江西、广西、广东等地均修筑了单层配筋的 CRCP 试验路或实体工程。近年随着城市热岛效应等因素引发的特大暴雨等极端气候事件频现，以及现有道路普遍存在排水不畅、路面结构内部积水和受冲刷严重等问题，加之一些城市周边布局了加工制造企业或因城市建设大型渣土车、材料运输车等经常出现在道路上，对路面结构的承载能力要求较高，单层配筋 CRCP 已不能满足重载且道路内部积水或冲刷严重的严苛条件，需要修筑结构和承载能力更好的双层配筋 CRCP。

虽然国内外对单层配筋 CRCP 结构及工程应用的研究取得了一定成果，但对双层配筋 CRCP 结构及工程应用的研究较少，现有双层配筋 CRCP 的设计及施工均是参照单层配筋 CRCP 进行的，相关行业规范或技术指南及规程中也没有关于双层配筋 CRCP 的内容。实际上双层配筋 CRCP 结构在力学响应、结构组合、配筋率设计、开裂机理、裂缝发展、施工关键技术等方面均有其自身的特点，开展双层配筋 CRCP 结构与工程应用研究，对促进新时代重载交通路面结构设计及应用技术的发展意义深远。

本书是作者依托国家自然科学基金项目“连续配筋混凝土刚柔复合式路面沥青面层开裂行为研究”（项目批准号:51878076）、“大刚度基层上沥青面层破坏准则与结构研究”（项目批准号:51678078）、“重载作用下双层连续配筋水泥混凝土路面水平裂缝产生机理研究”（项目批准号:51708244）、湖北省交通运输厅科技项目“重载交通下连续配筋混凝土路面结构研究及工程应用”的部分研究成果，结合武汉青王公路提质改造工程、武汉市 21 号公路提质改造工程、湖北省道蕲龙线提质改造工程 S240 等实体工程的修筑实践和观测结果，对双层配筋 CRCP 结构及工程应用进行的系统总结，旨在解决修筑双层配筋 CRCP 的关键理论与技术和制约其推广应用的主要问题。书中主要包括双层配筋 CRCP 结构力学响应分析及结构优化、配筋率设计指标影响分析、配筋率设计指标计算和修正、修筑关键技术及应用优势、裂缝控制与预测等理论与技术，形成了双层配筋 CRCP 建造的整体技术，完善了双层配筋 CRCP 的结构设计体系，对现行行业规范起到有益补充。

本书第 1 章、第 2 章由长沙理工大学的李盛、刘朝晖撰写，第 3 章由长沙理工大学的刘朝晖、华中科技大学的周吴军、中冶南方城市建设工程技术有限公司的程小亮和张号军撰写，第 4 章、第 5 章由长沙理工大学的李盛撰写，第 6 章由长沙理工大学的李盛、刘朝晖撰写，第 7 章由中冶南方城市建设工程技术有限公司的张号军、华中科技大学的周吴军、长沙理工大学的李盛撰写。全书由李盛负责统稿和定稿。研究过程中，进行了大量的计算分析与现场观测，研究生杨帆、王骁帆、曹前、陈尚武、李和林等做了大量工作，中建五局土木工程有限公司的罗桂军、刘青、肖洪波、李泽、李俊等人给予了大力支持，在此深表感谢。此外，感谢国家自然科学基金委、长沙理工大学对本书的出版资助。

因双层配筋 CRCP 结构较复杂且可供参考的研究成果较少，加之作者水平有限，书中不足之处在所难免，恳请广大读者和同行不吝指正。

2020 年 5 月

目　录

第1章 绪 论

在我国，路面早期损坏较为严重，路面结构的使用寿命常低于设计年限，因而，迫切需要提高道路工程的耐久性，以促进我国交通运输事业更好、更快地发展，助力交通强国建设。

双层连续配筋混凝土路面是指在面板内配有上下两层连续纵向钢筋及一定数量横向钢筋（架立筋）的水泥混凝土路面，简称双层配筋 CRCP。双层配筋 CRCP 允许产生横向随机裂缝，可少设或不设接缝，具有整体强度高、行车舒适性好、使用寿命长、维修费用低等优点，能充分满足重载交通条件下路面结构的耐久性要求，从长期使用性能来看，经济性也很好，且修筑双层配筋 CRCP 能充分利用我国相对丰富的水泥、粉煤灰、砂石等材料，促进当地经济发展并减少对石油资源的依赖，也有利于解决我国钢筋、水泥产能过剩的问题。所以，修筑双层配筋 CRCP 社会效益与经济效益显著。

目前，单层配筋 CRCP 已广泛应用于国内外的公路、机场道面及旧路加固工程。比利时有着接近 70 年 CRCP 的应用经验，CRCP 在日本的通车总里程已超过 1 万 km；我国吉林、陕西、山西、河北、河南、江苏、湖南、湖北、江西、广西、广东等地均修筑了单层配筋的 CRCP 试验路或实体工程。近年来，随着城市热岛效应等因素引发的特大暴雨等极端气候事件频现，现有道路普遍存在排水不畅等问题，路面结构内部积水和受冲刷严重以及加工制造企业周边重载车辆较多，或因建设需要，大型渣土车、材料运输车等经常出现在道路上，对路面结构的承载能力要求较高，单层配筋 CRCP 有时不能满足重载且道路内部积水或冲刷严重的严苛条件，需要修筑结构和承载能力更好的双层配筋 CRCP。双层配筋 CRCP 将大幅度提升重载交通道路的行车舒适性与安全性，年均养护成本为普通水泥路面的 1/10 ~ 1/5，从全寿命周期成本来看，会极大地降低养护费用及年度分摊的建造（改建）成本。

目前，国内外对单层配筋 CRCP 结构及工程应用的研究虽然取得了一定成果，但还有一定的局限性和不足，针对双层配筋 CRCP 结构及工程应用的研究很少，现有双层配筋 CRCP 的设计及施工均是参照单层配筋 CRCP 进行，相关行业规范或技术指南及规程中也没有关于双层配筋 CRCP 的内容。实际上，双层配筋 CRCP 结构在力学响应、结构组合、配筋率设计、开裂机理、裂缝发展、施工关键技术等方面均有其自身的特点。所以，开展重载交通双层连续配筋混凝土路面结构及工程应用研究有重要意义。

书中研究成果可为双层连续配筋混凝土路面的合理设计提供理论依据和参考，提升双层连续配筋混凝土路面的应用水平，完善现行行业规范。

1.1 国内外 CRCP 工程应用概况

(1)CRCP 在美国的研究应用。

CRCP 的研究和成功修建起源于美国，世界上第一条 CRCP 是一条长度仅有 60m 的试验路，于 1921 年在华盛顿特区建成通车；相比于 20 世纪同时期的其他道路结构，CRCP 在路用性能方面的明显优势迅速引来了交通领域各国研究学者的关注。同时，美国对 CRCP 的结构设计与施工技术不断进行完善。2012 年，美国联邦公路局(FHWA)、各州公路和运输工作者协会(AASHTO)通过实地考察，将 CRCP 作为重载条件下长寿命路面的首选。

在配筋率设计研究上，美国于 1938 年修筑了多条配筋率在 0.07% ~1.82% 的 CRCP 试验路，调查统计表明 CRCP 的横向裂缝间距与纵向配筋率密切相关；得克萨斯大学的 McCul-loughn 在进行大量室内试验基础上，结合 CRCP 实体工程的调查数据，参与了多条 CRCP 试验路的配筋方案设计，并对影响 CRCP 配筋率设计的设计参数进行具体分析，提出了 CRCP 的设计使用诺谟图和两项重要控制配筋率设计控制指标(横向裂缝宽度 b_j、横向裂缝间距 s)。

(2)CRCP 在比利时的研究应用。

比利时有着接近 70 年 CRCP 道路修筑和应用经验。1950 年修建的比利时国内首条 CRCP 道路经历了几次大维修养护后仍然处于运营服务状态；2013 年，比利时全国的 CRCP 公路密度高达 5km/km^2，其中大多数采用了刚性路面(CRCP)和刚柔复合式路面(CRC + AC)结构形式。

1968 年，比利时首次将滑模摊铺技术运用于 N50 公路的 CRCP 改扩建工程。在配筋率设计上，比利时现有 CRCP 的纵向配筋率在 0.60% ~0.85%。表 1-1 为比利时 1970—1992 年 CRCP 的设计标准。

比利时 CRCP 的设计标准 表 1-1

内　　容	早期(1970—1978 年)	中期(1979—1992 年)	后期(1993 年至今)
板厚(cm)	20(高强混凝土)	20(高强混凝土)	20(高强混凝土)
配筋率(%)	0.85	0.67	0.67
纵筋位置(距上表面)(cm)	6	9	9
沥青罩面层厚度(cm)	6	6	6(必须设置)
素混凝土基层厚度(cm)	20	20	20
粒料底基层厚度(cm)	20	20	20

图 1-1　比利时隧道内的 CRCP 路面

比利时的路面设计规范规定：CRCP 横向裂缝间距的合理范围为 0.7 ~1.5m，横向裂缝的最大宽度为 0.5mm。纵向配筋率的设计值明显降低，其目的是通过降低配筋率来增大裂缝间距，以避免出现冲断破坏。2000 年，比利时对 Hain-aut 省 Walloon 地区 1994 年建成的三条隧道内 CRCP(图 1-1)进行了跟踪调查及病害观测，调查结果显示，这三条 CRCP 在当时仍然保持着良好的路面使用性能。

(3)CRCP 在日本的研究应用。

1945 年后,CRCP 在日本的通车总里程超过了 1 万 km;2010 年,日本交通运输省统计了近十年来的全国不同类型水泥混凝土路面施工实绩(表 1-2)。日本处于地震多发带,故日本修建的普通混凝土路面结构中一般均配有 ϕ6mm 钢筋焊网。由表 1-2 的统计数据可见,配有钢筋焊网的普通混凝土路面结构和设置连续配筋的 CRCP 结构在十年间至少占据施工实绩的 70%。

日本不同类型的水泥混凝土路面施工实绩(万 m^2)　　表 1-2

年度	普通	连续配筋	碾压	薄层	大孔隙	预制	预应力
2001	85.8	38.8	8.0	6.0	0.8	2.0	4.5
2002	116.1	40.4	20.9	10.3	1.5	1.0	4.7
2003	120.2	56.2	5.7	11.8	0.3	0.5	0.0
2004	95.9	26.0	5.0	15.5	0.9	1.8	1.9
2005	58.1	26.1	3.9	3.1	0.0	0.0	0.0
2006	90.0	23.2	2.1	1.4	0.2	1.8	0.0
2007	101.1	32.8	6.6	3.8	0.0	2.3	1.0
2008	116.4	60.7	3.2	0.7	1.0	0.4	0.0
2009	135.5	69.6	1.9	4.1	0.0	1.9	0.2
2010	89.9	41.0	2.4	1.6	0.2	0.3	0.0

日本在全面分析 25 年内普通混凝土路面结构和 CRCP 结构性能优势、结构特点、材料要求、设计标准、施工工法的基础上,于 2012 年 4 月建成了新东名高速公路。该公路以日本运输新动脉著称,其路面设计使用年限达到 100 年,累计设计轴载高达 1 亿次。新东名高速公路的路面结构采用了 24(28)cm CRC + 8cm AC 的刚柔复合式路面结构(图 1-2)。

图 1-2 日本的新东名高速公路 CRCP 基层滑模施工

鉴于新东名高速公路中长寿命刚柔复合式路面结构的性能优势,2012 年 12 月,日本召开全国性道路会议,将发展长寿命水泥混凝土路面结构作为本国道路发展的基本方针,并在全国范围的交通建设中积极推广。

(4)CRCP 在我国的研究应用。

我国早期的 CRCP 工程均是采用科研实力雄厚的著名高校与施工单位联合建设的修建模式。因为施工技术和设计理论研究起步较晚,我国 CRCP 的配筋率设计研究相比发达国家略显落后。

1989 年,在东南大学主持设计研究方案的基础上,我国修建了国内首条 CRCP 道路,路面整体结构纵向配筋率为 0.63%,横向配筋率为 0.14%,路面厚度为 20cm。该 CRCP 道路的修建还有着为我国大范围应用此道路结构奠定设计基础和积累施工经验的重要意义。其左、右半幅的配筋位置不同,目的就在于通过后期观测,比较不同的钢筋位置对横向裂缝的影响。1997 年,在西安公路交通大学主持设计研究方案的基础上,在 107 国道修建 10km 的 CRCP 试验路,其中,CRC 板内的纵向钢筋与横向钢筋在绑扎连接基础上进行整体浇筑。2001 年,长沙交通学院与耒宜高速公路大修工程项目合作修筑了一条长 40.1km 的 CRCP 试验路,纵向配筋率设计采用 0.61%,并对提质改造中的施工技艺进行了相关研究。

总体来讲,我国 CRCP 的应用发展相比于初期取得了长足进步,并在此基础上对双层配筋 CRCP 铺筑工程进行了一定探索,但是截至 2019 年,我国的双层配筋 CRCP 应用仍然较少,主要集中在湖北、江西、广东、山西等地。如湖北武汉市青王公路改造工程,上层纵筋为 ϕ18mm@160mm、横筋为 ϕ18mm@160mm,下层纵筋为 ϕ20mm@160mm、横筋为 ϕ20mm@160mm,配筋率 1.184%,板厚 30cm,路基宽度 22m,于 2015 年 6 月通车;武汉市 21 号公路维修改造工程配筋、路基宽度、板厚等技术指标均同青王公路改造工程,总长 9.4km,于 2015 年 8 月通车;湖北武穴市省道蕲龙线工程,上下两层采用相同的配筋方式,分别距离路表 9cm 和 26cm,总配筋率为 1.15%,板厚 30cm,路基宽度 12m,总长 8.1km,于 2018 年 12 月通车;武汉市新武金堤路北段 3.1km,采用双层配筋的方式,钢筋混凝土板厚 30cm,2018 年 3 月开工,2019 年 9 月通车;江西宜春市 S527(原 X613 黄付线)大中修工程,采用双层配筋混凝土路面结构,配筋混凝土板厚 30cm,全长 20.5km,路基宽度 12m,全长 20.5km,于 2016 年 2 月通车;湖北黄冈市武盘公路重建工程全长 8km,采用双层配筋的方式,于 2018 年 2 月通车。

表 1-3 对部分有代表性的双层配筋 CRCP 工程的结构和配筋率设计进行了归纳列举(表中:ϕ 为钢筋直径,ρ 为纵向配筋率,@为钢筋间距)。

双层配筋 CRCP 结构和配筋率设计案例 表 1-3

实体工程	路面结构	配筋率设计		
粤赣高速双层配筋 CRCP 试验段	28cmCRCP + 热沥青瓜米石滑动封层 + 20cm 水稳基层 + 未筛分碎石垫层	上面层 ϕ20mm,@15cm	下面层 ϕ22mm,@30cm	ρ = 1.06%
山西省道孙吴线双层配筋 CRCP 试验段	20cm 天然砂砾垫层 + 18cm 水泥稳定砂砾底基层 + 18cm 水泥稳定砂砾下基层 + 1cm 乳化沥青封层 + 20cm 贫混凝土基层 + 1cm 稀浆封层 + 30cmCRCP	上面层 ϕ18mm,@15cm	下面层 ϕ18mm,@20cm	ρ = 0.98%
武汉青王公路双层配筋 CRCP 试验段	30cm 钢筋混凝土 + 4cm AC-13 细粒式沥青混凝土 + 24cm 水泥混凝土 + 1cmES-2 型稀浆封层 + 30cm 水泥稳定碎石	上面层 ϕ18mm,@16cm	下面层 ϕ20mm,@16cm	ρ = 1.18%

(5)CRCP 在其他国家的研究应用。

英国于 20 世纪 80 年代铺筑了四条总长约 30km 的 CRCP 试验路,特别地,这四条试验路中有一条三车道、长 4.8km 的 CRCP 试验路,这是迄今为止可供参考资料中 CRCP 在软弱土基的首次运用，为后期将 CRCP 应用于不良地质条件并克服路基不均匀沉降积累了宝贵经验和数据。与英国首条 CRCP 的应用相比，法国首条 CRCP 的修建基本处于同一时期(1983 年)且较为保守，仅在巴黎的市政道路改造中采用了 CRCP 结构，但在 1986 年的奥尔良市道路新建工程中再次运用了 CRCP 结构，迄今为止，CRCP 在法国的通车总里程累计超过了 550km。1988 年起，CRCP 在泰国的南北高速、万挠—塔巴高速相继得到应用，通车总里程达到 364km。此外，韩国、新加坡等国家也逐渐认识到 CRCP 在实际工程运用中的优点，从而修建了大量的 CRCP。

1.2　国内外 CRCP 研究现状

1.2.1　CRCP 力学响应研究

CRCP 受到自然环境和车辆荷载的双重作用，其结构应力主要来自四个方面。一是车辆、人群动静荷载引起的荷载应力。二是温度应力。环境的温度变化会引起 CRC 板收缩和膨胀变形，在弹性地基、基层约束、板内各部分之间相互约束、钢筋约束和材料自重的作用下，板内产生温度应力。季节性平均降温所引起的温度变化较为均匀，其产生的拉压应力在板内也呈均匀分布，称为温缩应力 σ_d。昼夜性的周期性温度变化在面层的顶端和底部产生温度差，沿深度方向形成温度梯度。线性温度梯度引起的结构应力称为温度翘曲应力 σ_b，非线性分布引起的结构应力称为温度内应力。白天，CRCP 受正温度梯度和周围约束的作用，板底因基层约束而产生拉应力，板顶产生压应力；而夜晚则相反。三是干缩应力 σ_s。水泥的水化硬化会消耗混凝土结构内部的毛细孔隙水，材料发生均匀的自干燥收缩变形。在钢筋约束和基层约束的作用下，板内产生干缩应力 σ_s。四是相对湿度变化引起的湿度梯度，在面层内产生湿度翘曲应力 σ_{RH}。

一般认为，CRCP 的结构应力主要由温缩应力和干缩应力组成，温度翘曲应力的影响较小，湿度翘曲应力比温度翘曲应力还小。因此，CRCP 的配筋率设计理论需要考虑温湿效应和混凝土的干缩。

(1)温缩和干缩研究。

学者维拖(Vetter)最先提出应当将温缩、干缩、CRC 板内钢筋屈服应力作为纵向配筋率设计的主要考虑因素，基于此提出了 CRCP 路面在温缩与干缩作用下的配筋计算公式。Kohler 和 Zollinger 的研究成果指出，CRCP 道路中的横向裂缝宽度服从威尔布分布，且引起早期横向裂缝的主要诱因为 CRC 板内的温缩应力和干缩应力，该结论是根据众多研究修建 CRCP 道路结构的国家提供的超过 100 条 CRCP 的统计调查数据而得出的。假设路面结构符合温克勒地基，McCullough 学者将 CRCP 结构简化为连续梁模型后对 CRC 板内的应力、位移变化进行了干缩条件、温缩条件和车辆荷载作用下的多元回归分析，给出了横向裂缝宽度、间距和纵筋应力的回归公式。

曹东伟教授依据钢筋与混凝土间的黏结-滑移本构关系和地基摩阻力的线性分布假设，对 CRCP 温度应力的计算模型展开研究，研究围绕温缩、干缩和翘曲变形条件对 CRCP 任意一点的混凝土和钢筋的应力及位移平衡微分方程进行求解，在解析解计算分析中，取带筋板条位研究对象对平衡微分方程进行验证，进一步分析了 CRCP 配筋率等计算参数与 CRCP 内部应力状态及裂缝宽度等外部使用性能之间的关系，分析了参数的敏感性。左志武教授在曹东伟教授研究成果的基础上，对地基摩阻力的假设条件进一步优化，建立了干缩和温缩条件下的 CRCP 二维离散结构，采用微元体的平衡条件和叠加法推导了解析解对结构模型的合理性并进行了论证。

黄晓明、白桃等对均匀温降条件下 CRCP 有地基影响和无地基摩阻影响的温度应力解析解，明确提出了 CRCP 温度应力的有限元计算是以钢筋、混凝土、地基的相互作用为基础，利用双线性地基模型实现了黏弹刚度系数和三维弹簧单元刚度系数的合理转化，得出模拟钢筋与混凝土界面的关键参数。

王衍辉构造了温缩与干缩作用下的 CRCP 收缩应力分析模型，并依次分析了钢筋与混凝土间的黏结-滑移、CRC 板与地基的摩阻滑移、热膨胀系数对收缩应力的影响，对影响横向开裂的配筋率设计参数进行了敏感性分析，指出收缩应力在板中最大，裂缝处为 0。

(2)温度场和温度翘曲应力的研究情况。

CRCP 的热量主要来自路表与大气和周围环境接触而获得的导流热、对流热和辐射热，热量沿三个方向传递，其中沿深度方向热量的衰减形成了 CRCP 的温度梯度。严作人和 Barbr 等用余弦三角级数描述了太阳辐射对路面的周期性影响，并用扩大气温振幅来考虑有效辐射；埃·牛顿提出用两个正弦函数来描述大气温度的日变化。

CRCP 温度场的求解主要有统计调查和理论计算两种方法。前者主要通过实测路面不同结构层的温度和气象数据，以回归分析法得到温度场随时间的变化规律和温度梯度的变化。后者则在实测的基础上，通过差分法和有限元法求解热传导微分方程。Pretorius 和 Christison 用有限差分法和有限单位元法，对半无限弹性层状体系的温度场进行了分析。严作人在 Pretorius 等人的基础上，同时从定性与定量的角度分析了基层材料的热力学性质对温度场的影响规律。谈至明分析了仅考虑温度线性分布给温度场计算带来的误差，推导了素混凝土板在非线性温度梯度作用下温度内应力的解析公式，用温度应力系数对素混凝土板的翘曲应力进行了修正。Nishizawa 对 CRCP 试验路的温度场进行了实测，以此为依据研究了 CRCP 温缩应力与温度翘曲应力，并考虑了温度场非线性分布的影响。黄晓明、白桃等对线性温度梯度下 CRCP 的温度翘曲应力进行了研究。他们用 CRCP 的有限元解和 Westergarrd 解析解作对比，认为素混凝土板解析解完全适用于 CRCP。模型考虑了钢筋与混凝土的黏结-滑移，得出了混凝土重度对翘曲应力无影响的结论。

董侨根据实测和有限元分析，对复合式路面的温度、温度梯度和变温速率沿深度方向的规律进行了研究，指出路表材料的热吸收率是影响路面温度场的主要因素。顾兴宇等基于传热学原理，用 Fortran 语言编制子程序，定义了太阳辐射、空气对流和路面有效辐射，对 CRC + AC 复合式路面的瞬态温度场进行了有限元分析。刘朝晖分别采用稳态和瞬态热分析，计算了 CRC + AC 复合式路面的稳态温度场和结构层内温度随时间变化规律，建立了 CRC + AC 的温度翘曲应力带裂缝模型，分析了不同裂缝间距下的翘曲应力最不利位置，考虑了温度梯度、AC 厚度、CRC 板厚度、材料热力学性能等因素的影响。韩文杨等对 CRC + AC 复合式路面的温度场和温度梯度进行了实测，分析了温度场影响因素的滞后性与累积规律。

(3)湿度对 CRCP 影响的研究。

CRCP 的内部结构相对湿度存在沿纵向梯度变化而引起 CRC 板的翘曲变形现象。因相对湿度的研究涉及的影响因素众多,CRC 板内材料的物理性质与相对湿度的相关性分析成果不尽如人意,故现有研究理论一般将湿度翘曲转化为温度翘曲进行分析。

Samir N. Shoukry 和 Gergis W. William 等学者通过理想条件下(空气温度:20 ~22℃,相对湿度:40% ~60%)的室内试验,研究了温湿效应对水泥混凝土弹性模量、抗压强度和劈拉强度影响,进一步描述了在不同温湿环境下混凝土力学性能的发展规律,并回归了混凝土强度、弹性模量等力学性能参数与混凝土内部相对湿度的反比例方程。

Jansen 通过对不均匀湿度分布条件下混凝土板内的翘曲应力进行研究计算,并指出面层材料内的水系分布和路表的张力集中分布可能导致更深的裂缝深度;高原和张君等学者在密闭养护条件下,测定了干湿循环条件下 C30、C50、C80 三种不同强度水泥混凝土的内部相对湿度变化数据和有效变形的发展规律变化曲线,并提出相对湿度变化和有效变形密切相关,某种程度上,可以认为相对湿度变化是导致混凝土收缩变形的前提条件;魏亚和高翔等学者通过将混凝板暴露在不同的板顶湿度条件下,运用湿度传感器和湿度的扩散偏微分方程差分解,对均匀水泥混凝土路面的内部湿度分布梯度进行了量化计算;张脩等推导了非均匀无限板在完全自由、轴向变形约束、弯曲变形约束等约束下的湿度翘曲计算方法,建立了二维有限元模型,进一步分析了不同基层类型下湿度梯度对板顶应力、钢筋应力的影响规律。

1.2.2 CRCP 配筋率设计方法

我国规范与 AASHTO-1993 中关于 CRCP 的配筋率设计方法均来源于 Vetter 的配筋计算公式,早期的 CRCP 配筋控制指标与中美现行规范中规定的 CRCP 配筋控制指标也不相同,而是将混凝土与钢筋的抗拉强度的比值列为设计指标。在 Kim 学者提出的 CRCP 配筋率设计方法中,首次提出了将钢筋屈服应力作为 CRCP 设计指标并一直沿用至今。经过进一步的设计研究与经验总结,美国 AASHTO-1993 正式将混凝土的抗拉强度与钢筋的屈服强度作为设计控制指标,是世界上首次较为全面、科学地提出 CRCP 的纵向配筋率设计方法。AASHTO-2002 中,美国通过对国内 CRCP 的路面病害调查发现,裂缝类病害引发的冲断现象严重制约和影响着 CRCP 的使用性能,由此对 CRCP 的配筋率设计进一步完善为在 CRCP 的配筋率设计中纳入控制冲断和路面平整度(IRI)两项设计要求。

交通部 2002 年发布的《公路水泥混凝土路面设计规范》(JTG D40—2002)规定:裂缝平均间距为 1.0 ~2.5m,裂缝缝隙最大宽度不大于 1mm。然而在工程实际中,裂缝平均间距与规范的规定值总存在差异,且混凝土材料和配筋材料不同,差异也不同,国内学者围绕适合我国半刚性基层的 CRCP 配筋指标及其控制值进行了大量和长期的统计分析。根据对江苏盐城 CRCP 试验段和末宜高速公路的多次调查,陈锋锋和查旭东两位学者提出横向裂缝的间距均服从正态分布,且查旭东教授通过 K-S 检验表明横向裂缝间距拒绝对数分布,将此应用于纵向配筋率设计;与查旭东教授的研究成果冲突的是,高英学者则通过可靠度研究认为裂缝间距服从对数分布,并给出了 CRCP 配筋率设计中横向裂缝间距的控制范围。

交通运输部2011年发布的《公路水泥混凝土路面设计规范》(JTG D40—2011)在对CRCP配筋指标设计中规定:裂缝平均间距为1.0~1.8m,裂缝缝隙不大于0.5mm,钢筋所承受的拉应力不大于屈服应力;并给出了CRCP配筋率设计中满足上述规定的一般纵向配筋率设计值:0.6%~0.7%(中等交通荷载等级)、0.7%~0.8%(重交通荷载等级)、0.8%~0.9%(特重交通荷载等级)或0.9%~1.0%(极重交通荷载等级)。

1.2.3 CRCP结构计算软件

美国国家道路合作研究计划(NCHRP)组织开发了一套专门用于CRCP结构计算的软件。1975年,McCullough根据试验和得克萨斯州51条试验路的调研,开发了首套用于计算CRCP板厚与配筋率设计的CRCP-1计算软件。

CRCP-1计算软件开发4年后,开发的CRCP-2考虑了端部锚固作用,并根据温缩与干缩应力均匀分布和材料线弹性假设,通过多元线性回归,进一步给出了横向裂缝宽度与间距的计算方法。但是,CRCP-2忽略了温度梯度与水泥混凝土徐变和应力松弛的影响。Wow编制了CRCP的疲劳损伤模型,开发出了CRCP-5。随后,他又将不同粗集料类型的混凝土归一化养护修正曲线和CRCP的开裂预估模型引入CRCP-7,并最终于1996年整合出了基于一维分析的CRCP-8。CRCP-8简化了设计参数的输入,并考虑了温度梯度和湿度沿板厚的非线性分布。1998年,Kim等编制出了基于二维有限元分析和三维有限元修正的CRCP-9。而如今使用的CRCP-10采用了更先进的有限元动力响应技术,引入了双轴移动荷载和更多的设计参数,并用蒙特卡罗开裂模型对横向裂缝宽度和间距进行了预估。CRCP-10考虑了温缩、干缩、混凝土徐变与应力松弛、线性温度分布引起的CRC板翘曲、非线性温度分布引起的温度内应力和动荷载等影响,是目前最完善的CRCP结构设计程序。

1.2.4 双层配筋CRCP研究现状分析与发展趋势

国内外学者关于CRCP结构方面的研究虽然取得了一定成果,但总体来说,针对双层配筋CRCP结构及工程应用方面的研究相对较少也不够系统,主要体现在以下几个方面:

纵向配筋率设计作为双层配筋CRCP的关键技术,主要是为了控制横向裂缝发展,并尽可能减少使用后期的冲断危害,双层配筋CRCP的配筋率设计研究具有复杂性、综合性和系统性的特点。国内外关于双层配筋CRCP配筋率设计的研究较少,已竣工的双层配筋CRCP工程配筋率均是参考单层CRCP配筋指标计算公式采取保守设计,虽配筋率设计能够符合规范规定以及工程质量要求,但从工程经济性角度出发,较高的纵向配筋率设计会大幅度增加工程造价,故有必要针对双层配筋CRCP的配筋率设计开展研究。

双层配筋CRCP结构中CRC板内的双层配筋对路面整体应力状态的影响客观存在,现有关于双层配筋CRCP结构力学响应方面的研究相对较少,需对CRC板在均匀温降作用下的温缩变形和温度梯度作用下的翘曲变形,以及行车荷载在面层板不同位置处的力学响应规律和双层配筋CRCP在重载交通等不利条件下的适用性进行研究。此外,从现有研究和实体工程的跟踪观测来看,双层配筋CRCP结构及接缝设置、水平裂缝的开裂机理及控制、施工及修复关键技术方面的研究很少,还需深入研究。

综上，目前我国已有较多关于单层配筋 CRCP 结构的相关研究和工程应用，但关于重载交通双层配筋 CRCP 结构及工程应用方面的研究还很少，因此，开展重载交通双层配筋 CRCP 结构及工程应用研究很有必要。

1.3 总体思路及主要内容

1.3.1 总体思路

围绕重载交通下双层连续配筋混凝土路面的结构及工程应用开展研究，主要开展 CRCP 配筋率设计指标、结构力学响应、结构优化、应用优势及关键技术、实体工程的跟踪观测、水平裂缝开裂行为及预测等方面的研究。

用三向弹簧单元模拟钢筋与混凝土之间的黏结-滑移，用当量温差模拟干缩效应，通过数值模拟确定配筋率设计指标的计算公式；通过数值计算结果和正交试验，对影响单双层 CRCP 配筋率设计的参数进行敏感性排序；考虑上下层钢筋的位置和配筋率对横向裂缝的影响，推导出钢筋位置和配筋率与横向裂缝宽度变化值的函数关系式，确定双层配筋 CRCP 结构配筋率设计核心指标（横向裂缝宽度值）的控制值；确定双层配筋 CRCP 结构在行车荷载、温度和湿度变化下的力学响应，以及影响双层配筋 CRCP 结构力学状态的主要因素及规律，根据结构的力学响应分析，确定上下层钢筋的合理布设位置；分析双层配筋 CRCP 结构在重载、土基回弹模量降低、板底脱空等不利状况下的应用优势；从结构组合形式、钢筋的布设方式、支座形式、接缝设置方法等方面对双层配筋 CRCP 结构进行优化；通过实体工程的跟踪观测及应变数据采集分析，结合仿真分析，揭示双层配筋 CRCP 水平裂缝的开裂机理，并提出降低双层配筋 CRCP 水平裂缝开裂风险的措施；结合实体工程的修筑实践，提出双层连续配筋混凝土路面的施工关键技术、裂缝控制技术、维修技术。

1.3.2 主要内容及技术路线

围绕重载交通下双层连续配筋混凝土路面结构及工程应用技术，主要开展配筋率设计指标、结构力学响应、结构优化、应用优势及关键技术、实体工程的跟踪观测、水平裂缝开裂行为及预测等方面的研究，研究工作的技术方案如下：

（1）温缩和干缩对双层配筋 CRCP 配筋率设计指标的影响。

双层配筋 CRCP 配筋率分析主要考虑温缩效应的影响，以温缩作用下双层配筋 CRCP 的混凝土、钢筋的应力和位移作为评价指标，首先验证单层 CRCP 模型合理性，在证明本构方程与参数选取合理，数值模型假设正确的基础上，结合实体工程修筑实践，采用钢筋等效理论进一步分析验证双层配筋 CRCP 数值模型的准确性，推导温缩和干缩作用下纵向配筋率设计指标的解析公式。

（2）单双层配筋 CRCP 配筋因子的敏感分析。

以单双层配筋 CRCP 温缩作用下有限元模型为基础，对 10 项单层配筋 CRCP 配筋因子的敏感性进行 $L_{27}(3^{13})$ 正交试验分析，对 11 项双层配筋 CRCP 配筋因子的敏感性

进行 $L_{50}(5^{11})$ 正交试验分析，并采用极差、方差和显著性检验三种数学方法对试验结果进行分析，区分配筋参数在不同置信水平下的重要性；对敏感因子进行单因子的比较分析，在双层配筋 CRCP 配筋因子的敏感分析中对配筋率 ρ 和钢筋位置 LOC_s 进行具体分析。

(3)考虑上下层钢筋间相互作用的双层配筋 CRCP 配筋指标修正。

双层配筋 CRCP 结构中上下层钢筋间的相互作用是客观存在的，分析该作用对配筋率的影响时主要考虑钢筋位置 LOC_s 和配筋率 ρ 的作用，结合实体工程实际路面结构，设计单、双层布筋方案进行有限元模拟，以横向裂缝宽度为第一控制指标，根据计算结果分析配筋位置 LOC_s 对裂缝宽度值的影响规律，依次推导出钢筋位置 LOC_s 和配筋率 ρ 与横向裂缝宽度变化值的关系函数，提出双层配筋 CRCP 配筋率设计核心指标（横向裂缝宽度）的控制值和配筋率设计方法。

(4)双层配筋 CRCP 结构的力学响应分析。

温度的变化对水泥混凝土路面的影响作用可以分为胀缩应力和翘曲应力，需根据双层连续配筋混凝土路面在温度作用下的受力特征，建立有限元模型，分别对双层配筋 CRCP 在均匀温降作用下的温缩变形和温度梯度作用下的翘曲变形进行研究；建立双层配筋 CRCP 的荷载应力模型，采用同种钢筋且配筋率相同的双层布筋方案与单层布筋方案的荷载应力进行比较分析，并分析行车荷载在面层板不同位置处的力学响应规律，确定所建模型最不利荷载的位置，以及最大拉应力与最大竖向位移的影响规律。

(5)双层配筋 CRCP 应用优势及结构优化。

运用 ABAQUS 有限元软件模型对素水泥混凝土、单层配筋 CRCP 与双层配筋 CRCP 在重载交通、地基不良与板底脱空三种不利条件下的力学响应进行仿真分析，研究双层配筋 CRCP 在不利条件下的适用性及优势；基于实体工程的修筑实践和跟踪观测，结合力学分析，研究双层配筋 CRCP 结构的优化方式，包括基层的结构组合形式、面板两层连续钢筋的设置方式、支座形式等；研发适用于双层配筋 CRCP 结构的接缝及施工方法，有效解决现有接缝易出现渗水、啃边、破碎等病害的问题。

(6)水平裂缝开裂机理及预测与控制。

采用对称结构模型，用弹簧单元模拟钢筋混凝土的黏结-滑移，分析温缩应力和负温度梯度下翘曲应力对水平裂缝的影响，分析横向裂缝处钢筋层位置附近的混凝土最大主应力值；利用移动荷载子程序施加动荷载到 CRCP 面层板上，分析不同荷载作用位置对应的上、下层钢筋处混凝土的最大主应力值；通过仿真分析，并结合双层配筋 CRCP 试验段现场观测及应变数据采集分析，揭示温缩应力和翘曲应力、动荷载作用下双层配筋 CRCP 水平裂缝的开裂机理，对出现水平裂缝的可能性进行预测，并提出降低双层配筋 CRCP 水平裂缝开裂风险的主要措施。

(7)实体工程修筑关键技术及跟踪观测。

依托实体工程修筑实践和跟踪观测，研究双层配筋 CRCP 的施工关键技术，包括：钢筋网架设与模板安装工艺、混凝土浇筑工艺、纵向施工缝处理、横向接缝处理、裂缝主动控制技术、养护及修复技术等，并对铺筑完成后路面产生的横向裂缝、平整度等关键指标进行观测、统计，分析双层连续配筋混凝土路面横向裂缝特征及分布规律。

研究的技术路线如图 1-3 所示。

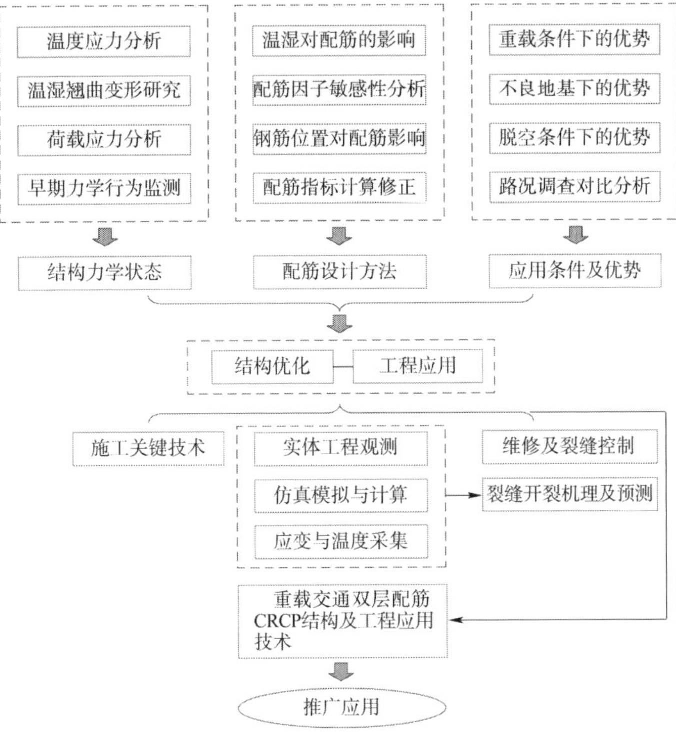

图 1-3　技术路线图

第 2 章　温缩和干缩对 CRCP 配筋率设计指标的影响

连续配筋混凝土路面(CRCP)的横向裂缝主要由混凝土的温缩和干缩引起,纵向钢筋用来控制横向裂缝的发展。因此,纵向配筋机理的研究主要围绕温缩和干缩对配筋率设计指标的影响展开。本章将基于弹性理论和黏结-滑移理论建立有限元模型,以温缩作用下双层 CRCP 混凝土、钢筋的应力和位移作为评价指标,采用钢筋等效理论进一步分析验证双层配筋 CRCP 数值模型的准确性,推导温缩和干缩作用下,纵向配筋率设计指标的解析公式。本章还将设计正交试验,得出了各配筋因子基于极差分析和方差分析的影响次序和显著性水平,对影响显著的配筋因子进行具体研究。

2.1　温缩和干缩的直角坐标解答

2.1.1　位移法及模型本构方程

(1)非荷载应力和位移法。

水泥混凝土路面的非荷载应力主要包括温缩应力、温度翘曲应力和干缩应力。CRCP 由于板内纵向受力筋的约束作用,温缩和干缩应力约占非荷载应力的 99%,而温度翘曲应力很小,可忽略不计。对于湿度翘曲应力,现有设计未加以考虑,则:

$$\sigma_n = \sigma_d + \sigma_s \tag{2-1}$$

式中:σ_n——非荷载应力,MPa;

σ_d——温缩应力,MPa;

σ_s——干缩应力,MPa。

取 CRCP 内任意一点的位移为基本未知量,建立温缩和干缩作用下的平衡微分方程,代入边界条件求出位移函数后,再代入几何方程和模型的本构方程求得应力函数。

(2)钢筋和混凝土的黏结-滑移本构方程。

钢筋和混凝土由于弹性模量 E 差异较大,在拉应力作用下,二者变形不协调,其接触面上会产生较大的切应力和相对滑移。国外学者 Siligar 首先提出了钢筋混凝土结构存在黏结-滑移现象;Nilison 等学者通过钢筋的拉拔试验和统计回归分析提出了黏结应力与滑移的一元三次非线性本构方程;Houdle 则进一步提出了更为精确的四次关系式;Hawkins 提出了三阶段分段线性模型;UT-Austin 用四阶段分段线性方程近似来表征黏结-滑移本构关系。国内道路方面的学者黄志义等提出了 BFRP 筋典型黏结-滑移曲线;刘朝晖等提出了高强玻璃纤维筋与混凝土黏结强度的试验和计算方法。

研究参考四阶段分段线性方程(图2-1),并假设温缩与干缩引起的相对滑移量,混凝土未产生滑移破坏。因此,黏结-滑移本构关系为线性,用剪切刚度系数表征:

$$\tau_s = k_s(u_s - u_c) \tag{2-2}$$

式中:τ_s——黏结应力,MPa;

k_s——钢筋-混凝土剪切刚度系数(k_s越大,黏结越牢固),MPa/mm;

u_s、u_c——钢筋和混凝土的位移,mm。

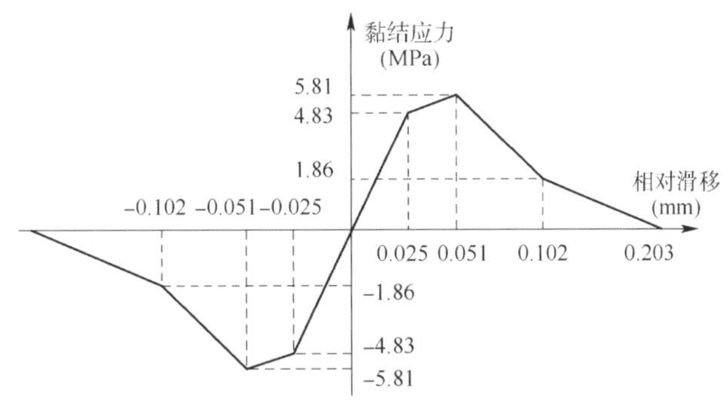

图2-1 钢筋和混凝土的黏结-滑移本构关系

(3)层间接触的本构关系。

温缩和干缩作用下,CRC板和基层由于材料性质不同会产生不同的变形,导致层间发生相对位移,相对位移会引起CRC板与基层之间的剪应力。层间接触的本构关系主要有线性滑移模型、双段线性滑移模型及双曲线滑移模型。AASHTO-2002给出了不同基层材料的基层-板摩擦系数的低值、高值和平均值。UT-Austin用ABAQUS对CRCP进行结构计算时,其层间接触应力用层间黏结-滑移刚度系数和摩阻力系数表示。由于相对位移较小,故采用古德曼线性力学模型(图2-2),用抗剪模量(摩阻力系数)表征摩阻力与相对位移的正比例关系:

$$\tau_c = k_c \Delta u \tag{2-3}$$

图2-2 古德曼线性力学模型

式中:k_c——摩阻力系数(k_c越大,层间黏结越好),MPa/m;

τ_c——层间摩阻力,MPa;

Δu——CRC板与基层的相对位移,mm。

(4)材料的本构方程。

混凝土在凝结和硬化的物理化学变化过程中,体积会随时间增长而不断减小。初期,由于凝固和硬化,收缩变形发展较快,后期受养护条件以及大气环境温湿变化的影响,水分蒸发,而收缩变形较缓慢。根据弹性本构理论和变形几何理论,混凝土的变形主要包括温缩和干缩应力引起的变形和材料本身的热膨胀变形,其本构方程为:

$$\sigma_c = E_c\left(\frac{\delta u_c}{\delta x} + \alpha_c \Delta T + \varepsilon_{sh}\right) \tag{2-4}$$

式中:E_c——混凝土弹性模量,MPa;

u_c——混凝土的位移,mm;

ΔT——均匀温降幅度(最大温差),℃;

α_c——混凝土线膨胀系数,$℃^{-1}$;

ε_{sh}——无约束时混凝土干缩线应变。

钢筋变形主要是温缩应力引起的线应变和材料自身的膨胀收缩应变,本构方程为:

$$\sigma_s = E_s\left(\frac{\delta u_s}{\delta x} + \alpha_s \Delta T\right) \tag{2-5}$$

式中:E_s——钢筋弹性模量,MPa;

u_s——钢筋的位移,mm;

α_s——钢筋线膨胀系数,$℃^{-1}$。

2.1.2 CRCP 应力与位移函数

如图 2-3 所示,以相邻裂缝间的 CRC 板(裂缝间距 s)为研究对象,取其半结构进行计算(长 L)。图 2-3 中,dx 为带筋板条内任意一段微元体,b 等于钢筋间距,h_c为板厚。CRC 板的横截面积为 A_c。纵向钢筋直径为 d_s,横截面积为 A_s。取行车方向为 x 轴,深度方向为 y 轴,横向为 z 轴。A 端为板中,是 x 轴起点;B 端为裂缝端。

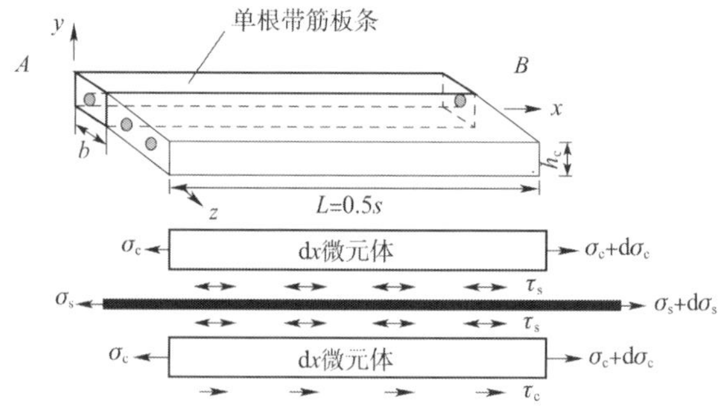

图 2-3 计算模型

虽然,CRCP 的尺寸沿横向并非无穷大,但是由于它的 xy 截面沿 z 轴无变化,且横向钢筋只起定位作用,温缩和干缩引起的切应力分量 τ_{zx}和 τ_{zy}很小,所以计算时将该问题视作平面应变问题。季节性的温降 ΔT 较为均匀,所以假设同一横向截面处的法向应力分量 σ_x不随 y 而改变。即同一横截面上的 σ_x只是 x 的函数,σ_c在截面内呈均匀分布。τ_s和 τ_c作用于各自深度处,它们只是 x 的函数。

假设横向裂缝(B 端)失去传荷能力,位移和拉应力为 0;A 端为对称轴,位移为 0。得到 CRC 板的混合边界条件:

$$\begin{cases}(u_c)_{x=\pm L}=0 & (u_c)_{x=0}=0 \\ (u_s)_{x=\pm L}=0 & (u_s)_{x=0}=0\end{cases} \tag{2-6}$$

$$(\sigma_c)_{x=\pm L}=0 \tag{2-7}$$

以 u_c和 u_s为基本未知量,对微元体进行受力分析。A 端混凝土和钢筋受到的拉应力分别为 σ_c和 σ_s,B 端由于坐标轴变化,拉应力分别为 $\sigma_c+\mathrm{d}\sigma_c$和 $\sigma_s+\mathrm{d}\sigma_s$。作 x 方向的平衡微分方程,代入本构方程(2-2)~方程(2-5),得到二阶线性常系数非齐次微分方程组:

$$\begin{cases}\dfrac{\delta^2 u_c}{\delta x^2}-\dfrac{\pi d_s k_s}{A_c E_c}(u_c-u_s)-\dfrac{bk_c}{A_c E_c}u_c=0\\[2ex]\dfrac{\delta^2 u_s}{\delta x^2}+\dfrac{\pi d_s k_s}{A_s E_s}(u_c-u_s)=0\end{cases}\tag{2-8}$$

求解微分方程组，代入边界条件方程(2-6)～方程(2-7)，解得应力函数和位移函数的直角坐标解答：

$$u_s=F_1 b_1 \mathrm{sh}(\lambda_1 x)+F_2 b_2 \mathrm{sh}(\lambda_3 x)\tag{2-9}$$

$$\sigma_s=E_s[F_1 b_1 \lambda_1 \mathrm{ch}(\lambda_1 x)+F_2 b_2 \lambda_3 \mathrm{ch}(\lambda_3 x)+\alpha_s \Delta T]\tag{2-10}$$

$$u_c=F_1 \mathrm{sh}(\lambda_1 x)+F_2 \mathrm{sh}(\lambda_3 x)\tag{2-11}$$

$$\sigma_c=E_c[F_1 \lambda_1 \mathrm{ch}(\lambda_1 x)+F_2 \lambda_3 \mathrm{ch}(\lambda_3 x)+\alpha_c \Delta T+\varepsilon_{sh}]\tag{2-12}$$

式中：$\lambda_1=\sqrt{\dfrac{1}{2}\left[a_1+a_2+a_3+\sqrt{(a_1+a_2+a_3)^2-4a_2a_3}\right]}$

$$\lambda_3=\sqrt{\frac{1}{2}\left[a_1+a_2+a_3-\sqrt{(a_1+a_2+a_3)^2-4a_2a_3}\right]}$$

$$F_1=\frac{(\alpha_c \Delta T+\varepsilon_{sh})b_2 \mathrm{sh}(\lambda_3 L)}{b_1\lambda_3 \mathrm{sh}(\lambda_1 L)\mathrm{ch}(\lambda_3 L)-b_2\lambda_1 \mathrm{ch}(\lambda_1 L)\mathrm{sh}(\lambda_3 L)}$$

$$F_2=\frac{-(\alpha_c \Delta T+\varepsilon_{sh})b_1 \mathrm{sh}(\lambda_1 L)}{b_1\lambda_3 \mathrm{sh}(\lambda_1 L)\mathrm{ch}(\lambda_3 L)-b_2\lambda_1 \mathrm{ch}(\lambda_1 L)\mathrm{sh}(\lambda_3 L)}$$

$b_1=\dfrac{a_1+a_2-\lambda_1^2}{a_1}$，$b_2=\dfrac{a_1+a_2-\lambda_3^2}{a_1}$，其中，$a_1=\dfrac{\pi d_s k_s}{A_c E_c}$，$a_2=\dfrac{k_c b}{A_c E_c}$，$a_3=\dfrac{\pi d_s k_s}{A_s E_s}$

2.1.3　实体工程算例分析

以公路区划Ⅳ区某实体工程为例。该路属于公路区划Ⅳ区，荷载等级为重载交通，h_c为0.18m。材料基本参数：混凝土为C35，抗拉强度$f_t=3.22$MPa，弹性模量$E_c=31.0$GPa，线膨胀系数$\alpha_c=1.1\times10^{-5}$℃$^{-1}$；纵向钢筋为HRB335，屈服强度$f_{sy}=335$MPa，直径$d_s=16$mm，间距$b=124$mm，配筋率$\rho\approx0.9\%$，弹性模量$E_s=2.0\times10^5$MPa，线膨胀系数$\alpha_s=9.0\times10^{-6}$℃$^{-1}$。$\Delta T=30$℃；C35混凝土的干缩应变$\varepsilon_{sh}=3.0\times10^{-4}$。基层与CRC板间的摩阻力系数$k_c=50$MPa/m。由于$k_c$是层间黏结-滑移刚度系数和钢筋间距(150mm)的乘积，此处纵向钢筋间距$b=124$mm，故$k_c=41$MPa/m；钢筋与混凝土之间的剪切刚度系数$k_s=32$MPa/mm。设$s=1.2$m，对半结构进行分析。表2-1为CRC板应力和位移计算结果。

应力和位移计算结果　　表2-1

距离板中x(m)	u_c(mm)	σ_c(MPa)	u_s(mm)	σ_s(MPa)
0.00	0.000	3.487	0.000	-32.411
0.05	-0.026	3.479	-0.022	-31.548
0.10	-0.052	3.454	-0.043	-28.870
0.15	-0.078	3.410	-0.063	-24.089
0.20	-0.104	3.343	-0.081	-16.694

续上表

距离板中 x(m)	u_c(mm)	σ_c(MPa)	u_s(mm)	σ_s(MPa)
0.25	-0.130	3.244	-0.098	-5.897
0.30	-0.156	3.104	-0.111	9.457
0.35	-0.183	2.908	-0.120	31.008
0.40	-0.210	2.635	-0.122	61.056
0.45	-0.238	2.256	-0.115	102.810
0.50	-0.266	1.732	-0.096	160.728
0.55	-0.295	1.005	-0.060	240.993
0.60	-0.326	0.000	0.000	352.175

根据位移和应力的直角坐标解答,可知板中为混凝土二次开裂的控制面,此处,σ_c最大,σ_s最小,钢筋与混凝土不存在相对滑移。裂缝端为钢筋屈服和裂缝宽度的控制面,此处,σ_s最大,u_c最大,钢筋与混凝土的相对滑移最大。根据表2-1的数据,绘制CRC板应力与位移沿x轴的分布图和钢筋与混凝土的相对滑移曲线(图2-4~图2-6)。

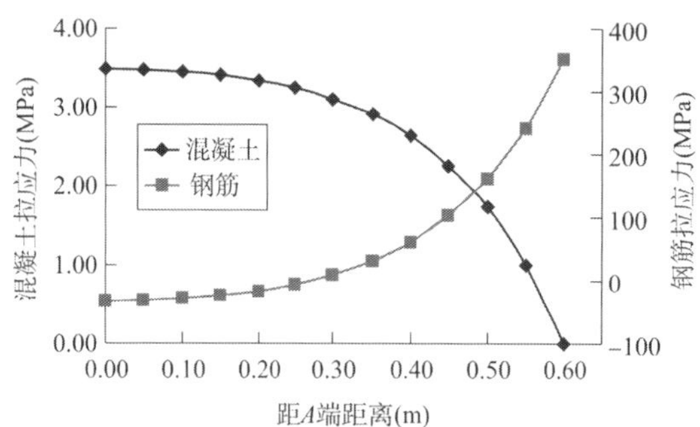

图2-4　CRC板应力沿纵向分布图

由图2-4~图2-6可知:CRC板应力与x大致呈抛物线关系,σ_c随x递减,σ_s随x递增。混凝土相对于板中的位移随x线性递增,在裂缝处达到最大;钢筋相对于板中的位移先大致线性递增,后非线性递减。钢筋与混凝土相对滑移在0.4m范围内呈线性递增关系,靠近横向裂缝则迅速递增至最大值。

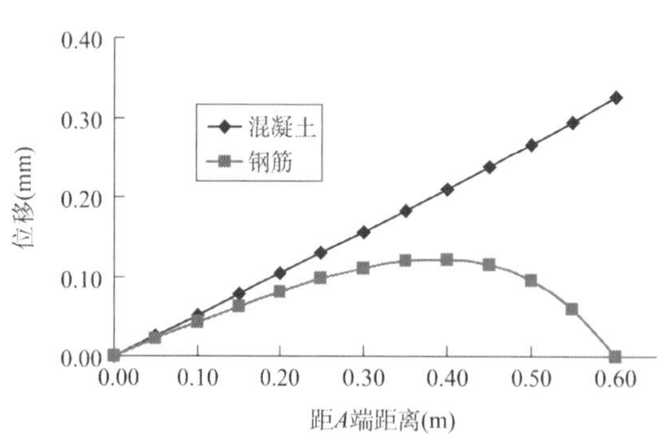

图2-5　钢筋和混凝土的位移沿纵向分布图

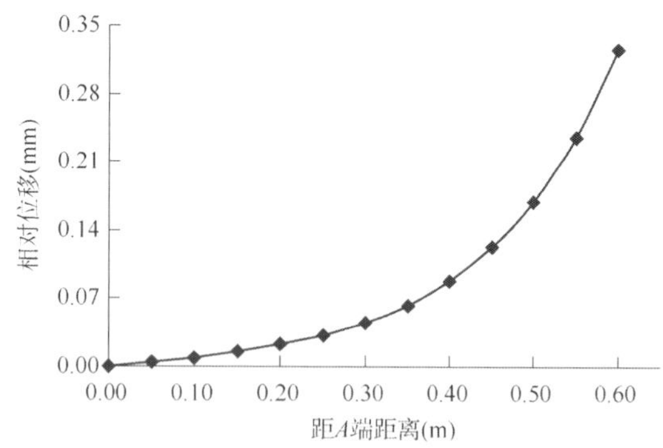

图2-6　钢筋和混凝土的相对滑移沿纵向分布图

2.1.4　配筋率设计指标的解析公式

(1)配筋率设计指标的解析式。

CRCP的纵向配筋率设计主要涉及三个指标的控制与研究:一是横向裂缝的间距的计算与控制;二是纵向配筋埋深处横向裂缝宽度的计算与控制;三是纵向钢筋最大拉应力的控

制。研究对三个指标的计算方法进行了研究,并在此基础上考虑混凝土抗拉强度。由前一小节的算例分析可知,钢筋最大拉应力的临界控制位置在横向裂缝处。

$$\sigma_{s,max}=E_s[F_1b_1\lambda_1\text{ch}(\lambda_1L)+F_2b_2\lambda_3\text{ch}(\lambda_3L)+\alpha_3\Delta T]\leqslant f_{sy} \quad (2\text{-}13)$$

温缩和干缩作用下,板中位置为混凝土开裂的临界控制位置。混凝抗拉强度的控制是为了防止 CRC 板的二次开裂,则:

$$\sigma_{c,max}=E_c(F_1\lambda_1+F_2\lambda_3+\alpha_c\Delta T+\varepsilon_{sh})\leqslant f_t \quad (2\text{-}14)$$

根据混凝土黏结-滑移理论,横向裂缝两边的 CRC 板收缩相同,则裂缝宽度 b_j是裂缝位置混凝土位移的 2 倍,则:

$$b_j=-2F_1\text{sh}(\lambda_1L)+2F_2\text{sh}(\lambda_3L)\in\{b_j\} \quad (2\text{-}15)$$

裂缝平均间距 s 可以利用式(2-13)~式(2-15)的临界条件反复推算获得。

此外,CRC 板和水泥稳定基层由于容易发生相对滑移,从而基层与面板间的切应力容易达到极值。University of Texas at Austin 对混凝土板和基层间的摩阻关系进行了研究,古德曼线性力学模型在相对位移为 0~0.508mm 时,摩阻应力与相对位移的线性假设才成立。若超过这个范围,则 CRC 板相对于基层会有一定的刚体位移:本构方程(2-2)中,u_c应叠加刚体位移;本构方程(2-3)中,$\tau_c=20.7$kPa。将方程重新代入受力平衡方程,推导公式(2-8)。符合古德曼线性假设,故主要考虑相对位移为 0~0.508mm 的位移解。工程应用中,应通过设置抗裂夹层等措施防止刚体位移的产生,避免出现裂缝过宽、层间剪切破坏和板中拉应力过大。

(2)算例。

表 2-2 给出了上节实体工程算例中不同裂缝间距下钢筋和混凝土的最大拉应力和横向裂缝宽度。

不同裂缝间距下的拉应力极值和横向裂缝宽度 表 2-2

s(m)	0.30	0.40	0.50	0.60	0.70	0.80	0.90
$\sigma_{c,max}$(MPa)	0.468	0.779	1.123	1.494	1.861	2.218	2.561
$\sigma_{s,max}$(MPa)	89.015	112.994	140.544	176.260	201.053	232.153	263.06
b_j(mm)	0.186	0.245	0.302	0.358	0.411	0.462	0.512
s(m)	1.00	1.10	1.20	1.30	1.40	1.50	1.60
$\sigma_{c,max}$(MPa)	2.886	3.194	3.487	3.763	4.026	4.276	4.516
$\sigma_{s,max}$(MPa)	293.466	323.2	352.175	380.354	407.743	434.327	460.152
b_j(mm)	0.560	0.606	0.651	0.695	0.737	0.778	0.818

根据绘制横向裂缝间距与应力极值和缝隙宽度的关系曲线(图 2-7、图 2-8)。

(3)与规范法对比。

现行规范规定:裂缝平均间距应小于 1.8m,裂缝平均宽度应小于 0.5mm。基于公路区划Ⅳ区某实体工程算例,并按照规范计算:初设配筋率为 0.9%,并假设裂缝平均间距为 0.736m,得到裂缝平均间距的计算值为 0.732m,平均宽度的计算值为 0.456mm,$\sigma_{s,max}$为 331.34MPa,满足规范要求。而进一步试算发现:为了使裂缝平均宽度小于 0.5mm,裂缝平均间距必须小于 0.8m。规范附录 D 的算例也存在相同问题。算例中,裂缝平均间距的计算值为 0.72m,平均宽度的计算值为 0.45mm,为满足平均宽度的上限要求,裂缝间距不能超过

0.8m。这意味着相当一部分横向裂缝的间距较小。根据 AASHTO 统计:90% 边缘冲断多发生在 s 为 30～60cm 处。说明以横向裂缝平均宽度作为设计指标不够科学,其计算公式和控制值也不够合理。

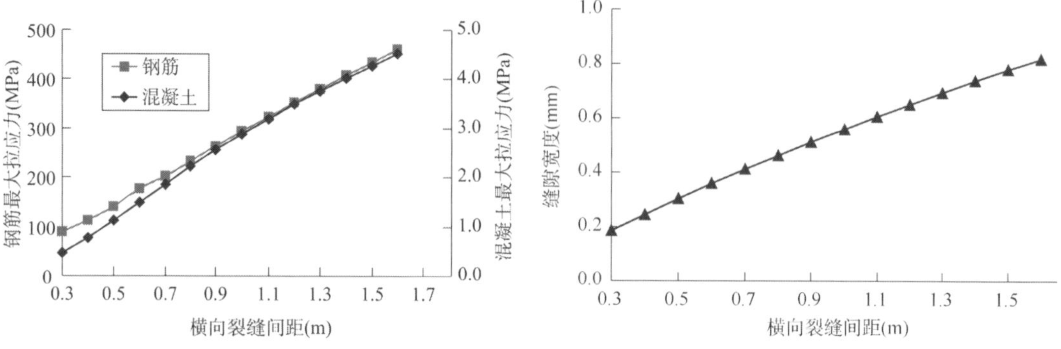

图 2-7 横向裂缝间距与应力极值的关系曲线

图 2-8 横向裂缝间距与缝隙宽度的关系曲线

根据图 2-7、图 2-8,给出了不同横向裂缝间距 s 对应的钢筋最大拉应力 $\sigma_{s,max}$、混凝土最大拉应力 $\sigma_{c,max}$ 和横向裂缝宽度 b_j 的计算结果:为使 $\sigma_s \leqslant 335$MPa,$\sigma_c \leqslant 3.22$MPa,b_j 取 0.606mm,s 取 1.10m,这可以有效增加裂缝的设计间距,进而防止冲断破坏。因此,取 b_j 为设计指标,在不影响行车舒适性和雨水侵蚀的前提下,建议该实体工程的 b_j 最大值为 0.6mm。当 $b_j = 0.606$mm 时,混凝土板相对于水泥稳定基层的最大相对位移约为 0.3mm,小于 0.508mm,说明古德曼力学模型的线性假设完全成立。

现行规范关于纵向钢筋埋深处的最大温差值近似取路面所在地区年最热月份的日最高气温的月平均值和施工地区一年中最冷月份日最低气温的月平均值的差值,这不能实际有效反映 CRCP 路面钢筋埋深处的最大温差。经过试算可知,最大温差对计算结果影响较大,需要修正,这一点会在后面章节中进行具体分析。李盛指出,用规范法计算纵向配筋率时,最大温差对于配筋率几乎无影响,说明现行规范不够合理。

2.2 温缩和干缩的数值模拟与验证

为了进一步验证位移与应力的直角坐标解答的合理性,提高控制指标计算公式的可信度,通过建立配置纵向钢筋的混凝土板条模型,来计算均匀温降 ΔT 情况下 CRCP 的应力应变和配筋率设计指标。有限元建模的关键在于 CRC 板纵向钢筋、面层水泥混凝土和基层材料的创建,以及钢筋与混凝土界面和面层与基层接触属性的定义。

2.2.1 建模的基本假设

单根带筋板条的有限元计算假设为:

(1)纵向钢筋呈直线规则排列,不考虑钢筋间的耦合加强作用。

(2)混凝土与钢筋会产生相对黏结-滑移,二者变形不一致,用三向弹簧单元模拟其界面本构行为。

(3)混凝土均匀各向同性、线弹性,忽略纵向钢筋由于横向嵌挤作用而引起的侧向变形,即假设横向刚度远大于纵向刚度。

(4)路面结构为文克勒地基上的双层板体系。

(5)CRC 板与基层之间存在摩阻。

(6)横向裂缝垂直于板纵向,计算时按照等间距考虑,忽略混凝土集料间嵌锁作用,考虑钢筋的连续性。

2.2.2 温缩和干缩的有限元模型

CRCP 结构的有限元模型一般有正交各向异性层与各向同性层的复合板式、分离式(包括分离式位移协调模型和分离式界面单元模型)、组合式、整体式四种形式。技术报告中采用的分离式界面单元模型能根据实际设计进行单元划分。混凝土采用弥散开裂模型,它对 CRCP 的应力分析较为精确。分析采用静态通用分析(静力分析)。

(1)材料参数与几何尺寸。

根据对称性,板条取半结构,即纵向长度为横向裂缝间隙长度的一半。考虑到相邻钢筋的相互作用,路面横向布置三根纵向钢筋。由于配筋位置对路面板的应力场和最大拉应力影响并不大,为了方便建模,纵向钢筋布置在 CRC 板中位置。计算模型的各层参数取值见表 2-3。

单根带筋板条的力学参数和几何尺寸 表 2-3

部 件	长(m)	宽(mm)	厚(m)	弹性模量(MPa)	泊 松 比	线膨胀系数(℃$^{-1}$)
面层	0.6	124	0.18	31000	0.15	1.1×10^{-5}
基层	0.6	124	0.20	1000	0.25	—
HRB335	0.6	ϕ16	—	200000	0.28	9.0×10^{-6}

(2)单元和网格划分。

钢筋赋予截面面积和材料属性,利用 Embedded 工具在建好的水泥混凝土板中嵌入钢筋骨架,钢筋采用梁单元库里的 B31(空间两结点线性梁单元)。CRC 板和水泥混凝土稳定基层采用 C3D8R(八结点缩减积分实体单元)。纵向钢筋与水泥混凝土界面间的黏结-滑移本构关系采用三向弹簧单元来模拟。网格的划分对计算结果影响较大,为了减小沙漏现象,经过调试与对比,在种子定义和网格尺寸取值时,取 CRC 板为 0.02m,基层为 0.03m,钢筋为 0.01m,共计 6990 个网格。

(3)荷载与边界条件。

在初始分析步骤中定义初始温度场为 20℃,在分析步骤 1 中定义温度场为 -10℃,则均匀温降幅度为 30℃。在纵向钢筋的两端施加纵向位移约束 $U_1 = 0$ 和绕纵向的转动约束 $UR_1 = 0$。在两横向裂缝中间位置($YZ-X-$)对带筋板截面的混凝土施加纵向位移约束 $U_1 = 0$,横向两侧面($XY-Z+$&$XY-Z-$)施加法向约束 $U_3 = 0$。基层的底部和全部侧面施加法向约束。CRC 板和基层间的摩阻力系数为 41MPa/m。地基的反应模量为 50MPa/m。

(4)钢筋与混凝土之间的黏结-滑移。

钢筋与混凝土之间的剪切刚度系数 $k_s = 32$MPa/mm。模型中用三向弹簧单元的刚度系数 k 模拟钢筋与混凝土黏结-滑移界面的本构关系。根据界面纵向切应力等效原则,得到如下关系式：

$$k\sum_{i=1}^{n}\Delta u_i = k_s\sum_{i=1}^{n}\Delta u_i \pi d_s \delta x \tag{2-16}$$

由式(2-16)可以得到剪切刚度系数与弹簧刚度系数的转化式：

$$k = k_s \pi d_s \delta x \tag{2-17}$$

δx 一般取网格长度。显然，δx 越小，n 越大，计算结果的精细度就越高。根据网格划分的结果，取 $\delta x = 0.02\text{m}$，$n = 30$，即每 0.6m 的长度上布置 30 个弹簧。代入式(2-17)，得到弹簧刚度系数 $k = 3.217 \times 10^7\text{N/m}$。为了约束钢筋横向和竖向的位移，这两个方向弹簧的刚度应该足够大，取 10^8N/m。

2.2.3 温缩的数值模拟与验证

在 Visualization(可视化)模块对 CRCP 有限元计算结果进行后处理，分别得到均匀温降幅度为 30℃下的混凝土的 CRC 板应变云图和混凝土 S11 应力云图(图 2-9、图 2-10)。

图 2-9　CRC 板应变云图

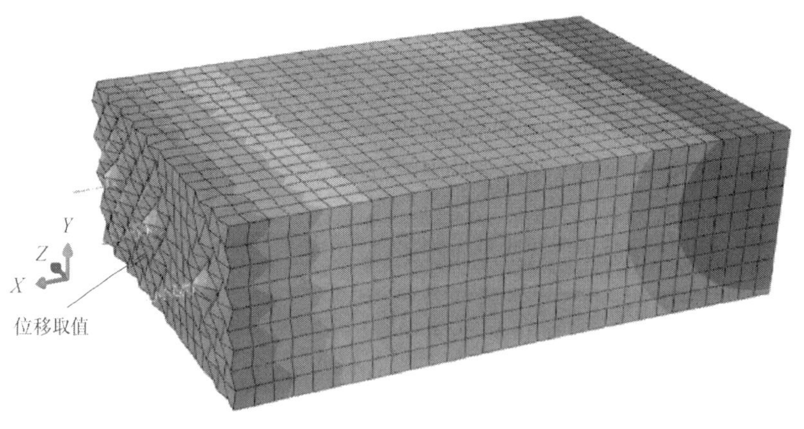

图 2-10　混凝土 S11 应力云图(单位：Pa)

钢筋沿 x 轴方向的应力分布见表 2-4。可见钢筋拉应力的有限元结果和位移法结果越接近裂缝端，拟合程度越好。因为有限元模型的板中位移边界条件和理论模型并不完全满足，根据圣维南原理，板中会存在有限的误差区域，但在较远处，其影响可忽略不计。

钢筋纵向拉应力的计算表(MPa)　　表 2-4

x(m)	0	0.1	0.2	0.3	0.4	0.5	0.6
有限元法	3.453	5.780	13.990	28.758	63.301	108.555	208.405
位移法	8.737	10.592	16.970	30.668	67.696	109.905	210.187

根据表 2-4 数据,绘制钢筋拉应力沿纵向分布图,见图 2-11。

为了验证干缩效应对 CRC 应力与位移的影响,分别计算混凝土干缩线应变 ε_{sh} 在 3.0×10^{-4} 和 0 两种条件下的解析解,并和有限元结果作对比(表 2-5)。需要说明的是,用位移法求解位移和应力时,假设横截面上的应力分布均匀。但是在有限元法中,基层和钢筋存在有限的影响区域,使得均匀性假设不满足。在数据采集时,混凝土最大拉应力(位于 A 截面)和最大位移(位于 B 截面)的取值点分别在 CRC 板纵向 A、B 两端距底部 1/4 和横向 1/2 的位置;钢筋的最大拉应力取裂缝端单元的平均值。横向裂缝宽度取裂缝 B 处混凝土位移的 2 倍。

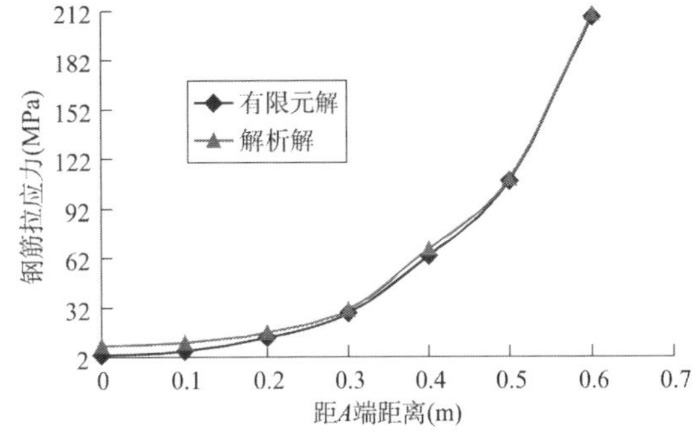

图 2-11　钢筋拉应力沿纵向分布图

解析解与有限元解的对比　　表 2-5

计算结果	解析解($\varepsilon_{sh}=3.0\times10^{-4}$)	解析解($\varepsilon_{sh}=0$)	有限元解($\varepsilon_{sh}=0$)
$\sigma_{c,max}$(MPa)	3.487	1.826	1.704
$\sigma_{s,max}$(MPa)	352.175	210.187	208.405
b_j(mm)	0.651	0.341	0.381

注:裂缝间距 $s=1.2$m。

对比表 2-5 的第三列和第四列,有限元解和解析解的结果基本一致,其误差范围符合工程精度的要求。B 端混凝土的位移为 0.191mm,小于 0.508mm,古德曼力学模型的线性假设成立。对比第二列和第三列,发现干缩对最大拉应力和裂缝宽度的贡献可达到 50%,说明干缩是影响纵向配筋率设计的重要因素。

2.2.4　干缩的数值模拟与验证

混凝土因温降和干缩而产生变形,由于受钢筋约束和边界条件的约束,变形不能自由发展,从而产生温缩应力与干缩应力。由于混凝土与钢筋的黏结作用,在钢筋内产生正应力。现有研究一般忽略湿度梯度的作用,干缩变形主要指材料的自干燥收缩。由于水泥混凝土材料水化硬化而引起的湿度减小在 CRC 板全尺寸内分布较均匀,自干燥收缩表现为 CRC 板的均匀收缩,这与温缩变形的宏观表现形式相互一致,均呈现均匀性特征。故已有研究根据混凝土干缩产生的收缩变形和均匀温降产生的收缩变形等效原则,将干缩转化为一定的当量温差。进行有限元模拟时,将干缩的当量温差施加于 CRC 板的混凝土,从而实现混凝土干缩作用的模拟。

在本构方程(2-4)中,令 $\alpha_c\Delta T=\varepsilon_{sh}$,则在 $\alpha_c=1.1\times10^{-5}℃^{-1}$ 条件下,$\varepsilon_{sh}=3.0\times10^{-4}$ 相当于27.27℃的温降幅值。代入有限元计算,得:$\sigma_{c,max}=3.258\text{MPa}$,$\sigma_{s,max}=377.845\text{MPa}$,$b_j=0.698\text{mm}$。与表2-5第二列对比发现,代入当量温差的方法存在一定误差。但用它来进行CRCP纵向配筋敏感性分析,可以反映不同参数水平下设计指标的发展趋势,故误差可忽略不计。该方法没有考虑材料的不均匀性,且假设混凝土干缩只沿纵向产生收缩变形。

2.3 单层CRCP配筋因子的敏感性分析

2.3.1 配筋因子的种类与水平

影响CRCP纵向配筋率设计指标的因子有很多,取如下10个参数条件,每个条件赋予3个取值水平(表2-6),进行干缩和温缩作用下配筋因子的敏感性分析。其统一因素为裂缝间距、CRC板厚和干缩线应变,分别取1.2m、0.18m和 3.0×10^{-4}。

配筋因子的种类与取值水平 表2-6

水平	E_c (GPa)	E_s (GPa)	α_c (℃$^{-1}$)	α_s (℃$^{-1}$)	d_s (mm)	ρ (%)	B (mm)	k_c (MPa/m)	k_s (MPa/m)	ΔT (℃)
Ⅰ	20	150	5.0×10^{-6}	6.0×10^{-6}	14	0.75	114	30	22	20
Ⅱ	31	200	11×10^{-6}	9.0×10^{-6}	16	0.90	124	41	32	30
Ⅲ	40	250	15×10^{-6}	12.0×10^{-6}	18	1.06	134	50	42	40

2.3.2 配筋因子的正交试验分析

(1)试验方案与结果。

为了更加定性精确地分析各个因子对配筋率设计指标的影响,用正交试验法进行敏感性分析。根据正交表的选用原则,用 $L_{27}(3^{13})$ 表分别对横向裂缝宽度、纵筋的控制应力和混凝土控制应力进行试验。试验方案与有限元计算结果见表2-7、表2-8。由于直接建模工作量较大,故在前面模型的基础上,直接改写INP文件的有关参数,从而实现快速建模与计算。

试验方案 $L_{27}(3^{13})$ 表2-7

试验	E_c (GPa)	E_s (GPa)	α_c (℃$^{-1}$)	α_s (℃$^{-1}$)	D_s (mm)	ρ (%)	B (mm)	k_c (MPa/m)	k_s (MPa/m)	ΔT (℃)
01	20	150	5×10^{-6}	6.0×10^{-6}	14	0.75	114	30	22	20
02	20	150	5×10^{-6}	6.0×10^{-6}	16	0.90	124	41	32	30
03	20	150	5×10^{-6}	6.0×10^{-6}	18	1.06	134	50	42	40
04	20	200	11×10^{-6}	9.0×10^{-6}	14	0.75	114	41	32	30
05	20	200	11×10^{-6}	9.0×10^{-6}	16	0.90	124	50	42	40
06	20	200	11×10^{-6}	9.0×10^{-6}	18	1.06	134	30	22	20
07	20	250	15×10^{-6}	12.0×10^{-6}	14	0.75	114	50	42	40
08	20	250	15×10^{-6}	12.0×10^{-6}	16	0.90	124	30	22	20

续上表

试验	E_c (GPa)	E_s (GPa)	α_c (℃$^{-1}$)	α_s (℃$^{-1}$)	D_s (mm)	ρ (%)	B (mm)	k_c (MPa/m)	k_s (MPa/m)	ΔT (℃)
09	20	250	15×10^{-6}	12.0×10^{-6}	18	1.06	134	41	32	30
10	31	150	11×10^{-6}	12.0×10^{-6}	14	0.90	134	30	32	40
11	31	150	11×10^{-6}	12.0×10^{-6}	16	1.06	114	41	42	20
12	31	150	11×10^{-6}	12.0×10^{-6}	18	0.75	124	50	22	30
13	31	200	15×10^{-6}	6.0×10^{-6}	14	0.90	134	41	42	20
14	31	200	15×10^{-6}	6.0×10^{-6}	16	1.06	114	50	22	30
15	31	200	15×10^{-6}	6.0×10^{-6}	18	0.75	124	30	32	40
16	31	250	5×10^{-6}	9.0×10^{-6}	14	0.90	134	50	22	30
17	31	250	5×10^{-6}	9.0×10^{-6}	16	1.06	114	30	32	40
18	31	250	5×10^{-6}	9.0×10^{-6}	18	0.75	124	41	42	20
19	40	150	15×10^{-6}	9.0×10^{-6}	14	1.06	124	30	42	30
20	40	150	15×10^{-6}	9.0×10^{-6}	16	0.75	134	41	22	40
21	40	150	15×10^{-6}	9.0×10^{-6}	18	0.90	114	50	32	20
22	40	200	5×10^{-6}	12.0×10^{-6}	14	1.06	124	41	22	40
23	40	200	5×10^{-6}	12.0×10^{-6}	16	0.75	134	50	32	20
24	40	200	5×10^{-6}	12.0×10^{-6}	18	0.90	114	30	42	30
25	40	250	11×10^{-6}	6.0×10^{-6}	14	1.06	124	50	32	20
26	40	250	11×10^{-6}	6.0×10^{-6}	16	0.75	134	30	42	30
27	40	250	11×10^{-6}	6.0×10^{-6}	18	0.90	114	41	22	40

有限元计算结果 表2-8

试验	$\sigma_{c,max}$ (MPa)	$\sigma_{s,max}$ (MPa)	b_j (mm)
01	1.422	164.586	0.414
02	2.075	209.124	0.441
03	2.774	247.179	0.466
04	2.949	360.903	0.617
05	4.225	443.275	0.686
06	2.365	202.439	0.518
07	5.105	654.575	0.838
08	2.721	282.529	0.599
09	4.363	401.507	0.702
10	2.905	435.420	0.798
11	3.136	295.291	0.525
12	3.015	253.520	0.667
13	3.004	399.519	0.627

续上表

试　验	$\sigma_{c,max}$(MPa)	$\sigma_{s,max}$(MPa)	b_j(mm)
14	3.686	316.102	0.793
15	5.708	431.125	0.910
16	1.761	270.873	0.489
17	3.193	337.236	0.506
18	3.102	254.382	0.387
19	3.683	477.865	0.809
20	3.572	379.779	0.998
21	3.851	269.563	0.629
22	1.994	313.055	0.555
23	2.149	245.909	0.430
24	3.637	301.915	0.454
25	2.747	333.557	0.561
26	4.191	434.770	0.658
27	4.600	330.255	0.787

(2)基于极差计算的直观分析。

表2-9是根据极差分析而得出的10个配筋参数对三个与配筋密切相关指标的影响规律,从中可以直观判断各个参数因子的重要程度和不同水平。

各配筋因子的极差分析表　　表2-9

极　差　R	参数因子									
	E_c	E_s	α_c	α_s	d_s	ρ	b	k_c	k_s	ΔT
$R(\sigma_{c,max})$	0.269	0.594	1.510	0.167	0.872	0.364	0.499	0.114	0.858	1.064
$R(\sigma_{s,max})$	13.395	63.040	140.923	35.278	79.830	28.369	3.555	13.786	110.626	124.903
$R(b_{j,max})$	0.067	0.024	0.307	0.010	0.021	0.054	0.014	0.012	0.041	0.206

对于$\sigma_{c,max}$,配筋率设计参数的敏感性排序为:$\alpha_c>\Delta T>d_s>k_s>E_s>b>\rho>E_c>\alpha_s>k_c$。对于$\sigma_{s,max}$,配筋率设计参数的敏感性排序为:$\alpha_c>\Delta T>k_s>d_s>E_s>\alpha_s>\rho>k_c>E_c>b$。对于$b_{j\cdot max}$,配筋率设计参数的敏感性排序为:$\alpha_c>\Delta T>E_c>\rho>k_s>E_s>d_s>b>k_c>\alpha_s$。根据极差分析,影响配筋率设计指标的主要因素为$\Delta T$、$\alpha_c$、$k_s$和$d_s$。

(3)显著性判断与方差分析。

假设各个参数因子为正态总体,表2-10~表2-12是根据试验结果而得出的方差分析和显著性判断。α为显著性水平,α越小,显著性水平越高。F_α为不同α对应的分位点,当参数因子的F值大于F_α时,即可判定该参数因子在置信水平$(1-\alpha)$上影响显著。

由表2-10可知:当置信水平为90%时,α_c和ΔT对$\sigma_{c,max}$的影响显著;当置信水平为95%和99%时,ΔT对$\sigma_{c,max}$的影响显著。由表2-11可知:当置信水平为90%时,α_c、k_s和ΔT对$\sigma_{s,max}$的影响显著;当置信水平为95%时,α_c和ΔT对$\sigma_{s,max}$的影响显著;当置信水平为99%时,ΔT对$\sigma_{s,max}$的影响显著。由表2-12可知:当置信水平为90%和95%时,α_c和ΔT对

b_j的影响显著;当置信水平为99%时,α_c对b_j的影响显著。说明α_c和ΔT是最重要因素,k_s为较重要因素。方差分析的结果与极差分析基本一致。

$\sigma_{c,max}$的方差分析表　　表2-10

参数因子	离差平方和 S_E	效应平方和 S_A	自由度	F 值	置信水平 α 和分位点 F_α		
					α=0.10	α=0.05	α=0.01
E_c	26.667	0.339	2	0.153	2.54	3.40	5.61
E_s	25.389	1.618		0.860			
α_c	8.465	18.541		26.284			
α_s	58.591	3.009		0.616			
d_s	23.565	3.441		1.752			
ρ	28.033	1.069		0.337			
b	25.884	1.123		0.522			
k_c	26.947	0.059		0.026			
k_s	23.629	3.378		1.716			
ΔT	21.908	5.098		2.792			

$\sigma_{s,max}$的方差分析表　　表2-11

参数因子	离差平方和 S_E	效应平方和 S_A	自由度	F 值	置信水平 α 和分位点 F_α		
					α=0.10	α=0.05	α=0.01
E_c	2.798×105	887.673	2	0.038	2.54	3.40	5.61
E_s	2.629×105	17883.235		0.816			
α_c	1.905×105	90279.637		5.688			
α_s	2.454×105	35323.051		1.727			
d_s	2.512×105	29527.303		1.410			
ρ	2.756×105	5139.723		0.224			
b	2.807×105	57.520		0.002			
k_c	2.798×105	916.811		0.039			
k_s	2.257×105	55084.584		2.929			
ΔT	2.105×105	70224.956		4.003			

b_j的方差分析表　　表2-12

参数因子	离差平方和 S_E	效应平方和 S_A	自由度	F 值	置信水平 α 和分位点 F_α		
					α=0.10	α=0.05	α=0.01
E_c	0.667	0.021	2	0.378	2.54	3.40	5.61
E_s	0.685	0.003		0.050			
α_c	0.257	0.430		20.068			
α_s	0.571	0.117		2.460			
d_s	0.686	0.002		0.035			
ρ	0.674	0.014		0.249			

续上表

参数因子	离差平方和 S_E	效应平方和 S_A	自由度	F 值	置信水平 α 和分位点 F_α		
					$\alpha=0.10$	$\alpha=0.05$	$\alpha=0.01$
b	0.687	0.001	2	0.015	2.54	3.40	5.61
k_c	0.687	0.001		0.012			
k_s	0.680	0.008		0.136			
ΔT	0.191	0.497		4.612			

(4)结论。

结合试算,并根据方差、极差分析和显著性检验,发现进行纵向配筋率设计时必须重点考虑 α_c 和 ΔT,以此来控制横向裂缝间距和宽度,进而有效降低诱发边缘冲断的潜在可能性。现行规范关于纵向钢筋埋深处的最大温差值取值为近似值,这不能实际有效反映 CRCP 路面钢筋埋深处的最大温差,存在不足。而低线膨胀材料的应用则应该成为 CRCP 路面设计和修筑的重要发展方向之一。k_s 对混凝土二次开裂和钢筋拉断影响较大,较小的 k_s 会使横向裂缝间距和横向裂缝宽度增大。结合现场调研与试验,黏结力与 CRCP 的混凝土强度、钢筋表面纹理和钢筋保护层厚度有一定联系,因此,可以从这些方面入手控制配筋界面和混凝土的黏结力,从而有效防止 CRCP 路面冲断病害。

2.3.3 配筋因子的简单对比分析

对比试验分析干缩和温缩对配筋率设计指标的影响时,模型参数同表 2-6,裂缝间距、CRC 板厚度和干缩线应变分别取 1.2m、0.18m 和 3.0×10^{-4}。在分析某个因子的敏感性时,对该因子赋予不同的取值水平。根据正交试验的结果,影响因素主要取最大温差 ΔT、混凝土线膨胀系数 α_c 和钢筋与混凝土之间的剪切刚度系数 k_s 进行研究。

(1)最大温差的影响分析。

根据公路自然区划的不同,ΔT 一般为 15 ~ 60℃,最大温差的影响如图 2-12、图 2-13 所示。当 ΔT 由 15℃增大到 60℃时,横向裂缝宽度、钢筋和混凝土的应力极值都增加了近一倍。说明温缩引起的应力远大于干缩引起的应力变化。

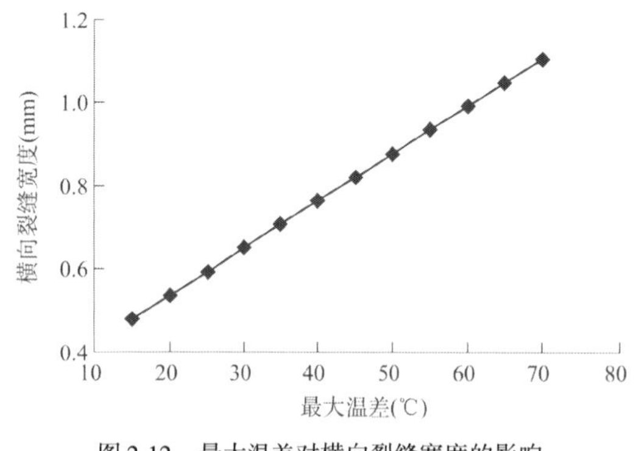

图 2-12　最大温差对横向裂缝宽度的影响

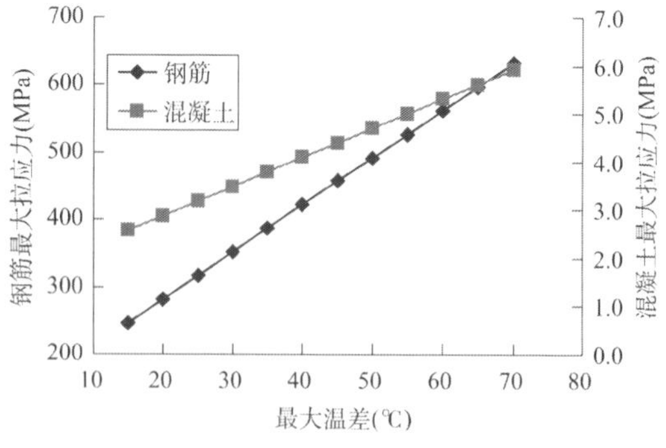

图 2-13　最大温差对应力极值的影响

(2)混凝土线膨胀系数的影响分析。

水泥混凝土的线膨胀系数 α_c 与粗集料的性质密切相关(表 2-13)。α_c 对纵向配筋参数的影响如图2-14、图2-15所示。随着混凝土线膨胀系数增大，CRC板混凝土最大拉应力极易达到其最大抗拉强度，说明线膨胀系数与CRC板二次开裂和裂缝宽度密切相关。因此，根据现行规范推荐的粗集料类型（表2-13），建议使用线膨胀系数较小的粗集料用于CRCP的施工和设计。

粗集料类型与水泥混凝土线膨胀系数的关系　　表2-13

粗集料种类	石灰岩	玄武岩	花岗岩	砾石	砂岩	石英岩
α_c（℃$^{-1}$）	7×10^{-6}	9×10^{-6}	10×10^{-6}	11×10^{-6}	12×10^{-6}	12×10^{-6}

图2-14　混凝土线膨胀系数对横向裂缝宽度的影响

图2-15　混凝土线膨胀系数对应力极值的影响

（3）钢筋与混凝土之间的剪切刚度系数的影响分析。

剪切刚度系数 k_s 对纵向配筋温度参数的影响如图2-16、图2-17所示。当钢筋与混凝土之间的剪切刚度系数增大时，钢筋和混凝土的拉应力增大，横向裂缝宽度减小。k_s 每增加 5MPa · mm^{-1}，钢筋和混凝土的拉应力均增加约10%，横向裂缝宽度减小幅度不大。

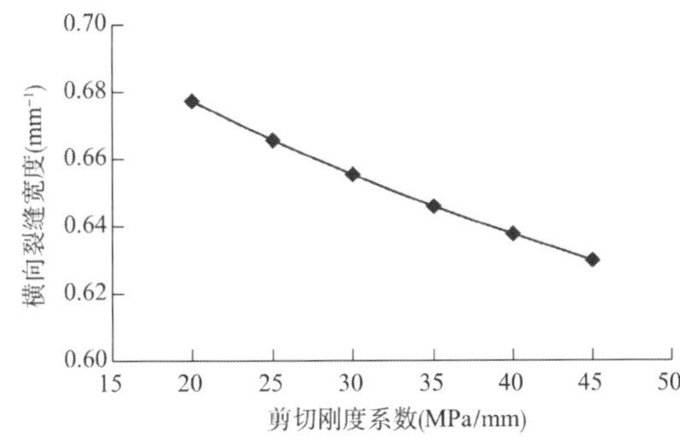

图2-16　剪切刚度系数对横向裂缝宽度的影响

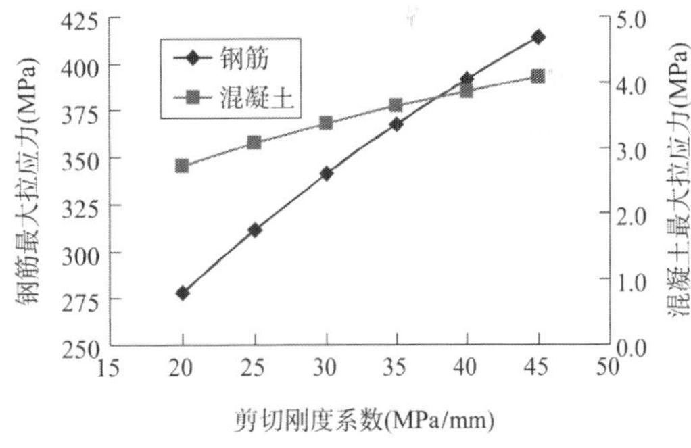

图2-17　剪切刚度系数对应力极值的影响

（4）配筋弹性模量的影响。

分析温湿耦合梯度下，不同配筋材料弹性模量 E_s 的代表值对最大拉应力（纵筋和混凝土）和缝隙平均位移（纵筋埋置位置）的影响。取纵筋直径 d_s 为11～18cm，模拟纵向配筋 ρ 为0.33%～0.89%的情况。CRCP的纵向配筋一般采用HRB钢筋（210GPa和200GPa），BFRP玄武岩纤维筋（50GPa）及GFRP玻璃纤维筋（40GPa）。计算结果如图2-18、图2-19所示。

由图2-18、图2-19可知：在温湿耦合梯度作用下，纵筋的弹性模量越小，筋材和混凝土的拉应力越小，纵筋埋置位置的缝隙平均位移越大；筋材的最大拉应力随纵向配筋率的增大而减小；混凝土的最大拉应力随纵向配筋率的增大而增大。取 E_s 为200GPa，k_s 为

28MPa/mm 的算例分析：当纵向配筋率由 0.33% 变化到 0.89% 时，钢筋的最大拉应力减小了 41%，混凝土的最大拉应力增大了 29%；钢筋埋深处缝隙的平均位移在 0.45 ~ 0.60mm 之间波动，翘曲位移的总趋势随着纵向配筋率增大而减小。由于 BFRP 筋和 GFRP 筋弹性模量较小，且耐腐蚀性能好，因此，它们不仅能减小翘曲效应对结构应力的影响，而且无须考虑缝隙宽度增大而引起的筋材锈蚀。从翘曲角度看，BFRP 筋和 GFRP 筋是理想的钢筋替代材料。

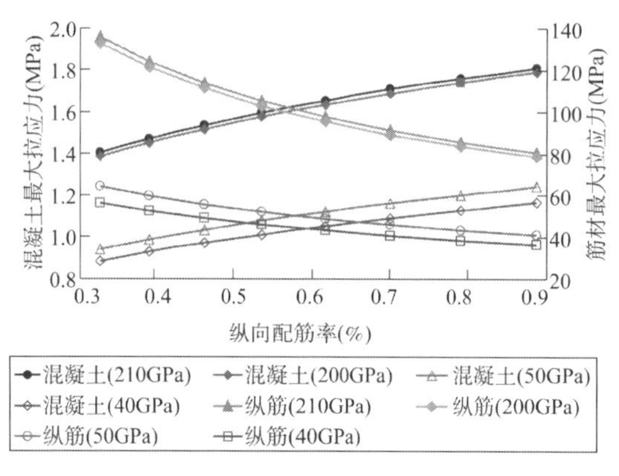

图 2-18　纵筋弹性模量对最大拉应力的影响

图 2-19　纵筋弹性模量对缝隙平均位移的影响

(5)剪切刚度系数的影响。

以 $d_s = 16\text{cm}$、$E_s = 200\text{GPa}$ 为例，剪切刚度系数 k_s 取 20 ~ 34MPa/mm。计算结果如图 2-20、图 2-21 所示。

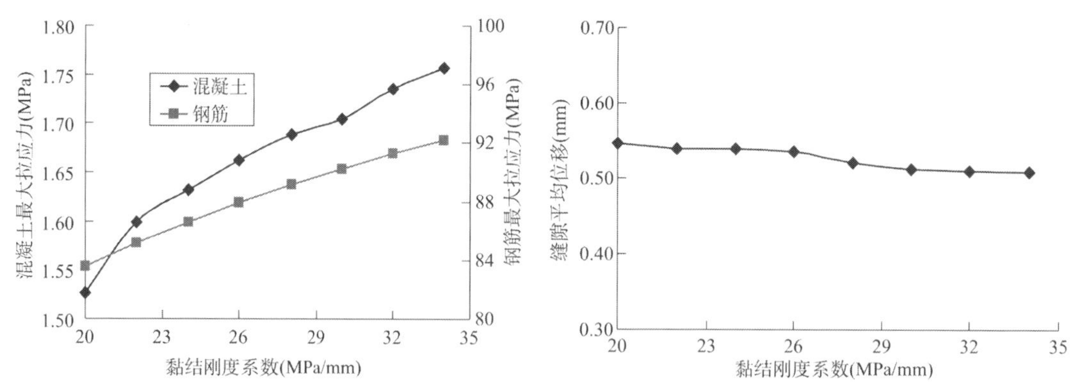

图 2-20　剪切刚度系数对最大拉应力的影响

图 2-21　剪切刚度系数对缝隙平均位移的影响

由图 2-20、图 2-21 可知：在温湿耦合梯度作用下，当 k_s 由 20MPa/mm 变化到 34MPa/mm 时，钢筋的最大拉应力增加了 10%，混凝土的最大拉应力增大了 15%；钢筋埋深处缝隙的平均位移随 k_s 的增大而减小，但是幅度不明显。因此，钢筋与混凝土的黏结强度越大，对路面翘曲应力的影响越不利。黏结强度与保护层厚度、混凝土强度和钢筋表面螺纹形式等密切相关，在进行配筋时，需要选用合适的材料来减小温湿翘曲效应的不利影响。

2.4 双层配筋 CRCP 的直角坐标解答与数值模拟

2.4.1 钢筋等效理论

为了体现钢筋与混凝土之间的黏结-滑移关系，在双层配筋 CRCP 的三维建模工作当中，混凝土和钢筋的模拟单元通常分别采用正六面体空间单元与线性杆单元，且交界处采用过渡单元以贴近实际情况，但该种处理方法工作量大。陈锋锋学者提出将钢筋层简化为正交各向异性薄层单元，将原结构等效为多层复合板结构进行有限元分析计算。模型中将非钢筋所在混凝土层视为各向同性层，层间完全连续，且钢筋完全呈直线排列，与混凝土之间不产生滑移，呈完全黏结状态。这种方法考虑钢筋所在层为一层均质材料，模型简化为多层复合板，大大减少了计算量，且适用范围较广，在该小节算例中运用此种理念，将薄层厚度加大，不考虑层与层间的接触关系，将钢筋层的力学特性分配得到：

$$p = \frac{A_s}{A} \tag{2-18}$$

$$E = E_s p + E_c(1 - p) \tag{2-19}$$

$$\mu = \mu_s p + \mu_c(1 - p) \tag{2-20}$$

$$G = \frac{E}{2(1 + \mu)} \tag{2-21}$$

式中：A——钢筋与混凝土截面的总面积；

A_s——n 根纵向钢筋的截面积，$A_s = n\pi d^2/4$；

E_s——钢筋弹性模量；

E_c——混凝土弹性模量；

G——剪切模量；

μ_s——钢筋泊松比；

μ_c——混凝土泊松比。

2.4.2 双层配筋 CRCP 应力分析模型

针对单层 CRCP 常见的病害问题，研究学者从配筋角度出发，提出了双层连续配筋混凝土路面的结构设计，即在单层 CRCP 的基础上，在混凝土钢筋层内再设置一层钢筋结构，该钢筋结构同样包括纵向连续钢筋与横向钢筋，混凝土板间不再设置横向伸缩缝。双层配筋 CRCP 结构模型如图 2-22 所示。

但在双层配筋 CRCP 有限元模型的合理性验证中，首先需要计算双层 CRC 板的应力与位移，为此，应力与位移解析解根据 2.4.1 小节中钢筋等效理论，将下层钢筋所在的 CRC 板下 1/3 厚度简化为正交各向异性薄层单元，即将下层钢筋和 CRC 板下 1/3 厚度等效为一层均质材料。简化后的双层配筋 CRCP 结构模型可视作多层复合板，在计算双层 CRC 板的应力与位移解析解时，首先依据钢筋等效理论对双层配筋 CRCP 等效薄层单元的泊松比与弹性模量等参数进行计算，再代入应力和位移微分解答方程中进行计算。根据该理论简化后的计算模型如图 2-23 所示。

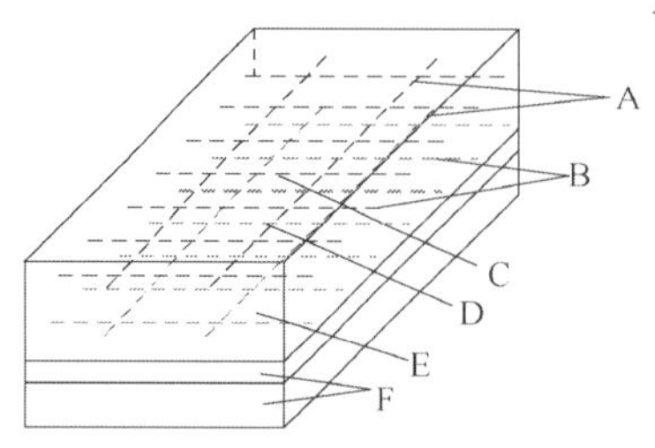

图 2-22 双层配筋 CRCP 结构模型

A-横向钢筋；B-纵向钢筋；C-CRC 板内上层钢筋；D-CRC 板内下层钢筋；E-CRC 板；F-基层、底基层

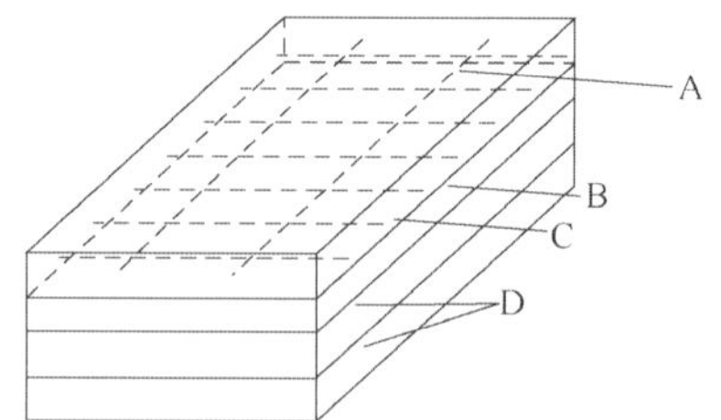

图 2-23 双层配筋 CRCP 结构简化模型

A-CRC 板内上层钢筋；B-CRC 板等效薄层单元；C-CRC 板；D-基层、底基层

2.4.3 双层配筋 CRCP 实体工程算例

以武汉青王公路（东湖风景区段 K0 +000 ~ K1 +140）工程为例。基本计算参数为：混凝土板厚 $h_c = 0.3$m。混凝土材料采用 C35，抗折强度 $f_r = 5.0$MPa，弹性模量 $E_c = 31.5$GPa，线膨胀系数 $\alpha_c = 1.0 \times 10^{-5}$℃$^{-1}$；上下层纵向钢筋均为 HRB400，屈服强度 $f_{sy} = 400$MPa，上层纵向钢筋直径 $d_s = 16$mm，下层纵向钢筋直径 $d_s = 20$mm，间距 $b = 160$mm，配筋率 $\rho \approx 1.185\%$，弹性模量 $E_s = 2.0 \times 10^5$MPa，线膨胀系数 $\alpha_s = 1.2 \times 10^{-5}$℃$^{-1}$。$\Delta T = 30$℃；C35 混凝土的干缩应变 $\varepsilon_{sh} = 3.0 \times 10^{-4}$。基层与 CRC 板间摩阻力系数 $k_c = 53.3\text{MPa} \cdot \text{m}^{-1}$。设 $s = 1.5$m，对半结构进行研究。

根据 2.3.1 小节与 2.3.2 小节的内容，双层 CRC 板与等效薄层单元的泊松比与弹性模量等参数见表 2-14，代入应力和位移微分解答方程中进行计算，双层 CRC 板的应力与位移计算结果见表 2-15。

双层 CRC 板与等效薄层单元的计算参数 表 2-14

钢筋弹性模量 E_s (MPa)	混凝土弹性模量 E_c (MPa)	钢筋泊松比 μ_s	混凝土泊松比 μ_c	等效薄层弹性模量 E (MPa)	等效薄层泊松比 μ
2.0×10^5	3.15×10^7	0.30	0.15	5.336×10^5	0.153

双层 CRC 板的应力与位移计算结果 表 2-15

距离板中 x(m)	u_c(mm)	σ_c(MPa)	u_s(mm)	σ_s(MPa)
0.00	0.000	2.507	0.000	-22.534
0.05	-0.017	2.491	-0.014	-21.934
0.10	-0.035	2.485	-0.028	-20.071
0.15	-0.052	2.468	-0.041	-18.301
0.20	-0.069	2.436	-0.053	-16.748
0.25	-0.087	2.388	-0.064	-11.606
0.30	-0.104	2.318	-0.073	-4.100

续上表

距离板中 x(m)	u_c(mm)	σ_c(MPa)	u_s(mm)	σ_s(MPa)
0.35	-0.122	2.217	-0.079	6.575
0.40	-0.140	2.078	-0.083	16.330
0.45	-0.159	1.883	-0.087	21.558
0.50	-0.177	1.706	-0.086	42.796
0.55	-0.197	1.386	-0.081	71.477
0.60	-0.217	1.166	-0.076	111.397
0.65	-0.241	0.872	-0.063	151.317
0.70	-0.264	0.445	-0.039	197.726
0.75	-0.293	0.000	0.000	244.846

2.4.4 双层配筋 CRCP 温缩的有限元模型

双层 CRC 板条的有限元计算假设与单层 CRCP 温缩数值模拟的假设条件保持一致,双层配筋 CRCP 模型在单元和网格划分采用与 2.2 小节中相同的单元属性、层间关系、荷载与边界条件和钢筋与混凝土之间的黏结-滑移关系式,材料参数与几何尺寸参数取值见表 2-16。

单根双层 CRC 板条的力学参数和几何尺寸 表 2-16

部件	长(m)	宽(m)	厚(m)	弹性模量(MPa)	泊松比	线膨胀系数(℃$^{-1}$)
面层	0.75	0.2	0.30	31000	0.15	1.1×10^{-5}
基层	0.75	0.2	0.20	1000	0.25	1.0×10^{-5}
钢筋 HRB400	0.75	ϕ18	—	200000	0.30	1.2×10^{-5}

2.4.5 双层配筋 CRCP 的温缩数值模拟与可靠性验证

在 Visualization(可视化)模块对 CRCP 有限元计算结果进行后处理,分别得到均匀温降幅度为 30℃下的混凝土的双层 CRC 板应变云图和混凝土 S11 应力云图(图 2-24、图 2-25)。

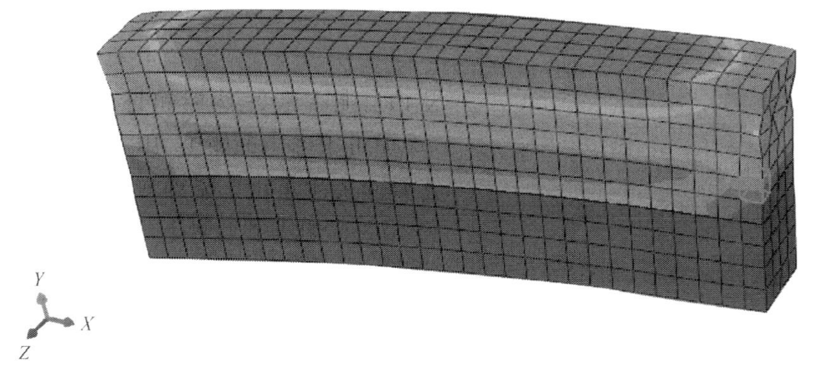

图 2-24 双层 CRC 板应变云图

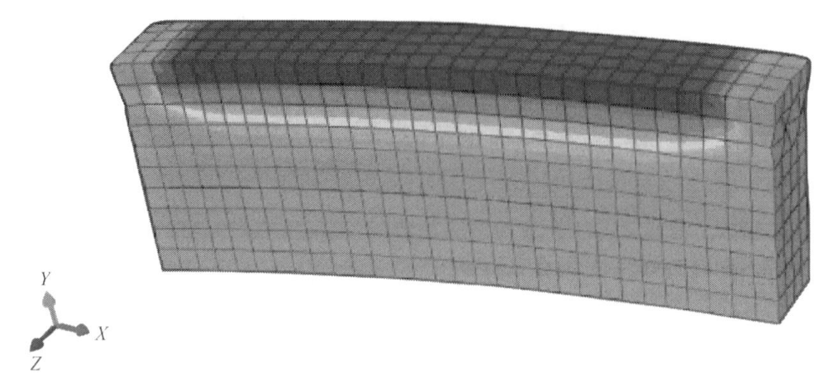

图 2-25 双层 CRC 板混凝土 S11 应力云图

(1)双层配筋 CRCP 主要指标最大值的比较分析。

同理,在双层配筋 CRCP 数值模型的可靠性验证中,将双层配筋 CRCP 路面结构面板的钢筋位移 u_s、混凝土位移 u_c、钢筋应力 σ_s、混凝土应力 σ_c 四项主要指标的最大值进行比较(表 2-17),比较结果显示有限元解和解析解的最大值均保持在合理误差值范围内,虽然钢筋应力的误差值较大达到 7.4%,因为有限元模型的板中位移边界条件和理论模型并不完全满足,根据圣维南理论,板中存在有限的误差区域是合理的,较远处误差区域影响较小,故可忽略不计 。

双层配筋 CRCP 主要指标最大值的比较分析(MPa) 表 2-17

指标	u_c(mm)	σ_c(MPa)	u_s(mm)	σ_s(MPa)
有线元解	0.397	2.335	0.084	226.546
解析解	0.418	2.507	0.087	244.846
误差值(%)	5.024	6.861	3.103	7.474

(2)混凝土应力 σ_c 沿纵向应力分析。

双层混凝土纵向应力 σ_c 提取数据后,绘制如图 2-26 所示,混凝土应力 σ_c 的有线元解和理论解析解的变化趋势基本趋于一致,距板顶(1/4)h 中线处混凝土应力 σ_c 的有限元解与理论解析解吻合程度最好。因混凝土应力 σ_c 在横截面上并不是均匀分布,故有限元模型 CRC 板条中部($x=0$)处混凝土的应力最大,靠近钢筋的部分混凝土所受的约束更强,两项结论与工程实际情况相符。

(3)混凝土位移 u_c 沿纵向位移分析。

在 Visualization(可视化)模块对双层配筋 CRCP 有限元计算结果进行后处理,取沿板条方向取顶面中线和距板顶(1/4)h 中线的混凝土纵向位移的有限元解与理论解析解进行对比,混凝土位移 u_c 沿轴向分布如图 2-27 所示,混凝土位移 u_c 的有线元解和理论解析解的变化趋势基本趋于一致,其误差范围在合理范围之内。

(4)钢筋应力 σ_s 沿纵向应力分析。

钢筋应力 σ_s 的理论解析解与有限元解沿轴向分布如图 2-28 所示,顶面中线和距板顶

(1/4)h 中线两处的钢筋应力 σ_s沿纵向位移方向的变化趋势趋于一致，两种方法的计算结果吻合程度很高；与单层 CRCP 路面结构的钢筋纵向应力 σ_s相比，双层钢筋应力 σ_s的应力值明显降低。

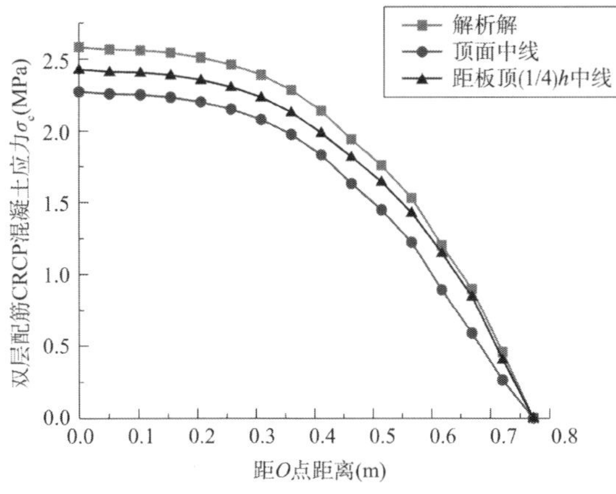

图 2-26　双层配筋 CRCP 混凝土应力 σ_c沿纵向分布图

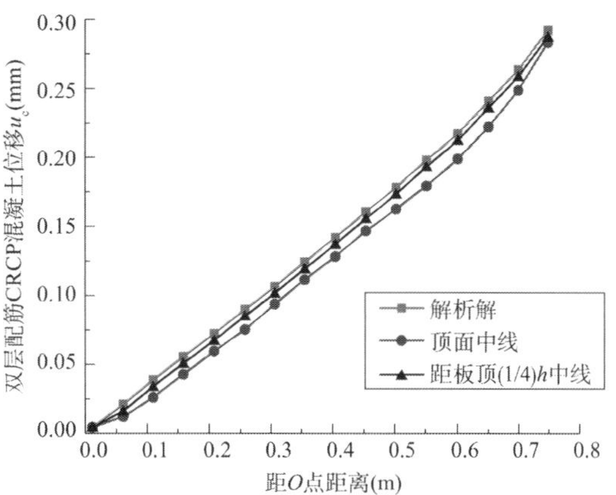

图 2-27　双层配筋 CRCP 混凝土位移 u_c沿纵向分布图

(5)钢筋位移 u_s沿纵向位移分析。

钢筋位移 u_s的理论解析解与有限元解沿轴向分布如图 2-29 所示，有限元解同样取顶面中线和距板顶(1/4)h 中线两处的钢筋位移 u_s，理论解析解的推导过程是假设混凝土应力在截面均匀分布，但实际情况中混凝土应力在横截面上不是均匀分布的，由图分析，可知二者的变化趋势基本趋于一致，也侧面验证了模型的合理性；与单层 CRCP 路面结构的钢筋纵向应力 σ_s相比，双层配筋 CRCP 的面层结构中钢筋位移 u_s的位移值整体降低。

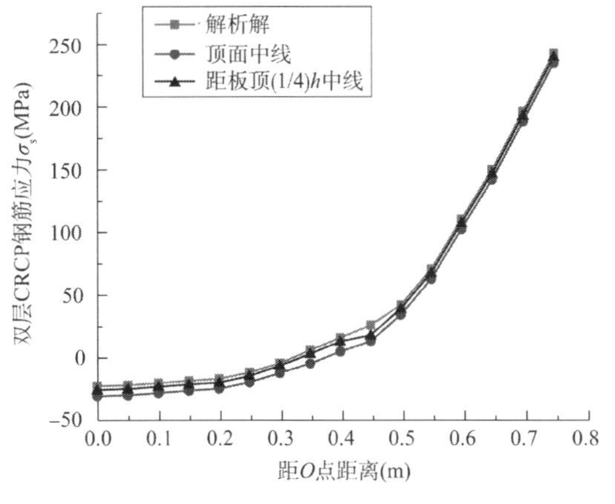

图 2-28　双层配筋 CRCP 钢筋应力 σ_s沿纵向分布图

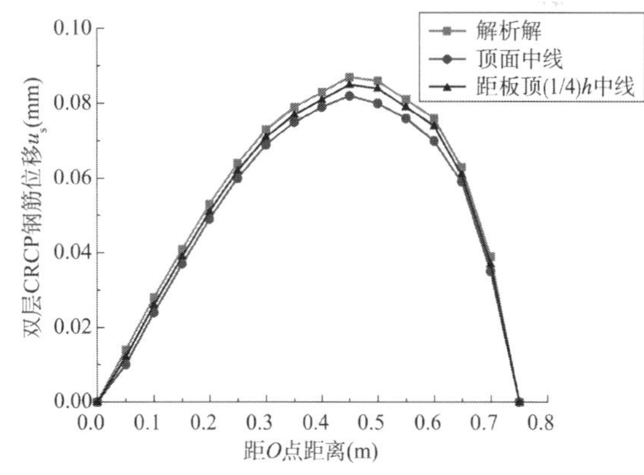

图 2-29　双层配筋 CRCP 钢筋位移 u_s沿纵向分布图

2.5　双层配筋 CRCP 配筋率设计参数的敏感性分析

国内外的研究学者针对单层 CRCP 的配筋率及横向开裂控制做了大量研究，但缺少对双层配筋 CRCP 的配筋率研究，故在已建双层配筋 CRCP 工程中，为保证施工质量，均采用了十分保守的配筋率设计。本节研究目的在于对影响双层配筋 CRCP 配筋率的设计参数进行敏感性分析，并研究其影响规律。首先，确定影响双层配筋 CRCP 配筋率的设计参数指标，定义了包括混凝土弹性模量 E_c、钢筋弹性模量 E_s、混凝土线膨胀系数 α_c、钢筋线膨胀系数 α_s 在内的 11 个设计参数的取值水平；然后，用 $L_{50}(5^{11})$ 表设计配筋因子的正交试验方案，通过有限元分析法对正交试验方案进行计算，对计算结果进行统计分析；根据规范规定采用混凝土控制应力 σ_c、纵向钢筋控制应力 σ_s、横向裂缝宽度 b_j 作为评价指标，通过极差分析、方差分析和显著性评价判断各设计参数的敏感性和影响水平的显著性；最后，综合三种分析方法的排序结果确定影响双层配筋 CRCP 配筋率的主要设计指标，即双层配筋 CRCP 纵向配筋率的主要设计参数，对这些参数进行单因子分析，研究这些敏感参数与双层配筋 CRCP 配筋率评价指标间的影响规律。

2.5.1 敏感性分析取值水平定义

分析双层配筋 CRCP 配筋率设计参数的敏感性，首先确定参与敏感性分析的设计指标，影响 CRCP 配筋率的指标虽然众多，但均以控制横向裂缝与裂缝间距为目的，其影响因素包括混凝土的强度、刚度、温缩系数、干缩系数、徐变系数、钢筋的强度、刚度和温缩系数、温降幅度、钢筋与混凝土之间的黏结-滑移及面板与基层之间的摩阻滑移性质等。确定敏感性分析的设计指标，取如表 2-18 所示的 11 种参数，分别为混凝土弹性模量 E_c、钢筋弹性模量 E_s、混凝土线膨胀系数 α_c、钢筋线膨胀系数 α_s、钢筋直径 d_s、配筋率 ρ、钢筋间距 b、钢筋位置、温降 ΔT、钢筋与混凝土间的黏结刚度系数 k_s、CRC 板与基层间的地基摩阻力系数 k_c，每种参数赋予 5 个取值水平。为避免与规范中的其他专业术语的符号相冲突对阅读造成误解，研究中钢筋位置用符号 LOC_s 表示。因双层 CRC 路面内配有上下双层钢筋，为研究其对 CRC 板中四项指标的影响程度以及是否存在交互影响规律，对钢筋位置同样赋予 LOC-Ⅰ ~ LOC-Ⅴ共 5 个取值水平，正交分析表及参数取值水平中，因钢筋位置文字叙述较多，为直观描述钢筋位置 LOC_s，试验方案中采用 LOC-Ⅰ ~ LOC-Ⅴ对钢筋位置进行替代，正交试验表中对应内容见表 2-19。其中，裂缝间距、CRC 板厚和混凝土干缩线应变三项参数为不变量，其参数分别取 1.2m、0.18m 和 3.0×10^{-4}。

敏感性分析各设计参数取值水平 表 2-18

设计参数	取值水平				
	Ⅰ	Ⅱ	Ⅲ	Ⅳ	Ⅴ
混凝土弹性模量 E_c(MPa)	2.0×10^4	2.5×10^4	3.0×10^4	3.5×10^4	4.0×10^4
混凝土线膨胀系数 α_c(℃$^{-1}$)	3.0×10^{-6}	5.0×10^{-6}	1.0×10^{-6}	1.5×10^{-6}	1.8×10^{-6}
钢筋弹性模量 E_s(MPa)	1.5×10^5	2.0×10^5	2.5×10^5	3.0×10^5	3.5×10^5
钢筋线膨胀系数 α_s(℃$^{-1}$)	3.0×10^{-6}	6.0×10^{-6}	9.0×10^{-6}	1.2×10^{-5}	1.5×10^{-5}
地基摩阻系数 k_c(MPa/m)	10	20	30	40	50
黏结刚度系数 k_s(MPa/m)	28	30	32	34	36
温降 ΔT(℃)	10	20	30	40	50

续上表

设计参数	取值水平				
	Ⅰ	Ⅱ	Ⅲ	Ⅳ	Ⅴ
配筋率ρ(%)	0.8	0.9	1.0	1.1	1.2
钢筋直径d_s(mm)	14	16	18	20	22
钢筋间距b(mm)	114	124	130	150	182
钢筋位置	LOC-Ⅰ	LOC-Ⅱ	LOC-Ⅲ	LOC-Ⅳ	LOC-Ⅴ

钢筋位置取值水平 表2-19

符号	代表含义
LOC-Ⅰ	上层钢筋距板顶1/2板厚处,下层钢筋距板底1/3板厚处
LOC-Ⅱ	上层钢筋距板顶1/2板厚处,下层钢筋距板底1/4板厚处
LOC-Ⅲ	上层钢筋距板顶1/3板厚处,下层钢筋距板底1/2板厚处
LOC-Ⅳ	上层钢筋距板顶1/4板厚处,下层钢筋距板底1/2板厚处
LOC-Ⅴ	上层钢筋距板顶1/3板厚处,下层钢筋距板底1/3板厚处

2.5.2 配筋率设计参数的正交试验方案

根据正交表的选用原则,用$L_{50}(5^{11})$表进行双层配筋CRCP配筋因子的正交试验设计,可在一定程度上对各个配筋率设计参数、配筋率设计指标进行敏感性分析。双层配筋CRCP正交试验包括试验方案设计和试验结果的数据统计与分析。在试验结果的数据统计与分析表中均以双层配筋CRCP的横向裂缝宽度b_j、纵向钢筋应力极值$\sigma_{s,max}$及混凝土应力极值$\sigma_{c,max}$作为评价指标。试验方案见表2-20。

双层配筋CRCP配筋率设计参数的正交试验方案$L_{50}(5^{11})$ 表2-20

$L_{50}(5^{11})$	E_c	α_c	E_s	α_s	k_c	k_s	ΔT	ρ	d_s	b	LOC_s
1	2.0×10^4	3.0×10^{-6}	1.5×10^5	3.0×10^{-6}	10	28	10	0.8	14	114	LOC-Ⅰ
2	2.0×10^4	5.0×10^{-6}	2.0×10^5	6.0×10^{-6}	20	30	20	0.9	16	124	LOC-Ⅱ
3	2.0×10^4	1.0×10^{-5}	2.5×10^5	9.0×10^{-6}	30	32	30	1.0	18	130	LOC-Ⅲ
4	2.0×10^4	1.5×10^{-5}	3.0×10^5	1.2×10^{-5}	40	34	40	1.1	20	150	LOC-Ⅳ
5	2.0×10^4	1.8×10^{-5}	3.5×10^5	1.5×10^{-5}	50	36	50	1.2	22	182	LOC-Ⅴ
6	2.5×10^4	3.0×10^{-6}	2.0×10^5	9.0×10^{-6}	40	36	10	0.9	18	150	LOC-Ⅴ
7	2.5×10^4	5.0×10^{-6}	2.5×10^5	1.2×10^{-5}	50	28	20	1.0	20	182	LOC-Ⅰ
8	2.5×10^4	1.0×10^{-5}	3.0×10^5	1.5×10^{-5}	10	30	30	1.1	22	114	LOC-Ⅱ
9	2.5×10^4	1.5×10^{-5}	3.5×10^5	3.0×10^{-6}	20	32	40	1.2	14	124	LOC-Ⅲ
10	2.5×10^4	1.8×10^{-5}	1.5×10^5	6.0×10^{-6}	30	34	50	0.8	16	130	LOC-Ⅳ
11	3.0×10^4	3.0×10^{-6}	2.5×10^5	1.5×10^{-5}	20	34	40	0.8	18	182	LOC-Ⅱ
12	3.0×10^4	5.0×10^{-6}	3.0×10^5	3.0×10^{-6}	30	36	50	0.9	20	114	LOC-Ⅲ
13	3.0×10^4	1.0×10^{-5}	3.5×105	6.0×10^{-6}	40	28	10	1.0	22	124	LOC-Ⅳ
14	3.0×10^4	1.5×10^{-5}	1.5×10^5	9.0×10^{-6}	50	30	20	1.1	14	130	LOC-Ⅴ

续上表

$L_{50}(5^{11})$	E_c	α_c	E_s	α_s	k_c	k_s	ΔT	ρ	d_s	b	LOC_s
15	3.0×10^{4}	1.8×10^{-5}	2.0×10^{5}	1.2×10^{-5}	10	32	30	1.2	16	150	LOC-Ⅰ
16	3.5×10^{4}	3.0×10^{-6}	3.0×10^{5}	6.0×10^{-6}	50	32	50	1.0	14	150	LOC-Ⅱ
17	3.5×10^{4}	5.0×10^{-6}	3.5×10^{5}	9.0×10^{-6}	10	34	10	1.1	16	182	LOC-Ⅲ
18	3.5×10^{4}	1.0×10^{-5}	1.5×10^{5}	1.2×10^{-5}	20	36	20	1.2	18	114	LOC-Ⅳ
19	3.5×10^{4}	1.5×10^{-5}	2.0×10^{5}	1.5×10^{-5}	30	28	30	0.8	20	124	LOC-Ⅴ
20	3.5×10^{4}	1.8×10^{-5}	2.5×10^{5}	3.0×10^{-6}	40	30	40	0.9	22	130	LOC-Ⅰ
21	4.0×10^{4}	3.0×10^{-6}	3.5×10^{5}	1.2×10^{-5}	30	30	40	1.0	16	114	LOC-Ⅴ
22	4.0×10^{4}	5.0×10^{-6}	1.5×10^{5}	1.5×10^{-5}	40	32	50	1.1	18	124	LOC-Ⅰ
23	4.0×10^{4}	1.0×10^{-5}	2.0×10^{5}	3.0×10^{-6}	50	34	10	1.2	20	130	LOC-Ⅱ
24	4.0×10^{4}	1.5×10^{-5}	2.5×10^{5}	6.0×10^{-6}	10	36	20	0.8	22	150	LOC-Ⅲ
25	4.0×10^{4}	1.8×10^{-5}	3.0×10^{5}	9.0×10^{-6}	20	28	30	0.9	14	182	LOC-Ⅳ
26	2.0×10^{4}	3.0×10^{-6}	1.5×10^{5}	1.2×10^{-5}	50	34	30	0.9	22	124	LOC-Ⅲ
27	2.0×10^{4}	5.0×10^{-6}	2.0×10^{5}	1.5×10^{-5}	10	36	40	1.0	14	130	LOC-Ⅳ
28	2.0×10^{4}	1.0×10^{-5}	2.5×10^{5}	3.0×10^{-6}	20	28	50	1.1	16	150	LOC-Ⅴ
29	2.0×10^{4}	1.5×10^{-5}	3.0×10^{5}	6.0×10^{-6}	30	30	10	1.2	18	182	LOC-Ⅰ
30	2.0×10^{4}	1.8×10^{-5}	3.5×10^{5}	9.0×10^{-6}	40	32	20	0.8	20	114	LOC-Ⅱ
31	2.5×10^{4}	3.0×10^{-6}	2.0×10^{5}	3.0×10^{-6}	30	32	20	1.1	22	182	LOC-Ⅳ
32	2.5×10^{4}	5.0×10^{-6}	2.5×105	6.0×10^{-6}	40	34	30	1.2	14	114	LOC-Ⅴ
33	2.5×10^{4}	1.0×10^{-5}	3.0×10^{5}	9.0×10^{-6}	50	36	40	0.8	16	124	LOC-Ⅰ
34	2.5×10^{4}	1.5×10^{-5}	3.5×10^{5}	1.2×10^{-5}	10	28	50	0.9	18	130	LOC-Ⅱ
35	2.5×10^{4}	1.8×10^{-5}	1.5×105	1.5×10^{-5}	20	30	10	1.0	20	150	LOC-Ⅲ
36	3.0×10^{4}	3.0×10^{-6}	2.5×10^{5}	9.0×10^{-6}	10	30	50	1.2	20	124	LOC-Ⅳ
37	3.0×10^{4}	5.0×10^{-6}	3.0×10^{5}	1.2×10^{-5}	20	32	10	0.8	22	130	LOC-Ⅴ
38	3.0×10^{4}	1.0×10^{-5}	3.5×10^{5}	1.5×10^{-5}	30	34	20	0.9	14	150	LOC-Ⅰ
39	3.0×10^{4}	1.5×10^{-5}	1.5×10^{5}	3.0×10^{-6}	40	36	30	1.0	16	182	LOC-Ⅱ
40	3.0×10^{4}	1.8×10^{-5}	2.0×10^{5}	6.0×10^{-6}	50	28	40	1.1	18	114	LOC-Ⅲ
41	3.5×10^{4}	3.0×10^{-6}	3.0×10^{5}	1.5×10^{-5}	40	28	20	1.2	16	130	LOC-Ⅲ
42	3.5×10^{4}	5.0×10^{-6}	3.5×105	3.0×10^{-6}	50	30	30	0.8	18	150	LOC-Ⅳ
43	3.5×10^{4}	1.0×10^{-5}	1.5×10^{5}	6.0×10^{-6}	10	32	40	0.9	20	182	LOC-Ⅴ
44	3.5×10^{4}	1.5×10^{-5}	2.0×10^{5}	9.0×10^{-6}	20	34	50	1.0	22	114	LOC-Ⅰ
45	3.5×10^{4}	1.8×10^{-5}	2.5×10^{5}	1.2×10^{-5}	30	36	10	1.1	14	124	LOC-Ⅱ
46	4.0×10^{4}	3.0×10^{-6}	3.5×10^{5}	6.0×10^{-6}	20	36	30	1.1	20	130	LOC-Ⅰ
47	4.0×10^{4}	5.0×10^{-6}	1.5×10^{5}	9.0×10^{-6}	30	28	40	1.2	22	150	LOC-Ⅱ
48	4.0×10^{4}	1.0×10^{-5}	2.0×10^{5}	1.2×10^{-5}	40	30	50	0.8	14	182	LOC-Ⅲ
49	4.0×10^{4}	1.5×10^{-5}	2.5×10^{5}	1.5×10^{-5}	50	32	10	0.9	16	114	LOC-Ⅳ
50	4.0×10^{4}	1.8×10^{-5}	3.0×10^{5}	3.0×10^{-6}	10	34	20	1.0	18	124	LOC-Ⅴ

2.5.3　双层配筋 CRCP 配筋率设计参数的正交试验结果

正交试验的计算结果见表 2-21。

双层配筋 CRCP 配筋因子的正交试验结果　　表 2-21

$L_{50}(5^{11})$	混凝土控制应力 $\sigma_{c,max}$（MPa）	纵向钢筋控制应力 $\sigma_{s,max}$（MPa）	横向裂缝宽度 b_j（mm）
1	2.442	274.589	0.414
2	2.928	293.389	0.447
3	3.035	366.381	0.621
4	3.621	413.132	0.546
5	4.346	492.092	0.617
6	3.445	393.173	0.578
7	3.137	361.446	0.738
8	4.225	472.195	0.720
9	2.764	315.452	0.657
10	3.751	384.044	0.599
11	3.911	411.628	0.706
12	4.254	385.504	0.698
13	2.721	470.545	0.525
14	3.556	354.804	0.467
15	3.363	297.944	0.651
16	3.905	331.541	0.760
17	3.195	364.642	0.567
18	2.754	398.782	0.627
19	3.682	314.311	0.793
20	4.125	344.098	0.601
21	3.075	297.518	0.599
22	2.528	306.550	0.610
23	3.766	418.518	0.489
24	4.528	376.662	0.506
25	3.709	389.175	0.724
26	2.761	305.110	0.687
27	3.035	346.382	0.649
28	3.371	425.815	0.698
29	3.193	394.413	0.746
30	4.678	453.895	0.677
31	3.664	354.028	0.574
32	3.120	404.815	0.729
33	3.744	388.066	0.555
34	4.124	497.554	0.730

续上表

$L_{50}(5^{11})$	混凝土控制应力 $\sigma_{c,max}$ (MPa)	纵向钢筋控制应力 $\sigma_{s,max}$ (MPa)	横向裂缝宽度 b_j (mm)
35	3.851	449.510	0.612
36	4.187	400.337	0.723
37	2.568	348.066	0.754
38	3.148	419.164	0.661
39	3.447	293.083	0.568
40	3.191	335.598	0.601
41	4.546	324.670	0.747
42	2.468	334.121	0.658
43	3.840	388.114	0.687
44	4.475	454.727	0.514
45	2.949	470.558	0.673
46	4.025	323.256	0.620
47	2.935	311.915	0.814
48	4.176	430.412	0.566
49	3.521	386.120	0.715
50	4.215	507.010	0.800

2.5.4 配筋率设计参数的敏感性排序

(1)极差计算与直观分析。

以双层配筋 CRCP 的横向裂缝宽度 b_j、纵向钢筋应力极值 $\sigma_{s,max}$ 和混凝土应力极值 $\sigma_{c,max}$ 作为评价指标,从表 2-22 的极差分析结果中可以直观判断各个参数因子的重要程度和水平的好坏。

极差计算的直观分析表 表 2-22

极差 R		$R(\sigma_{c,max})$	$R(\sigma_{s,max})$	$R(b_{j,max})$
参数因子	混凝土弹性模量 E_c	0.306	30.361	0.018
	混凝土线膨胀系数 α_c	0.802	76.214	0.084
	钢筋弹性模量 E_s	0.512	50.174	0.037
	钢筋线膨胀系数 α_s	0.744	27.041	0.043
	地基摩阻系数 k_c	0.346	22.758	0.031
	黏结刚度系数 k_s	0.267	53.469	0.061
	温降 ΔT	0.847	72.819	0.075
	配筋率 ρ	0.164	16.234	0.032
	钢筋直径 d_s	0.625	48.991	0.028
	钢筋间距 b	0.414	17.126	0.018
	钢筋位置 LOC_s	0.345	39.003	0.032

由极差分析的直观数据显示，对于 $\sigma_{c,max}$，配筋率设计参数的敏感性排序为：$\Delta T > \alpha_c > \alpha_s > d_s > E_s > b > k_c > L_s > E_c > k_s > \rho$；对于 $\sigma_{s,max}$，配筋率设计参数的敏感性排序为：$\alpha_c > \Delta T > k_s > E_s > d_s > L_s > E_c > \alpha_s > k_c > b > \rho$；对于 $b_{j,max}$，配筋率设计参数的敏感性排序为：$\alpha_c > \Delta T > k_s > \alpha_s > E_s > \rho = L_s > k_c > d_s > E_c = b$。影响配筋率设计指标的主要因素为 ΔT、α_c。

(2)参数方差分析。

方差分析又称为变异数分析或 F 检验，用于两个及两个以上样本均数差别的显著性分析，表 2-23 ~ 表 2-25 是根据试验结果而得出的方差分析和显著性判断。显著性水平 α 值分别为 $\alpha = 0.10$、$\alpha = 0.05$、$\alpha = 0.01$；α 越小，代表显著性分析中显著水平越高，分析越准确。利用方差分析软件 Latin 进行分析，分析结果以方差分析表形式呈现。F_α为不同 α 对应的分位点，当参数因子的 F 值大于 F_α时，即可判定该参数因子在置信水平$(1-\alpha)$上影响显著。

$\sigma_{c,max}$的方差分析表　　表 2-23

参数因子	偏差平方和	自由度	F 比	置信水平 $\alpha = 0.10$ 分位点 $F_\alpha = 4.11$	置信水平 $\alpha = 0.05$ 分位点 $F_\alpha = 6.39$	置信水平 $\alpha = 0.01$ 分位点 $F_\alpha = 16.00$
				显著性	显著性	显著性
E_c	0.192	4	4.09			
α_c	0.802	4	17.06	*	*	*
E_s	0.461	4	9.81	*	*	
α_s	0.047	4	1.00			
k_c	0.164	4	3.49			
k_s	0.477	4	10.15	*	*	
ΔT	0.767	4	16.32	*	*	*
ρ	0.214	4	4.55	*		
d_s	0.625	4	13.30	*	*	
b	0.190	4	4.04			
L_s	0.245	4	5.21	*		

由表 2-23 可知：当置信水平为 90% 时，α_c、E_s、ΔT、k_s和 ρ 因素均对 $\sigma_{c,max}$的影响显著；当置信水平为 95% 时，α_c、E_S、ΔT、k_s对 $\sigma_{c,max}$的影响显著；当置信水平为 99% 时，仅 α_c和 ΔT 对 $\sigma_{c,max}$的影响显著。这与双层配筋 CRCP 施工当中的实际情况相符合。

$\sigma_{s,max}$的方差分析表　　表 2-24

参数因子	偏差平方和	自由度	F 比	置信水平 $\alpha = 0.10$ 分位点 $F_\alpha = 4.11$	置信水平 $\alpha = 0.05$ 分位点 $F_\alpha = 6.39$	置信水平 $\alpha = 0.01$ 分位点 $F_\alpha = 16.00$
				显著性	显著性	显著性
E_c	6488.904	4	4.27	*		
α_c	31300.928	4	20.62	*	*	*
E_s	21799.309	4	14.36	*	*	
α_s	5264.994	4	3.47			
k_c	3588.992	4	2.36			

续上表

参数因子	偏差平方和	自由度	F 比	置信水平 $\alpha=0.10$ 分位点 $F_\alpha=4.11$	置信水平 $\alpha=0.05$ 分位点 $F_\alpha=6.39$	置信水平 $\alpha=0.01$ 分位点 $F_\alpha=16.00$
				显著性	显著性	显著性
k_s	15762.082	4	10.38	*	*	
ΔT	27727.827	4	18.27	*	*	*
ρ	4529.320	4	2.98			
d_s	9218.667	4	6.07	*		
b	1518.019	4	1.00			
L_s	9576.441	4	6.31	*		

由表2-24可知：当置信水平为90%时，E_c、α_c、E_s、k_s、ΔT对$\sigma_{s,max}$的影响显著；当置信水平为95%时，α_c、k_s、ΔT、E_s对$\sigma_{s,max}$的影响显著。当置信水平为99%时，α_c、ΔT对$\sigma_{s,max}$的影响显著。这与双层配筋CRCP施工当中的实际情况相符合。

$b_{j,max}$的方差分析表 表2-25

参数因子	偏差平方和	自由度	F 比	置信水平 $\alpha=0.10$ 分位点 $F_\alpha=4.11$	置信水平 $\alpha=0.05$ 分位点 $F_\alpha=6.39$	置信水平 $\alpha=0.01$ 分位点 $F_\alpha=16.00$
				显著性	显著性	显著性
E_c	0.012	4	6.0	*		
α_c	0.035	4	17.5	*	*	*
E_s	0.031	4	15.5	*	*	
α_s	0.012	4	6.0	*		
k_c	0.007	4	3.5			
k_s	0.029	4	14.5	*	*	
ΔT	0.033	4	16.5	*	*	*
ρ	0.019	4	9.5	*	*	
d_s	0.006	4	3.0			
b	0.002	4	1.0			
L_s	0.007	4	3.5			

由表2-25可知：当置信水平为90%时，E_c、α_c、E_s、α_s、k_s和ΔT对$b_{j,max}$的影响显著；当置信水平为95%时，E_c、α_c、ρ、k_s和ΔT对$b_{j,max}$的影响显著；当置信水平为99%时，α_c和ΔT对$b_{j,max}$的影响显著。方差分析的结果与极差分析基本一致，我国规范和美国AASHTO设计指南均规定，CRCP的裂缝宽度作为CRCP设计指标时不应超过1mm，同时为了防止CRCP过早出现破坏，裂缝宽度应控制在0.5~0.7mm。由模拟结果显示，裂缝宽度模拟结果良好，侧面验证了模型的可靠性。

第3章　双层配筋 CRCP 结构力学响应分析

温度的变化对水泥混凝土路面的影响作用可以分为两类:一类是温度变化缓慢,混凝土板内温度随时间的变化可以看作是均匀升降,在这种情况下,混凝土板均匀膨胀或收缩,在水泥混凝土板内产生的应力称为胀缩应力。另一类是外界温度变化较快,而混凝土板导热性能较差,这将导致混凝土面层板从板顶至板底沿厚度方向产生温度差,同一时刻不同深度处的温度差称为温度梯度,混凝土板在温度梯度的作用下发生翘曲变形,但混凝土板的翘曲变形受到地基反力、板自重以及相邻板块的钳制作用而使混凝土板部分翘曲变形受阻,从而导致混凝土板内产生翘曲应力。本章根据均匀温降作用和温度梯度作用两种情况各自的受力特征,建立与之相适应的连续配筋混凝土板仿真模型,并将采用同种钢筋且配筋率相同的双层布筋与单层布筋方案的温度应力进行比较分析。

3.1　素混凝土薄板的小挠度翘曲理论

3.1.1　湿度收缩机理和本构方程

(1)自干燥收缩和翘曲收缩。

素混凝土路面板的湿度收缩主要指水泥混凝土的自干燥收缩和环境相对湿度变化引起的湿度翘曲收缩。当路面板与湿度环境相互隔绝时,水泥基胶凝材料仍然会与毛细孔隙自由水发生水化反应,细观上表现为毛细管壁的收缩变形。当路面板受到重力、边界钳制约束和地基支撑力等外部作用时,变形不能自由发展,其内部会产生干缩应力。由于水化硬化属于水泥混凝土的固有物化属性,故路面板的相对湿度会在全尺寸内均匀降低,引起的变形在宏观上表现为板块沿水平方向的均匀收缩,此类收缩变形称为自干燥收缩。第2章已经对 CRCP 的干缩应力和应变做了系统研究。

当硬化后的路面板与相对湿度较小的大气环境接触时,存在于毛细孔隙中的自由水会从上表面缓慢蒸发,并在路面板上端形成局部深度的干燥区域。若面层底部被基层滞水浸湿,则顶部的干燥区域会与底部的湿润区域形成自上而下的非线性负湿度梯度。路面板相对湿度在深度方向的非线性变化,使其内部各点产生不同程度的毛细管壁收缩变形。当路面板不受任何外部约束时,其内部各点的微元体由于收缩不一致,变形会受到相邻微元体的钳制,部分变形转化为湿度翘曲应力。板顶的相对湿度小,收缩变形较大,产生拉应力;板底的相对湿度大,收缩变形小,产生压应力。在湿度翘曲应力引起的应变和非线性湿度梯度引起的收缩的综合作用下，路面板在宏观上表现为向上翘曲，并在板角产生局部脱空，此类收缩称为湿度翘曲收缩。

板顶水分扩散和板底吸水的影响区域大致都在10cm的深度范围。因此，对于板厚较小的CRCP道路（如面层厚度为18cm），负湿度梯度会对整个深度断面产生影响。此时，若按照现行规范和相关文献忽略湿度梯度的影响，显然不够合理。路面板一般受到复杂的内外约束作用。在负温湿耦合梯度、均匀温降、自干缩和车辆荷载等因素的共同作用下，板中位置会自上而下发生疲劳开裂（图3-1）。

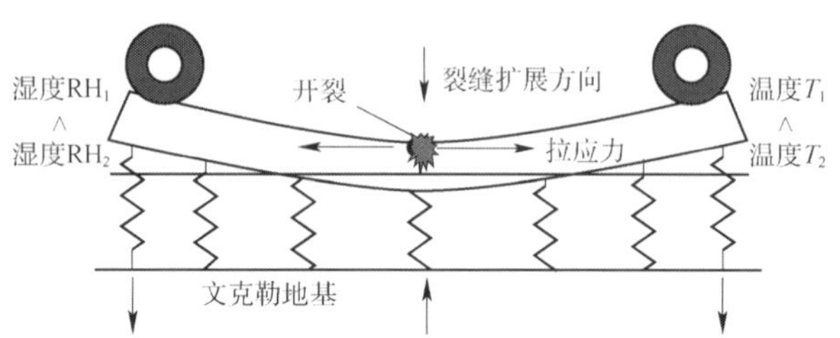

图3-1　负温湿耦合梯度和车辆荷载下对路面板的影响

（2）湿度-应变本构方程。

由湿度收缩机理的分析可知：素混凝土路面板的湿度翘曲收缩和自干燥收缩在形成机理上完全一致，它们均是由毛细孔隙水耗散引起的毛细管壁收缩造成的。其差别是，湿度翘曲收缩的驱动力是环境与路面板的相对湿度差，自干燥收缩的驱动力则是材料本身的物化属性。故Pickett和魏亚通过自干缩试验，提出了水泥基胶凝材料湿度收缩应变与路面板相对湿度的线性本构方程为：

$$\varepsilon_{c} = \alpha_{m} \cdot \mathrm{RH} = 6.15 \times 10^{-3} \times (1 - \mathrm{RH}) \cdot (1 - V_{A})^{n} \tag{3-1}$$

式中：ε_c——混凝土的湿度收缩应变；

α_m——混凝土湿度膨胀系数；

n——集料的收缩限制系数，一般取1.68；

V_A——集料的体积含量，%；

RH——素混凝土板的相对湿度，%。

（3）应力-应变本构方程。

混凝土内部微元体的湿度翘曲收缩应变是湿度翘曲应力引起的应变和材料本身的湿度收缩应变综合作用的结果。假设路面板发生湿度翘曲时，xy截面不发生扭曲，仍符合平面假设，即$\gamma_{xy}=0$。基于板壳理论的基尔霍夫假设，得到路面板湿度翘曲问题的应力-应变本构方程为：

$$\begin{cases} \varepsilon_{x} = \dfrac{1}{E}(\sigma_{x} - \nu\sigma_{y}) + \alpha_{m} \cdot \mathrm{RH} \\ \varepsilon_{y} = \dfrac{1}{E}(\sigma_{y} - \nu\sigma_{x}) + \alpha_{m} \cdot \mathrm{RH} \end{cases} \tag{3-2}$$

式中：E——混凝土弹性模量，GPa；

ν——混凝土泊松比。

3.1.2　湿度翘曲应力的直角坐标解答

设无限大路面板受到湿度梯度作用，体力（自重）可忽略不计，其计算模型和坐标系统如图3-2所示。取行车方向（纵向）为x轴，横向为y轴，深度方向（竖向）为z轴，板厚中心位置为坐标原点O。路面板的厚度为h，宽度为B，长度为S。设B与S等价无穷大。正负号规定为：拉应力为正；收缩应变为正；引起素混凝土路面板上翘的力矩为正。

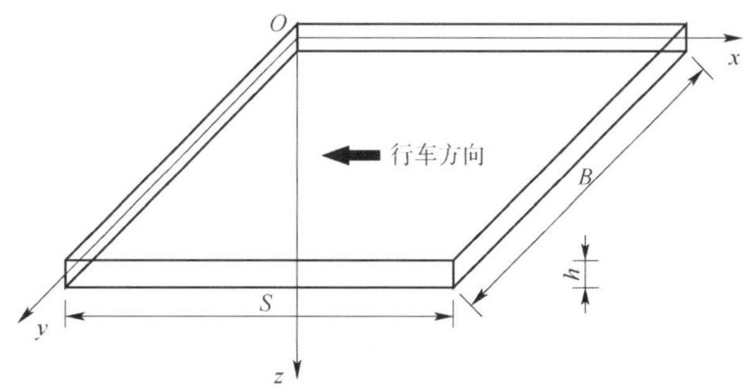

图3-2　直角坐标系和计算模型

当素混凝土路面板的长度和宽度相近时，可假设其中性层沿x方向的曲率χ_x和沿y方向的曲率χ_y相等。根据弹性体的变形几何方程，得：

$$\varepsilon_x \approx \varepsilon_y = \varepsilon_{RH} = \chi \cdot z + \varepsilon_0 \tag{3-3}$$

式中：ε_{RH}——路面板的湿度翘曲应变；

χ——中性层沿坐标方向的曲率，$\chi = -\frac{\partial^2 w}{\partial x^2} = -\frac{\partial^2 w}{\partial y^2}$；

ε_0——湿度梯度为零时，路面板的残余应变。

将式(3-3)代入本构方程(3-2)，求得湿度翘曲应力分量为：

$$\sigma_x \approx \sigma_y = \sigma_{RH} = \frac{E}{1-v}(\chi \cdot z + \varepsilon_0 - \alpha_m \cdot RH) \tag{3-4}$$

由于路面板四周自由翘曲，切应力忽略不计。又因为板的四周属于次要边界，根据圣维南原理和静力平衡原则，$x=0$和$x=s$处的正应力边界条件（$y=0$和$y=B$处的正应力边界条件类似）可等效简化为：

$$\begin{cases} \int_{-h/2}^{h/2} \sigma_x \mathrm{d}z = 0 \\ \int_{-h/2}^{h/2} \sigma_x z \mathrm{d}z = 0 \end{cases} \tag{3-5}$$

水泥混凝土材料的物理力学性质与湿度密切相关，且其相对湿度为z的函数。故令$E=E(z)$，$v=v(z)$，$\alpha_m=\alpha_m(z)$，将式(3-4)代入式(3-5)，得到ε_0和χ。将ε_0和χ代入式(3-4)，得到路面板的湿度翘曲应力：

$$\sigma_x \approx \sigma_y = \sigma_{RH} = \frac{E(z)}{D[1-v(z)]}\left[\int_{-h/2}^{h/2}\frac{E(z)}{1-v(z)}z^2\mathrm{d}z\int_{-h/2}^{h/2}\frac{\alpha_m(z)E(z)}{1-v(z)}\cdot \mathrm{RH}(z)\mathrm{d}z\right]-$$
$$\frac{E(z)}{D[1-v(z)]}\left[\int_{-h/2}^{h/2}\frac{E(z)}{1-v(z)}z\mathrm{d}z\int_{-h/2}^{h/2}\frac{\alpha_m(z)E(z)}{1-v(z)}\cdot \mathrm{RH}(z)z\mathrm{d}z\right]+$$
$$\frac{E(z)\cdot z}{D[1-v(z)]}\left[\int_{-h/2}^{h/2}\frac{E(z)}{1-v(z)}\mathrm{d}z\int_{-h/2}^{h/2}\frac{\alpha_m(z)E(z)}{1-v(z)}\cdot \mathrm{RH}(z)z\mathrm{d}z\right]-$$
$$\frac{E(z)\cdot z}{D[1-v(z)]}\left[\int_{-h/2}^{h/2}\frac{E(z)}{1-v(z)}z\mathrm{d}z\int_{-h/2}^{h/2}\frac{\alpha_m(z)E(z)}{1-v(z)}\cdot \mathrm{RH}(z)\mathrm{d}z\right]-$$
$$\frac{E(z)}{1-v(z)}\alpha_m(z)\mathrm{RH}(z) \tag{3-6}$$

$$D = \int_{-h/2}^{h/2}\frac{E(z)}{1-v(z)}\mathrm{d}z\int_{-h/2}^{h/2}\frac{E(z)}{1-v(z)}z^2\mathrm{d}z - \left[\int_{-h/2}^{h/2}\frac{E(z)}{1-v(z)}z\mathrm{d}z\right]^2 \tag{3-7}$$

3.1.3 温湿耦合梯度的计算取值

关于 CRCP 的翘曲,配筋率设计主要考虑板顶受拉的情况,故取负温湿耦合梯度来模拟最不利温湿荷载的情况。

(1)等效负温度梯度 T_e。

利用温度矩和湿度矩的概念,使等效温度梯度引起的温度收缩变形和湿度梯度引起的湿度收缩变形相等,求解 T_e。当路面板不受自重和任何外部约束时,由于 $\chi_x = \chi_y$,则由式(3-6)和温湿等效原则,得到湿度梯度在单位宽度上引起的湿度矩 M_{RH} 为:

$$M_x \approx M_y = M_{RH} = \int_{-h/2}^{h/2}\frac{E(z)\cdot\alpha_m(z)\mathrm{RH}(z)}{1-\nu(z)}z\mathrm{d}z \tag{3-8}$$

式中:M_{RH}——湿度矩,kN · m。

由已有文献可知,等效温度梯度在单位宽度上产生的温度矩为:

$$M_T = \frac{E_c\Delta T_e\alpha_c h^2}{12(1-\nu_c)} \tag{3-9}$$

式中:M_T——温度矩,kN · m;

α_c——混凝土线膨胀系数,℃$^{-1}$;

E_c——面层混凝土弹性模量的标准设计值,GPa;

ν_c——面层混凝土泊松比的标准设计值;

ΔT_e——上下板面的等效温差,$\Delta T_e = T_e \cdot h$,℃。

令温、湿梯度产生的截面收缩变形相等,即 $M_{RH} = M_T$,则:

$$\Delta T_e = \frac{12(1-v_c)}{E_c\alpha_c h^2}\cdot\int_{-h/2}^{h/2}\frac{E(z)\cdot\alpha_m(z)\mathrm{RH}(z)}{1-\nu(z)}z\mathrm{d}z \tag{3-10}$$

根据已有文献的水泥混凝土组分(表 3-1)和强度试验结果,参考我国现行规范,得到有关计算参数为:$\alpha_c = 7.0\times10^{-6}$℃$^{-1}$,$V_A = 76\%$,$E_c = 28$GPa,$\nu_c = 0.18$。

水泥混凝土的材料组成　　表 3-1

材　　料	基本组分	单　　位
波特兰水泥	390	kg/m
粗集料(石灰岩)	1050	kg/m
细集料(砂砾)	671	kg/m
含气率	0.07	m^3
含水率	158	kg/m
密度	2270	kg/m
水灰比 W/C	0.4	—

混凝土弹性模量 E、泊松比 ν 与相对湿度 RH(0～1.0)的相关关系为：

$$\begin{cases} E = 28.835 - 4.8653\mathrm{RH} \\ \nu = 0.1809 \end{cases} \tag{3-11}$$

采用相同的水泥混凝土($W/C = 0.4$)，并取厚度 $h = 0.254$m。将路面板首先置于密闭条件下标准养护 28d。然后模拟外部干燥、外部干燥和底部浸湿耦合的道路湿度环境。将其上表面暴露在 50% 相对湿度的环境下，四周与有机玻璃板接触，底部则分别与水或有机玻璃板接触，再养护 28d。用温湿传感器测得路面板内部的相对湿度曲线，如图 3-3 所示。

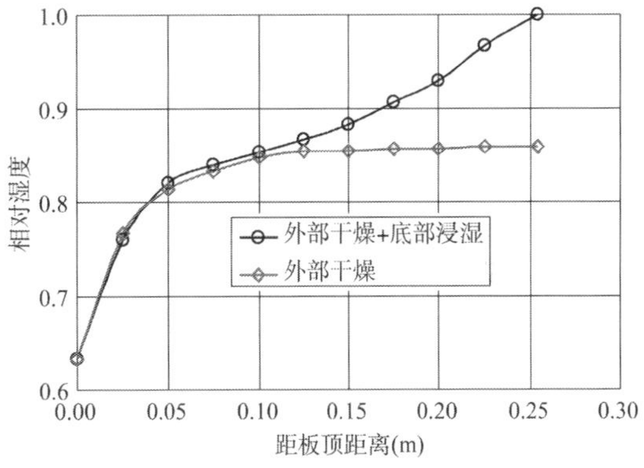

图 3-3　素混凝土路面板相对湿度的分布曲线

需要注意的是，该湿度曲线不可避免受到部分混凝土自干燥的影响。由于自干燥收缩比较均匀，可以假设其对应的截面自干缩应力分布均匀。因此，在计算等效湿度矩时，干缩应力的合成弯矩为 0。故测得的 RH 曲线，可以用于路面板内部湿度翘曲应力的合成弯矩计算。对图 3-3 的两条湿度分布曲线进行拟合，得到 RH 关于坐标 z 的回归关系式(3-12)，回归参数的取值(a～f)见表 3-2。

$$\mathrm{RH}(z) = a \cdot z^6 + b \cdot z^5 + c \cdot z^4 + d \cdot z^3 + e \cdot z^2 + f \cdot z + g \quad (R^2 = 0.9997) \tag{3-12}$$

回归参数的取值表　　表 3-2

回归参数	a	b	c	d	e	f	g
外部干燥	-31395	3252.7	323.19	-7.3	-4.2265	0.2174	0.8542
外部干燥和底部浸湿耦合	0	2157.4	-487.74	23.634	4.5419	0.5663	0.8656

结合表 3-2 回归参数，联立式(3-1)、式(3-8)和式(3-10)～式(3-12)，得到 M_{RH}、ΔT_{e}和 T_{e}的计算结果(表 3-3)。若不考虑相对湿度对材料物理力学性质(均匀矩形板)的影响，则按已有文献计算 3 个参数(表 3-3)。

湿度矩和等效负温度梯度的计算值 表 3-3

计算参数	均匀矩形板		非均匀矩形板	
	外部干燥	外部干燥底部浸湿	外部干燥	外部干燥底部浸湿
M_{RH}(kN·m)	-12.33	-24.52	-13.28	-27.01
ΔT_e(℃)	-9.60	-19.08	-10.34	-21.02
T_e(℃/m)	-37.79	-75.13	-40.70	-82.74

由表 3-3 可知:考虑相对湿度对路面板物理力学性质的影响时,相同外部湿度条件下,M_{RH}、ΔT_e和 T_e的计算值比均匀矩形板大 8% ~10%。非均匀路面板受到外部干燥和底部浸湿的耦合作用时,M_{RH}、ΔT_e和 T_e的计算值比仅考虑外部干燥的计算值大 1 倍,这会进一步加剧板角脱空的形成。对于素混凝土路面,容易引起唧泥和错台;对于连续配筋混凝土路面,会增大冲断的发生概率。为了避免这种情况的发生,进行纵向配筋率设计时,要对横向裂缝宽度进行严格的控制。

(2)负温度梯度 T_g。

现行规范根据不同的环境区划,给出了水泥混凝土路面的最大正温度梯度参考取值(表 3-4),最大负温度梯度的大小则按最大正温度梯度参考值的 1/4 ~1/3 选取。

最大正温度梯度的参考值 表 3-4

公路自然区划	Ⅱ区、Ⅴ区	Ⅲ区	Ⅳ区、Ⅵ区	Ⅶ区
最大正温度梯度(℃/m)	83 ~88	90 ~95	86 ~92	93 ~98

对比表 3-3 和表 3-4 可知:仅考虑外部干燥时,T_e与 T_g大致相同;若基层受到水的侵蚀,则 T_e比 T_g要大 1 倍。因此,当板厚较薄且考虑材料的非均匀特性时,现有研究关于湿度翘曲应力很小的假设不够合理。

3.1.4 温湿翘曲应力的计算方法

当不计自重和四周约束的无限大矩形薄板置于文克勒地基上时,将等效温度梯度的计算值和温度梯度的参考值代入威斯特卡德翘曲应力公式,使温湿翘曲问题转化为温度翘曲问题(图 3-4)。该公式也可近似求解有限尺寸板的翘曲应力。本节内容将用于后面 CRCP 温湿翘曲数值模拟的验证。式(3-13)为路面板中心点的最大翘曲应力:

$$\begin{cases} \sigma_x = \dfrac{E_c\alpha_c(\Delta T_g + \Delta T_e)}{2(1-\nu_c^2)}(C_x + \nu_c C_y) \\ \sigma_y = \dfrac{E_c\alpha_c(\Delta T_g + \Delta T_e)}{2(1-\nu_c^2)}(C_y + \nu_c C_x) \end{cases} \tag{3-13}$$

式中:C_x、C_y——素混凝土路面板的翘曲应力系数,根据 Bradbury 曲线取值;

ΔT_g——上下板面的温差,$\Delta T_g = T_g \cdot h$,℃。

式(3-14)为板边半长(宽)处的最大翘曲应力:

$$\sigma = \frac{CE_c\alpha_c(\Delta T_g + \Delta T_e)}{2} \tag{3-14}$$

式中：σ 为 σ_x 时，C 取 C_x；σ 为 σ_y 时，C 取 C_y。

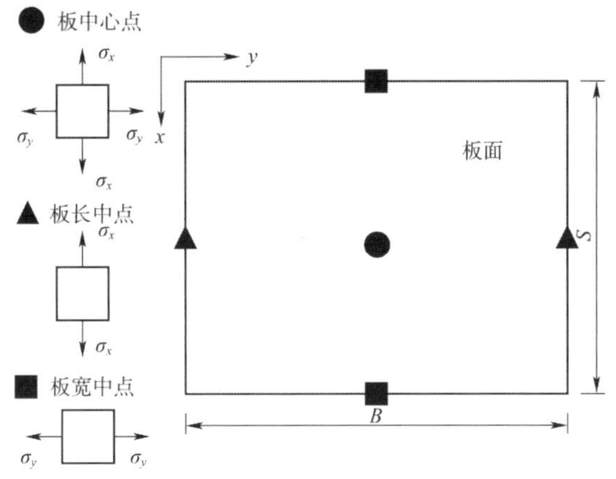

图 3-4　素混凝土路面板翘曲应力的计算点

3.2　双层配筋 CRCP 温度应力分析

3.2.1　基本假定

关于连续配筋混凝土路面的分析，建模可简化为两种材料，两种界面关系。两种材料包括水泥混凝土与钢筋，两种界面关系，一是钢筋与混凝土之间的界面接触关系，二是混凝土面层板与板下部结构层之间的接触关系。研究中，由于均匀温降作用下引起的温缩变形和温度梯度作用下引起的翘曲变形两种情况下各自受力情况不同，分别针对不同的受力情况建立与之相适应的有限元分析模型。双层连续配筋混凝土路面板示意图如图 3-5 所示。

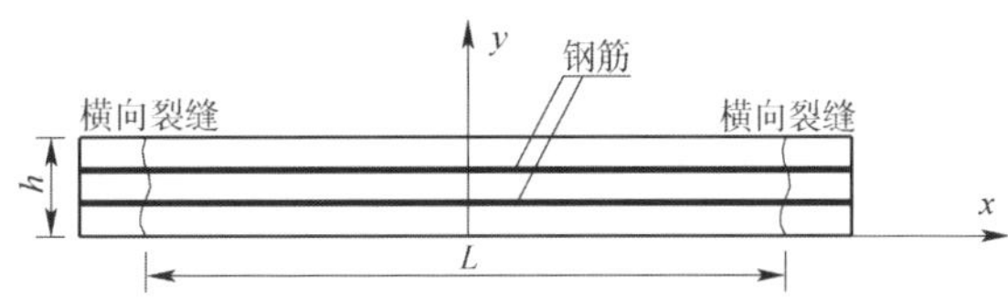

图 3-5　双层连续配筋混凝土板示意图

L-横向裂缝间距；h-面层板厚度

通过上述关于材料和界面关系的分析，在有限元建模计算分析中，做出如下基本假定：

(1)水泥混凝土、钢筋都被认为是均质、各向同性、连续的弹性材料，用弹性模量和泊松比表征各自材料的属性。

(2)将路面结构简化，由于研究主要针对的是双层连续配筋混凝土面层板，因此将混凝土板以下结构层简化为温克勒弹性地基模型，用地基反应模量值来表征混凝土板底部的支撑力。

(3)由于横向钢筋在连续配筋混凝土路面中起的主要作用是构造钢筋，用来固定纵向钢筋,因此,研究中忽略横向钢筋的影响,只考虑在水泥混凝土面层板内布置纵向钢筋,且纵向钢筋等间距分布。

(4)研究中,连续配筋混凝土路面已产生横向裂缝,且认为横向裂缝垂直于行车方向,贯通整个横截面。

3.2.2 模型材料参数与地基模型

水泥混凝土与钢筋都采用线弹性的本构关系,通过弹性模量与泊松比来表征各自材料的属性,材料参数见表 3-5。

材 料 参 数 表 3-5

材　　料	弹性模量 E(Pa)	泊 松 比 ν	线膨胀系数 α(℃$^{-1}$)
水泥混凝土	3×10^{10}	0.15	1×10^{-5}
钢筋	2×10^{11}	0.3	9×10^{-6}

在路面结构设计中,通常所采用的地基模型有两种,一种是温克勒(Winkler)地基模型,另一种是弹性半空间地基模型。温克勒地基是指地基相当于由互相不影响的弹簧组成,地基上的任何一点所受到的压力 p 与此点在压力作用下产生的竖向位移 s 成正比,与其他点无关,由公式(3-15)可得,用反应模量 K 的表征弹性地基。

$$p = K \cdot s \tag{3-15}$$

式中:K ——地基反应模量。

弹性半空间地基是指假设地基是一各向同性的弹性半无限体,施加一个集中力于地基表面,此时距离集中力 r 处的地基表面沉降 s 用公式(3-16)可求得,用弹性模量 E_s和泊松比 ν_s表征弹性地基。

$$s = \frac{p(1-\nu_s^2)}{\pi E_s r} \tag{3-16}$$

式中:E_s——地基的弹性模量;

ν_s——地基的泊松比。

由于主要研究内容是针对双层连续配筋混凝土面层板,若选用弹性半空间地基模型,那么在建模中需要建立一定厚度的地基实体模型,这会使单元的数量大量增加,而且,与地基的层间接触分析可能还会出现计算不收敛的情况。所以,双层连续配筋混凝土板下的路面结构层都简化为温克勒地基。在 ABAQUS 有限元软件中可通过在"Interaction"模块中的接触分析中的"Elastic Foundation"来实现温克勒地基的设置。

3.2.3 钢筋与混凝土之间的界面模拟

在有限元建模分析中,钢筋与混凝土之间的接触一般有两种处理方式。

第一种是认为钢筋与混凝土之间完全黏结,它们相互之间不产生滑移,在 ABAQUS 软件中对钢筋采用"Interaction"模块里的"Embedded"的方式将钢筋植入水泥混凝土板内。

第二种是在钢筋与混凝土接触的节点添加弹簧单元来体现钢筋与混凝土之间的黏结-滑移。由于混凝土与钢筋这两种材料的线膨胀系数不相同,所以在变化的温度作用下,它们之间的变形不一致。钢筋和混凝土之间界面黏结的力学模式比较复杂,研究认为在混凝土与钢筋黏结破坏发生之前,二者之间的黏结应力与它们的相对位移呈线性变化,混凝土与钢筋之间的黏结应力 τ_s 与它们之间的相对滑移 s 由公式(3-17)可得:

$$\tau_s = k_s \cdot s \tag{3-17}$$

式中:k_s——混凝土与钢筋之间的黏结刚度系数。

在 ABAQUS 软件中,通过在混凝土与钢筋接触处的节点添加三个方向的弹簧单元来实现钢筋与混凝土之间的黏结-滑移,沿着钢筋轴向的方向考虑钢筋与混凝土之间的黏结-滑移,用弹簧刚度系数表征黏结-滑移系数,黏结刚度系数向弹簧刚度的转换由公式(3-18)可求得。垂直于钢筋轴向的钢筋混凝土界面弹簧单元设置大刚度值,以免钢筋单元挤入混凝土单元。

$$k = k_s \pi d_s x \tag{3-18}$$

式中:k ——弹簧刚度系数;

k_s——混凝土与钢筋间的黏结刚度系数;

d_s——钢筋直径;

x——均分网格纵向长度。

在均匀温降作用下的温缩变形分析中,如果钢筋与混凝土在完全黏结的状态下,无法考虑钢筋和混凝土之间产生的相对位移,因此在温缩变形分析时,采用添加三向弹簧单元的方式来模拟钢筋与混凝土之间的黏结-滑移关系。

在温度梯度作用下的翘曲变形分析中,白桃的研究表明钢筋与混凝土的黏结刚度系数对混凝土板的翘曲应力影响很小,因此在混凝土板的翘曲变形分析中,可不考虑钢筋与混凝土之间的黏结-滑移,钢筋通过"Embedded"方式植入混凝土中。

3.2.4 温缩变形计算模型理论解析解

白桃的研究表明,连续配筋混凝土路面受到的约束主要来自钢筋的作用,基层与混凝土面层板间的摩阻力约束相对较小。因此,在温缩变形计算模型的可行性分析中,将不考虑基层摩阻力的连续配筋混凝土路面的应力和位移的解析解与有限元解进行比较分析,来验证建模的可行性。比较分析混凝土应力 σ_c、混凝土位移 μ_c、钢筋应力 σ_s、钢筋位移 μ_s 四项指标的最大值以及各指标沿纵向钢筋轴向的变化趋势。

曹东伟的研究表明,在布置单层钢筋的连续配筋混凝土路面中,由于连续的纵向钢筋是等间距分布的,因此可以从板中抽取一块包含钢筋的混凝土板条进行分析,如图3-6所示,图中,板条两端为横向裂缝端,L 为横向裂缝间距,推导出了在不考虑地基摩阻的情况下,单根钢筋板条模型的混凝土应力 σ_c、混凝土位移 μ_c、钢筋应力 σ_s、钢筋位移 μ_s 解析解,见式(3-19)~式(3-22)。

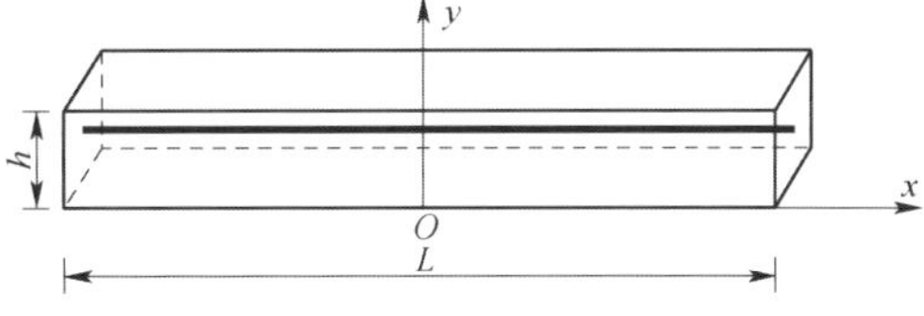

图3-6 带钢筋的混凝土板条模型

混凝土应力 σ_c:

$$\sigma_c = E_c\left[\frac{\alpha_c \Delta T}{\varphi L r_3 \coth(r_3 L)+1} + \frac{\alpha_c \Delta T L r_3}{L r_3 \cosh(r_3 L) + \frac{1}{\varphi}\sinh(r_3 L)}\cosh(r_3 x) - \alpha_c \Delta T\right] \tag{3-19}$$

混凝土位移 μ_c：

$$\mu_c = \frac{\alpha_c \Delta T}{\varphi L r_3 \coth(r_3 L) + 1} x + \frac{\alpha_c \Delta T L}{L r_3 \cosh(r_3 L) + \frac{1}{\varphi}\sinh(r_3 L)} \sinh(r_3 x) \tag{3-20}$$

钢筋应力 σ_s：

$$\sigma_s = E_s \left[\frac{\alpha_c \Delta T}{\varphi L r_3 \coth(r_3 L) + 1} - \frac{\alpha_c \Delta T L r_3}{\varphi L r_3 \cosh(r_3 L) + \sinh(r_3 L)} \cosh(r_3 x) - \alpha_s \Delta T \right] \tag{3-21}$$

钢筋位移 μ_s：

$$\mu_s = \frac{\alpha_c \Delta T}{\varphi L r_3 \coth(r_3 L) + 1} x - \frac{\alpha_c \Delta T L}{\varphi L r_3 \cosh(r_3 L) + \sinh(r_3 L)} \sinh(r_3 x) \tag{3-22}$$

$\varphi = \frac{A_s E_s}{A_c E_c}, r_3 = \sqrt{a_1 + a_2}$，其中，$a_1 = \frac{\pi d_s k_s}{A_c E_c}, a_2 = \frac{\pi d_s k_s}{A_s E_s}$

式中：α_c、A_c、E_c——混凝土线膨胀系数、截面积、弹性模量；

α_s、A_s、E_s——钢筋线膨胀系数、截面积、弹性模量；

k_s——钢筋与混凝土之间的黏结刚度系数；

d_s——钢筋直径；

ΔT——平均温度变化。

3.2.5 理论解析解的分析验证

按照2.2.1所述的步骤建立带钢筋的混凝土板条有限元计算模型，板条长取1.5m、板条宽取0.2m、板条高取0.3m，钢筋直径取20mm。钢筋与混凝土之间的黏结刚度系数 k_s 取 3.0×10^{10}Pa，模型均匀降温30℃。钢筋两端完全约束，混凝土两端不约束。由于是模型是对称结构，选取板长1/2进行分析，如图3-6所示，进行沿钢筋轴向趋势分析时，从板条中部（即 $x=0$ 处）开始，向横向裂缝端移动。

(1)主要指标最大值比较分析。

混凝土应力 σ_c、混凝土位移 μ_c、钢筋应力 σ_s、钢筋位移 μ_s 四项指标的最大值见表3-6，从计算结果可知，理论解析解与有限元解数值相近。

各项主要指标最大值计算结果对比 表3-6

指标	混凝土应力 σ_c(MPa)	混凝土位移 μ_c(mm)	钢筋应力 σ_s(MPa)	钢筋位移 μ_s(mm)
理论解析解	1.1111	0.2032	220.5507	0.0823
有限元解	1.0497	0.2077	201.4570	0.0781
误差(%)	5.526	2.215	8.657	5.103

注：表中误差为(理论解析解－有限元解)/理论解析解的绝对值。

(2)混凝土应力 σ_c 沿纵向钢筋轴向分布对比分析。

在理论解析解的推导过程中是以混凝土在截面上均布为前提条件的，而在有限元分析中(图3-7)，可以明显看到，越靠近钢筋，混凝土所受到的约束越强，这更加符合实际情况，混凝土与钢筋之间存在一个影响作用区，混凝土应力在横截面上不是均匀分布。在有限元计算云图中，把沿板条长度方向取顶面中线、顶面角线以及距板顶1/4h中线这三处的混凝土纵向应力的有限元解与理论解析解进行对比，混凝土应力 σ_c 沿轴向分布如图 3-8 所示。从图 3-8 中可知，混凝土应力 σ_c 有限元解与理论解析解变化趋势基本相同，在板条中部(即 $x=0$ 处)混凝土应力最大，而且距板顶 1/4h 中线处的有限元解与理论解析解吻合程度最高。

图 3-7 板宽 1/2 纵向截面混凝土应力云图

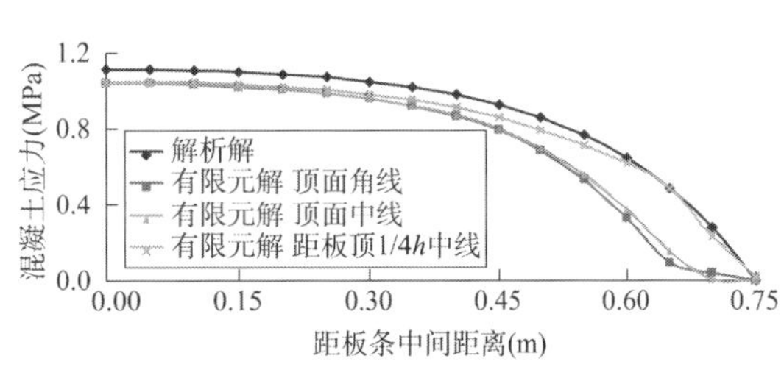

图 3-8 混凝土应力 σ_c 沿轴向分布对比

(3)混凝土位移 μ_c 沿纵向钢筋轴向分布对比分析。

混凝土有限元分析位移云图如图 3-9 所示，沿板条长度方向取顶面中线，把顶面角线以及距板顶 1/4h 中线这三处混凝土纵向位移的有限元解与理论解析解进行对比，混凝土位移 μ_c 沿轴向分布如图 3-10 所示。从图中可知，混凝土位移 μ_c 沿轴向分布的有限元解与理论解析解是吻合的，而且在横向裂缝端，混凝土位移最大。

图 3-9 混凝土位移云图

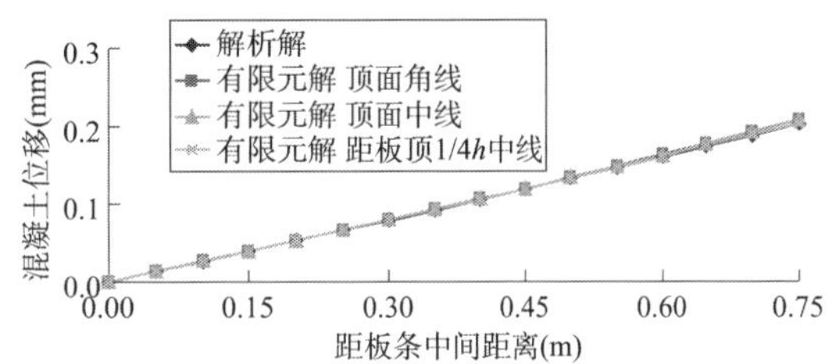

图 3-10 混凝土位移 μ_c 沿轴向分布对比

(4)钢筋应力 σ_s 沿纵向钢筋轴向分布对比分析。

钢筋沿纵向的应力理论解析解与有限元解对比如图 3-11 所示，从图中可知，钢筋最大应力出现在横向裂缝端，二者沿板条长度方向的变化趋势是吻合的，计算结果十分相近。

(5)钢筋位移 μ_s 沿纵向钢筋轴向分布对比分析。

钢筋沿纵向的位移理论解析解与有限元解对比如图 3-12 所示，从图中可知，二者沿板条长度方向的变化趋势是相吻合的，计算结果非常相近。

通过上述关于混凝土应力 σ_c、混凝土位移 μ_c、钢筋应力 σ_s、钢筋位移 μ_s 的理论解析解和有限元解这两种方法计算结果对比可以得出，所采用的连续配筋混凝土路面温缩变形有限元计算模型的计算结果与理论解析解有较好的一致性，因此，所采用的有限元建模方法应用于双层连续配筋混凝土路面的分析是可行的。

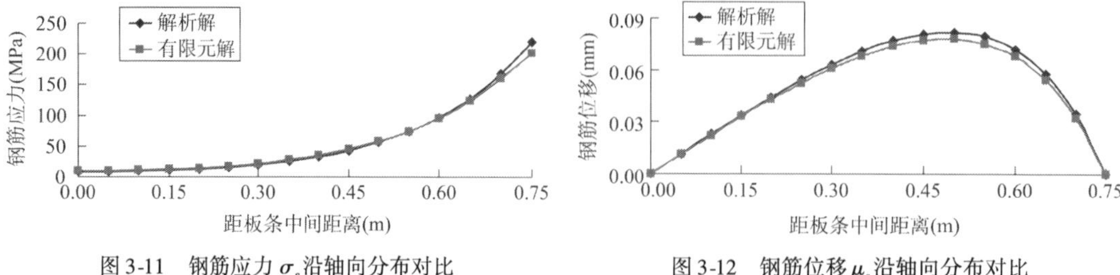

图 3-11　钢筋应力 σ_s 沿轴向分布对比　　图 3-12　钢筋位移 μ_s 沿轴向分布对比

3.2.6　不同钢筋布置方案比较分析

(1)钢筋布置方案。

分别建立双层布筋方案和单层布筋方案在均匀温降作用下的温缩变形的混凝土板条模型。模型中，混凝土层厚度 h 取 0.3m，钢筋直径 d 取 20mm，均匀降温 ΔT 取 30℃，两种布筋方案中，纵向钢筋尺寸相同且保持配筋率相同，其他结构尺寸及材料参数取值如前文所述，建模其他参数及网格划分也保持一致。双层布筋与单层布筋取带钢筋的板条模型如图 3-13 所示。

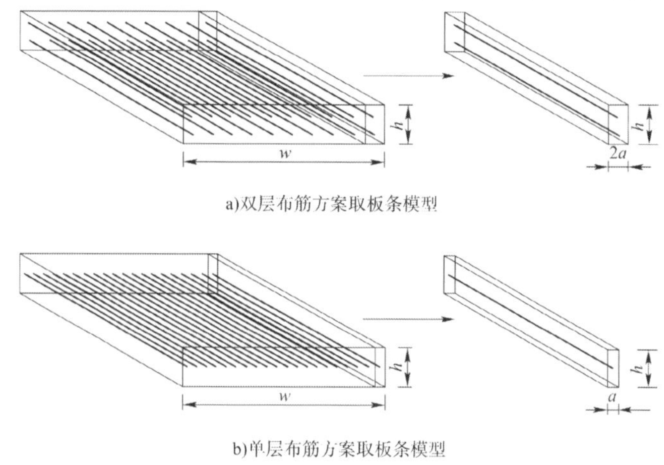

a)双层布筋方案取板条模型

b)单层布筋方案取板条模型

图 3-13　双层布筋与单层布筋板条模型

双层布筋方案：混凝土板条宽取 0.16m，上、下两层钢筋对称布置，上层钢筋布置在距面层板顶面 0.1m 处(面层板上 1/3h 处)；下层钢筋布置在距面层板底面 0.1m 处(即面层板下 1/3h 处)。

单层布筋方案：混凝土板条宽取 0.08m，钢筋层布置在距面层板顶面 0.15m 处(即面层板 1/2h 处)。

(2)有限元计算云图比较分析。

双层布筋方案和单层布筋方案的有限元计算云图如图 3-14 ~ 图 3-17 所示。从图 3-14 和图 3-16 中可以看出，在均匀温降作用下，双层布筋方案与单层布筋方案的混凝土位移沿板条长度方向分布较均匀，在同一横截面，靠近钢筋处的混凝土变形量略小于横截面其他地方，从图 3-15 和图 3-17 中可以明显看出，在靠近钢筋处受到的约束要强一些，而且在双层布筋方案中，由于上、下两层钢筋的拉结作用，混凝土板中的应力整体上大于单层布筋方案。

图3-14　双层布筋板条位移云图

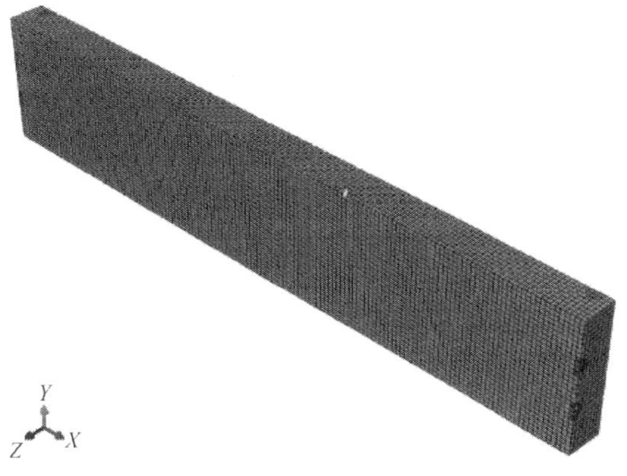

图3-15　双层布筋板条板宽1/2处剖面图

图3-16　单层布筋板条位移云图

(3)混凝土应力与位移比较分析。

由于在板条中部(即 $x=0$ 处)混凝土应力最大,因此比较双层布筋与单层布筋这两种方案在板条中部横截面(即 $x=0$ 处)的混凝土应力分布情况,混凝土应力大小分布分别如图3-18、图3-19所示,图中,W 为板条宽度方向,H 为板条厚度方向。比较分析图3-18和图3-19,在板条中部横截面,双层布筋方案与单层布筋方案混凝土最大应力出现在靠近钢筋处,且两种方案的混凝土最大应力值大小相当,混凝土应力随着远离钢筋而逐渐减小,从整体上来看，双层布筋方案的混凝土应力均在 2.25MPa 以上，而单层布筋方案有一部分面积应力大小在 2.25MPa 以下，这是由于双层钢筋的布置对混凝土上下的约束更强。

图 3-17　单层布筋板条板宽 1/2 剖面图

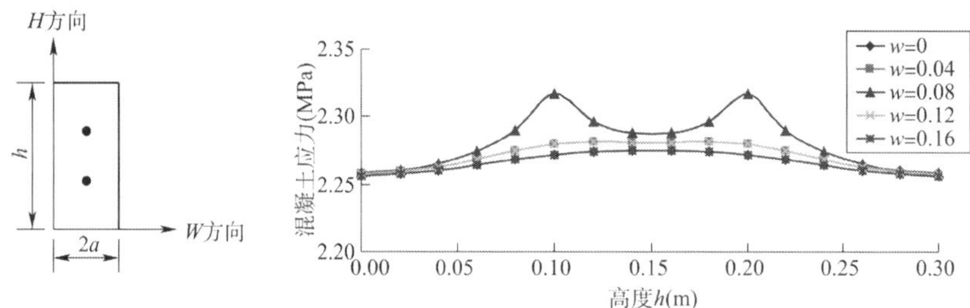

图 3-18　双层布筋方案板条中部（即 $x=0$ 处）横截面混凝土应力

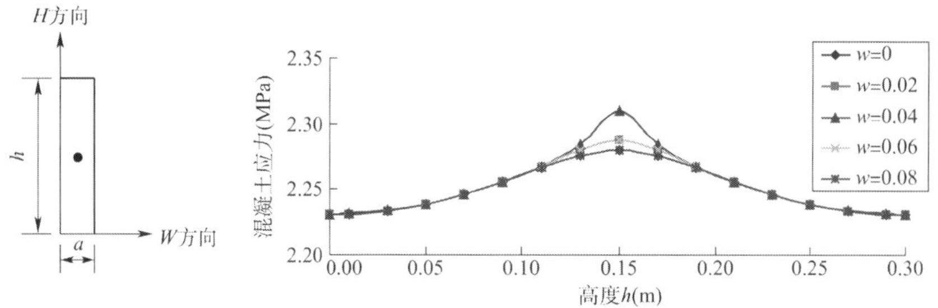

图 3-19　单层布筋方案板条中部（即 $x=0$ 处）横截面混凝土应力

由于在横向裂缝端，混凝土位移最大，因此比较双层布筋与单层布筋这两种方案在横向裂缝端的混凝土位移分布情况，混凝土位移大小分布分别如图 3-20、图 3-21 所示。比较分析图 3-20 和图 3-21，在靠近钢筋处的混凝土位移最小，混凝土位移随远离钢筋而增大，且这两种方案的混凝土位移值大小相当。

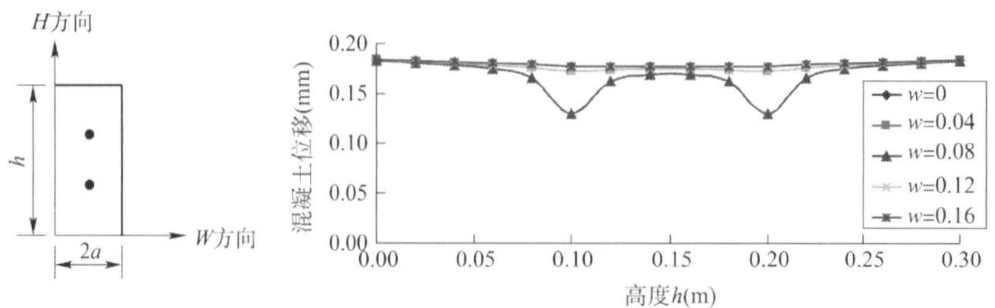

图 3-20　双层布筋方案板条横向裂缝端混凝土位移

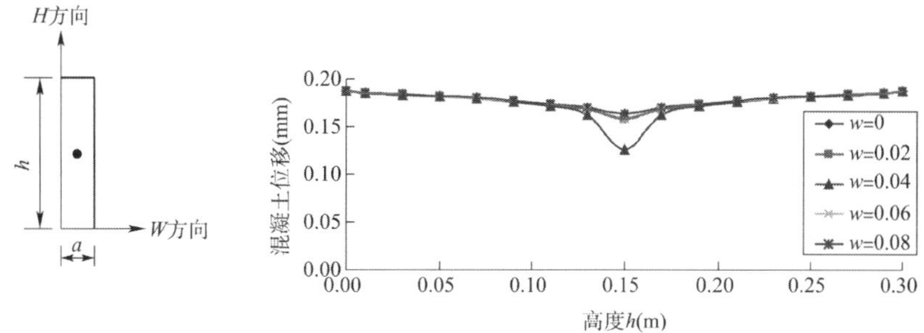

图3-21　单层布筋方案板条横向裂缝端混凝土位移

3.3　双层配筋CRCP翘曲变形分析

当外界气温变化的周期较短时,由于路面材料温度变化的速度比气温变化速度慢,路面结构的温度就会沿深度方向的分布会出现不均匀状态,同一时刻不同深度处的温度差称为温度梯度 T_g,由公式(3-23)可得。当混凝土板的顶面温度和底面温度出现温度差时,混凝土板将产生翘曲变形。由于钢筋、相邻板块和地基反力等对混凝土板有约束,这将导致混凝土板翘曲变形受阻,使得混凝土板产生翘曲应力。

$$T_g = \frac{T(h_c) - T(h_0)}{h_c} \tag{3-23}$$

式中:h_c——混凝土板板厚;

$T(h_c)$ ——混凝土板顶面温度;

$T(h_0)$ ——混凝土板底面温度。

温度梯度是计算面层温度翘曲应力的主要参数之一,我国现行公路水泥混凝土路面设计规范中给的最大温度梯度范围为83～98℃/m。

通常连续配筋混凝土路面在建设完成一段时间后,面层板在道路行车方向断裂成一个个单独的板块。这些单独的板块在温度非均匀变化情况下与普通水泥混凝土面层板的受力区别主要体现在板中加筋上。一般说来,路面结构深度方向的温度从理论和实测的研究来看是呈非线性分布的,佛罗里达州交通部大量研究成果表明,为了减小有限元分析的误差,可以将沿混凝土板厚度方向非线性分布的温度简化为线性分布。当混凝土板顶面的温度大于混凝土板底面的温度时,称为正温度梯度。在正温度梯度作用下,板顶受压、板底受拉,这与车辆荷载作用效果一致,这将增大路面的综合应力,对路面造成不利影响;当混凝土板顶面的温度小于混凝土板底面的温度时,称为负温度梯度。在负温度梯度作用下,板顶受拉、板底受压,这与这辆荷载作用效果相反,能够抵消荷载应力,对路面产生有利影响。本节将采用同种钢筋且保持配筋率相同的双层布筋方案,与单层布筋方案在线性的正温度梯度作用下混凝土板的翘曲变形进行比较分析。

3.3.1　翘曲变形计算模型建立

混凝土板的翘曲变形属于小挠度弯曲问题,翘曲变形远小于混凝土板的厚度。白桃的研究表明,在温度梯度作用下的翘曲变形分析中,黏结刚度系数对混凝土板的翘曲应力影响很小,可以忽略不计黏结刚度系数变化对连续配筋混凝土板底翘曲应力的影响。因此,在本节针对混凝土面层板底翘曲应力的分析中,地基模型采用温克勒地基,钢筋与混凝土变形完全协调,在 ABAQUS 软件中,钢筋通过"Embedded"方式植入混凝土中。

连续配筋混凝土路面在横向裂缝形成稳定后,根据横向裂缝形成后贯穿混凝土面层板的假设,各单独板块在温度的作用下,受到钢筋和地基约束的同时还与相邻板块相互约束。由于横向裂缝本身也具有一定的宽度,可以使部分变形应力得到释放,因此在翘曲应力分析中,可以只对横向裂缝处的钢筋进行约束,不考虑板块间的相互作用。

翘曲变形模型基本计算参数如下:混凝土板板宽取 4m,板厚取 0.3m,根据横向裂缝间距取混凝土板模型板长,纵向钢筋直径取 20mm。混凝土板以下结构层采用温克勒地基模型,地基反应模量 K 取 100MPa/m,温度梯度 T_g 取 90℃/m。X 轴方向为路面行车方向,Y 轴方向为路面深度方向,Z 轴方向为路面宽度方向。混凝土周围不设置约束,钢筋两端完全约束。经分析计算,温度翘曲应力有限元模型应力云图如图 3-22 所示,最大翘曲应力出现在混凝土板底部。

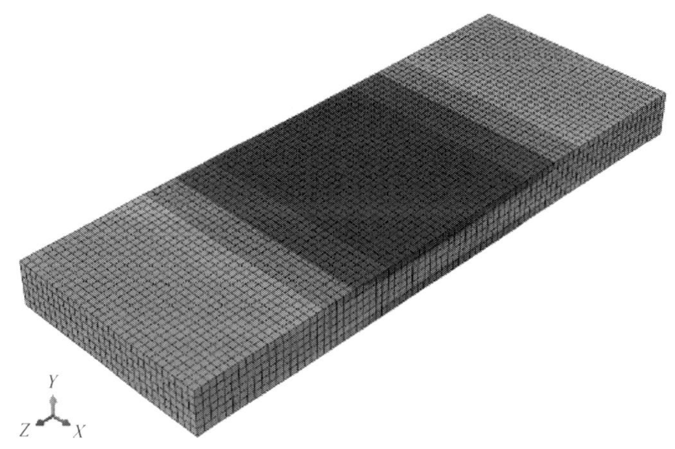

图 3-22　混凝土板温度翘曲应力云图

3.3.2　翘曲变形计算模型可行性分析

(1)理论解析解。

通过运用 Westergaard 公式可以近似计算温克勒地基上的素水泥混凝土板翘曲应力,在计算过程中,矩形板横向剪应力和四周弯矩假设为零,通过位移来求解混凝土板中的应力。如图 3-23 所示,由式(3-24)~式(3-27)计算板底的 O 点和板边 A、B 点的拉应力,即混凝土板底部和板中底部在板宽和板长两个方向的温度翘曲应力。

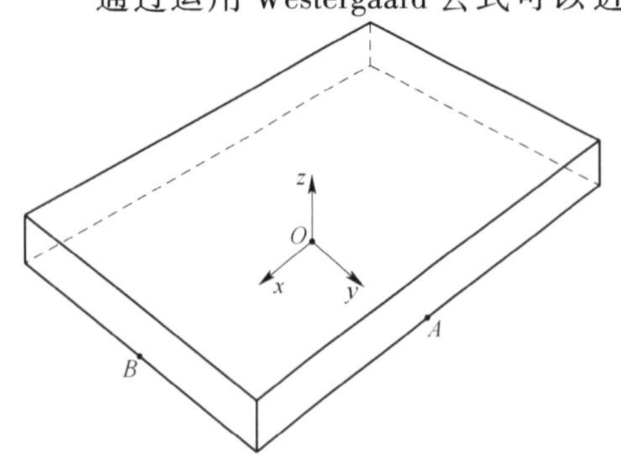

图 3-23　计算点位示意图

板中 O 点处:

$$\sigma_x = \frac{E_c \alpha_c \Delta T}{2(1-\mu_c^2)}(C_x + \mu_c C_y) \tag{3-24}$$

$$\sigma_y = \frac{E_c \alpha_c \Delta T}{2(1-\mu_c^2)}(C_y + \mu_c C_x) \tag{3-25}$$

板边：

$$A\text{ 点}:\sigma_x = \frac{E_c \alpha_c \Delta T}{2} C_x \tag{3-26}$$

$$B\text{ 点}:\sigma_y = \frac{E_c \alpha_c \Delta T}{2} C_y \tag{3-27}$$

其中，$C_x = 1 - \frac{2\cos\delta_L \cosh\delta_L}{\sin 2\delta_L + \sinh 2\delta_L}(\tan\delta_L + \tanh\delta_L)$

$$C_y = 1 - \frac{2\cos\delta_W \cosh\delta_W}{\sin 2\delta_W + \sinh 2\delta_W}(\tan\delta_W + \tanh\delta_W)$$

$$\delta_L = \frac{L}{2\sqrt{2}l}, \delta_W = \frac{W}{2\sqrt{2}l}, l = 4\sqrt{\frac{E_c h^3}{12(1-\mu_c^2)K}}$$

式中：α_c、E_c、μ_c——混凝土膨胀系数、弹性模量、泊松比；

L、W、h ——混凝土板长、板宽、板厚；

ΔT——混凝土板上、下表面温度差；

l——刚度半径；

K——地基反应模量。

(2)有限元解与理论解析解对比分析。

利用 ABAQUS 有限元软件建立混凝土板模型，横向裂缝间距取 5m，板宽取 4m，板厚取 0.3m，地基反应模量 K 取 100MPa/m，计算正温度梯度 T_g 为 90℃/m 时，板 O、A、B 三点的拉应力。理论解析解和有限元解的计算结果见表 3-7。从表 3-7 中可知，有限元解计算结果与理论解析解的计算结果基本一致，误差小，因此，在素混凝土板的基础上再布置钢筋，进行有限元建模，进行温度翘曲应力的分析是可行的。

解析解与有限元解计算结果对比　　表 3-7

计算点位		理论解析解(MPa)	有限元解(MPa)	误差(%)
O 点	板长方向	3.7498	3.6757	1.981
	板宽方向	2.7897	2.6421	5.301
A 点	板长方向	3.3314	3.3389	0.237
B 点	板宽方向	2.2272	2.1492	3.493

注：表中误差为(理论解析解 - 有限元解)/理论解析解的绝对值。

3.3.3　不同钢筋布置方案比较分析

分别建立不布置钢筋、双层布筋以及单层布筋的混凝土板计算模型，混凝土板板宽取 4m，板厚取 0.3m，混凝土板长(横向裂缝间距) 分别取 1.0m、1.5m、2.0m，地基反应模量 K 取 100MPa/m，温度梯度 T_g 取 90℃/m。纵向钢筋直径取 20mm，双层布筋与单层布筋保持配筋率一致，其他参数设置前文所述，有限元计算结果见表 3-8。

不同布筋方案混凝土板底翘曲应力有限元计算结果　　表 3-8

布筋方案	横向裂缝间距(m)	最大主应力 σ_1(MPa)	行车方向最大拉应力 σ_L(MPa)	板宽方向最大拉应力 σ_w(MPa)
不布置钢筋	1.0	2.2550	0.0576	2.2550
	1.5	2.2605	0.1631	2.2605
	2.0	2.2725	0.3653	2.2725
双层布筋	1.0	2.2652	0.0670	2.2651
	1.5	2.2744	0.1794	2.2743
	2.0	2.2780	0.3836	2.2778
单层布筋	1.0	2.2622	0.0483	2.2622
	1.5	2.2688	0.1651	2.2688
	2.0	2.2759	0.3756	2.2759

双层布筋方案：上、下两层钢筋对称布置，且布置方式均为 25cm × 16cm，上层钢筋布置在距混凝土板顶面 0.1m 处（即混凝土板上 $1/3h$ 处）；下层钢筋布置在距混凝土板底面 0.1m 处（即混凝土板下 $1/3h$ 处）。

单层布筋方案：钢筋布置方式为 50cm × 8cm，且布置在距混凝土板顶面 0.15m 处（即混凝土板 $1/2h$ 处）。

从表 3-8 可以看出，由于布置了钢筋，约束了混凝土板的自由变形，导致混凝土板底翘曲应力有所增大，但增大幅度很小，双层布筋方案的翘曲应力略微大于单层布筋方案的翘曲应力。

3.3.4 温度梯度对翘曲应力的影响

根据现行公路水泥混凝土路面设计规范，不同公路自然区划有不同最大温度梯度推荐值。在本小节研究中，取不同温度梯度分别对双层布筋方案、单层布筋方案的混凝土板温度翘曲应力进行比较分析，温度梯度 T_g 分别取 85℃/m、90℃/m、95℃/m、100℃/m，裂缝间距取 1.5m，地基反应模量 K 取 100MPa/m，其他参数的设置与如前文所述，有限元计算结果见表 3-9，混凝土板底翘曲应力随温度梯度变化规律如图 3-24 所示。

不同温度梯度有限元计算结果（MPa）　　表 3-9

布筋方案	温度梯度(℃/m)			
	85	90	95	100
双层布筋	2.1481	2.2744	2.4008	2.5271
单层布筋	2.1428	2.2688	2.3949	2.5209

从表 3-9、图 3-24 可知，随着温度梯度的增大，两种布筋方案的混凝土板底的翘曲应力都将增大且呈线性变化，二者数值相差不大，双层布筋方案略微大于单层布筋方案，温度梯度每增加 5℃，混凝土板底翘曲应力平均约增大 5.6%。

3.3.5 地基反应模量对翘曲应力的影响

不同的基础类型，地基反应模量不相同，分析地基反应模量对混凝土板底翘曲应力的影响，建立双层布筋与单层布筋的分析模型，裂缝间距取 1.5m，最大温度梯度取 90℃/m，地基反应模量从 50MPa/m 变化至 300MPa/m，依次增大 50MPa/m。有限元计算结果见表 3-10，混凝土板底翘曲应力随地基反应模量变化规律如图 3-25 所示。

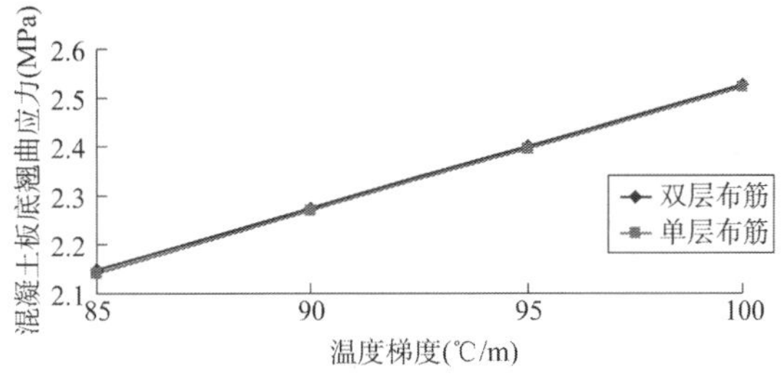

图 3-24 混凝土板底翘曲应力随温度梯度变化规律

不同地基反应模量有限元计算结果（MPa） 表 3-10

地基反应模量（MPa/m）	50	100	150	200	250	300
双层布筋	1.4616	2.2744	2.7893	3.1418	3.3962	3.5883
单层布筋	1.4574	2.2688	2.7832	3.1357	3.3902	3.5826

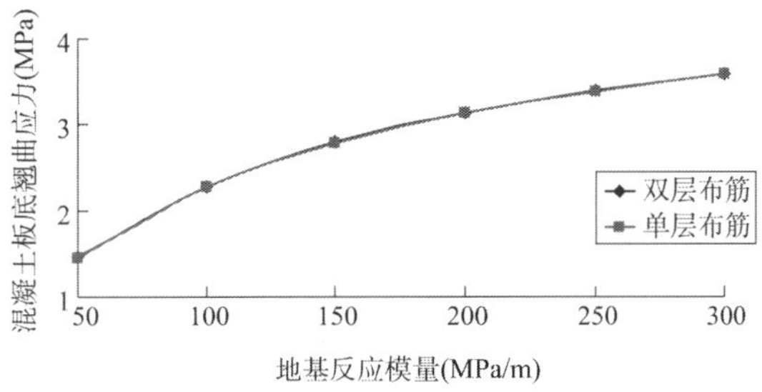

图 3-25 混凝土板底翘曲应力随地基反应模量变化规律

从表 3-10、图 3-25 可知，随着地基反应模量的增大，双层布筋和单层布筋方案的混凝土板底翘曲应力都将增大，且增大的趋势逐渐放缓，两种方案翘曲应力相差很小。

3.3.6 双层钢筋布置位置对翘曲应力的影响

在双层布筋方案中，分析双层钢筋布置位置对翘曲应力的影响规律，将上、下钢筋层以混凝土板中性面为对称面对称布置，上、下钢筋层分别距板顶面和板底面距离为 5cm、8cm、10cm、12cm，即上、下钢筋层间距分别为 20cm、14cm、10cm、6cm，计算得到混凝土板板底温度翘曲应力随钢筋层布置间距变化规律，见表 3-11。

双层钢筋布置位置变化有限元计算结果 表 3-11

上层钢筋距板底面距离（cm）	下层钢筋距板底面距离（cm）	上、下钢筋层间距（cm）	最大主应力 σ_1（MPa）
5	5	20	2.2861
8	8	14	2.2773
10	10	10	2.2744
12	12	6	2.2672

从表 3-11 可知，上、下钢筋层布置间距越大，混凝土板底翘曲应力越大，这是由于钢筋

越靠近混凝土顶面或底面，对混凝土约束作用越大。

3.4 双层配筋 CRCP 荷载应力分析

3.4.1 建模可靠性分析

王虎等人通过傅立叶变换法等数学理论，结合复合材料层力学理论，对 CRCP 在温克勒地基上有荷载情况下 CRCP 板的应力与位移解析解。为了验证有限元建模是否可行，采用已有文献中的例子，通过有限元模拟计算，从板宽方向（指从荷载区域到纵向边缘且与横向裂缝平行的方向）混凝土竖向位移、板宽方向 X 轴应力、板宽方向 Y 轴应力同解析解相比较，来评判有限元建模分析是否具有可行性。文献中计算参数设置如下：混凝土采用弹性模量，取值为 3.0×10^{10}Pa，泊松比取值为 0.167，板长为 10m，板宽为 4m。钢筋采用弹性模量，取值为 2.0×10^{11}Pa，泊松比取值为 0.28，CRCP 面层板厚为 23cm，纵向钢筋采用直径为 16mm 的三级螺纹筋，布筋密度为 7 根/m。地基回弹模量为 60MPa，施加荷载为 0.7MPa，作用面积为 30cm 的正方形，位于整个面层板的正中央。不考虑钢筋与混凝土中集料之间的嵌锁传荷作用，认定二者作用方式为完全耦合，即在模型中采用 Embedded region 的方式将钢筋完全嵌入板内。解析解与有限元解的计算结果对比图如图 3-26 ~ 图 3-28 所示。

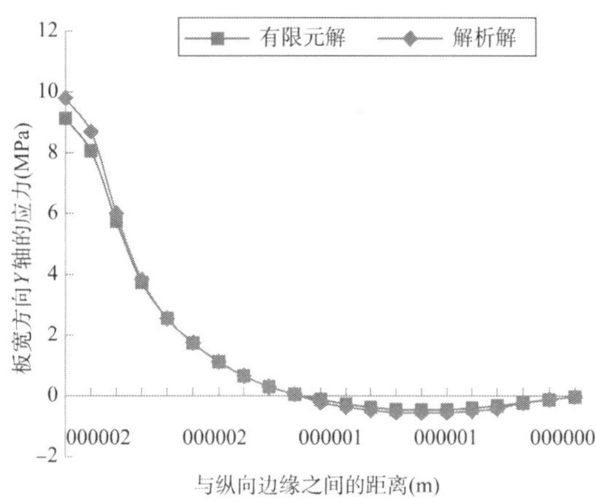

图 3-26 板宽方向 Y 轴拉应力的变化规律

从图 3-26 ~ 图 3-28 可知，在有荷载作用下沿荷载区域板宽方向，X 轴拉应力、Y 轴拉应力与位移，有限元解与解析解从数值与趋势都表现高度吻合。因此可以得出，运用 ABAQUS 有限元软件对 CRCP 进行受力模拟是可靠的。

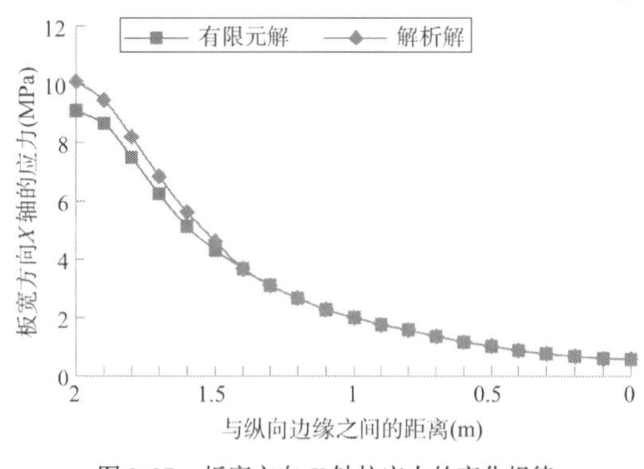

图 3-27 板宽方向 X 轴拉应力的变化规律

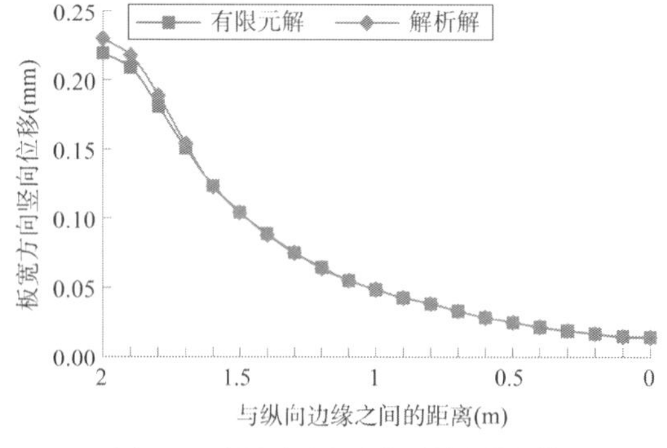

图 3-28 板宽方向竖向位移的变化规律

3.4.2 模型的建立

重建原路面是我国对水泥混凝土维修改造的一个重要方案，现今我国水泥路面结构可以分两大类:素水泥混凝土以及连续配筋水泥混凝土路面,而连续配筋混凝土路面发展到今天按照钢筋的布置方式可以分为单层 CRCP 与双层配筋 CRCP。为了探讨这三种路面结构在城市道路中的适应性,运用 ABQUAS 有限元软件来进行路面受力模拟与比对,在不同超载比例、板底脱空、不同路基回弹模量的条件下,以最大拉应力与最大竖向位移作为评价指标(根据已有文献最大拉应力与最大竖向位移出现的位置会在两条裂缝中间的板上),对三种路面结构在城市道路上的适应性进行探讨。

(1)路面结构的选取。

目前我国双层配筋 CRCP 铺筑方式一般为:在路基上先铺筑一层 30cm 厚的水泥稳定碎石层,再在水泥稳定碎石层上铺筑一层 28cm 厚的双层钢筋水泥混凝土层。素水泥混凝土路面在双层配筋 CRCP 上取消掉钢筋,单层 CRCP 则与双层配筋 CRCP 保持相同的配筋率,具体路面结构方案见表 3-12。

路 面 结 构 表　　表 3-12

上面层类型	路面结构方案
素水泥混凝土	30cm 水泥稳定碎石层 +28cm 素水泥混凝土
单层 CRCP	30cm 水泥稳定碎石层 +28cm 单层连续配筋水泥混凝土(距离顶面 14cm,直径为 20mm,钢筋间隔为 16cm)
双层配筋 CRCP	30cm 水泥稳定碎石层 +28cm 双层连续配筋水泥混凝土(双层钢筋分别距顶面为 9cm 与 18cm,双层钢筋的直径均取 20mm,钢筋的间隔为 32cm)

(2)模型参数的选取。

三种路面方案除钢筋的位置变化以外,其他各层各物质采用相同的回弹模量和泊松比,其参数设置见表 3-13。

路 面 参 数 设 置　　表 3-13

材 料 名 称	所属结构层	回弹模量(MPa)	泊　松　比
水泥稳定碎石	下面层	2100	0.15
钢筋混凝土	上面层	31000	0.35

模型内板的三维设计:每层板块的长度选取为 5m,宽度选取为 4m,厚度见表 3-13。由于双层配筋 CRCP 裂缝间距和宽度较小,因此上层板设置的两条横向裂缝,裂缝距离横向边缘为 1.749m,中间裂缝间距为 1.5m,裂缝宽度为 1mm,裂缝完全贯穿板块。模型内钢筋的设置:只设置纵向钢筋,弹性模量为 2.0×10^{11} Pa,泊松比为 0.3。层间接触:在模型分析时,认为板与板之间的接触方式为紧紧地粘贴在一起,将两者捆绑在一起,即在 ABAQUS 软件约束设置中,选择“Tie”的方式来对面层与基层板之间的接触来进行约束;不考虑钢筋与混凝土中集料之间的嵌锁传荷作用会有所损失,认定二者作用方式为完全耦合。地基模型:采用温克勒地基,即认为地基和路面结构组成一个弹簧体,设置路基为低液限粉土,土基回弹模量取值为 100MPa。单元节点与网格划分:混凝土层和水泥稳定碎石层均采用三维六面体八节点减缩积分实体单元;钢筋采用三维梁单元,钢筋单独进行网格划分。模型结构示意图如图 3-29 所示,在车辆荷载作用下的有限元应力云图和位移云图如图 3-30 所示。

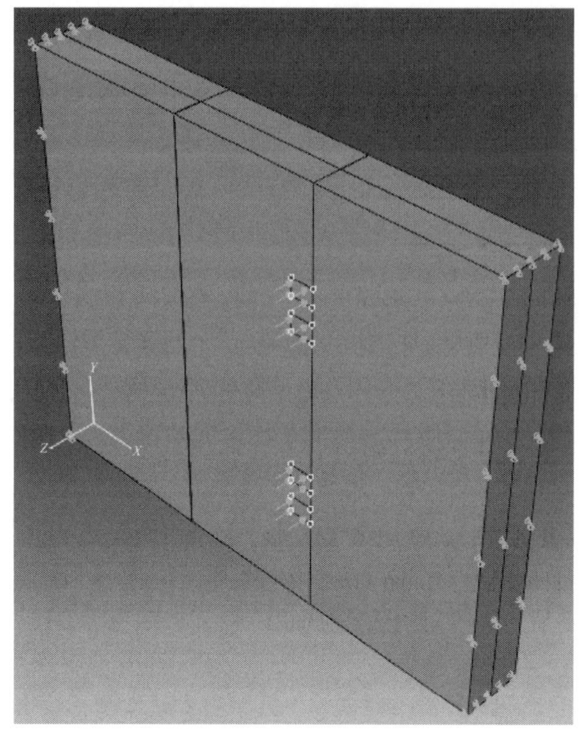

图 3-29　模型结构示意图

a)模型位移云图

b)模型受力云图

图 3-30　模型受力云图与位移云图

3.4.3　车辆荷载与临界荷位

(1)车辆荷载作用。

实际生活中,车辆轮胎在自身重力的作用下,轮胎与路面接触面为一个近似椭圆的形状。根据相关文献与计算,为了优化计算,可以将接触形状简化为一个矩形,矩形的车轮作用尺寸为 $L = 23\text{cm}$、$B = 16\text{cm}$,简化后的车辆荷载作用示意图如图 3-31 所示。当地基回弹模量设为 100MPa,单轴双轮组标准轴载 BZZ-100,轮胎接地压强为 0.7MPa。

(2)临界荷位的确定。

车辆在路面行驶过程中,理论上整个路面均有承受车轮荷载的可能性,为了简化计算工作量,需要确定存在车轮荷载处于路面哪个位置对路面结构的损坏最大,即确定临界荷位。无论是素水泥混凝土路面,还是单层 CRCP 与双层配筋 CRCP,在温缩和干缩的双重特性下,整个路面会不均匀地产生横向裂缝。板裂缝处是整个路面的薄弱区域,因此计算荷位主要考虑面板纵横向裂缝附近的位置,并通过确定临界荷载,具体的计算荷载布设位置示意如图 3-31 所示。

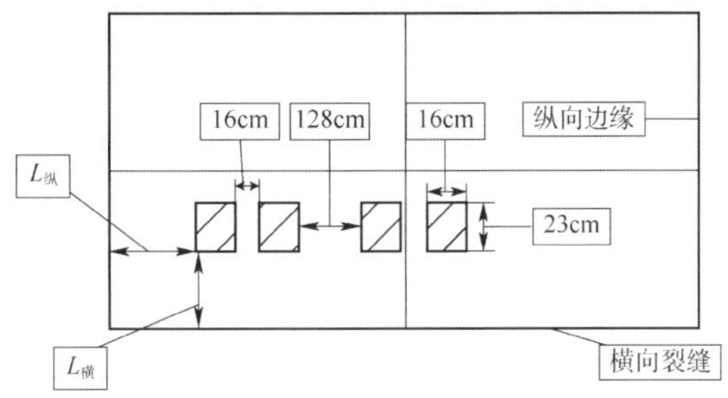

图 3-31 计算荷载布设位置示意图

由于设立的模型两裂缝之间的板在上下左右方向均具有对称性,所以只需考虑单组轮胎在 1/4 板内的位置分布,与纵向边缘的距离 $L_纵$ 的最大值为:1/2 板宽 - 1/2 双轮组距离 = 0.88m;与横向边缘的距离 $L_横$ 的最大值为:1/2 板长 - 1/2 车轮长度 = 0.635m。为了确定行车在路面移动过程中面层板的力学相应规律,选取 9 个荷位进行模拟计算,9 个荷位的位置见表 3-14,计算结果见表 3-15。

荷 载 位 置 表 3-14

计 算 荷 位	与横向裂缝的距离(m)	与纵向边缘的距离(m)
荷位 1	0	0.88
荷位 2	0	0.44
荷位 3	0	0
荷位 4	0.318	0.88
荷位 5	0.318	0.44
荷位 6	0.318	0
荷位 7	0.635	0.88
荷位 8	0.635	0.44
荷位 9	0.635	0

不同荷位下的有限元计算结果 表 3-15

计 算 荷 位	最大拉应力(MPa)	最大竖向位移(MPa)
荷位 1	0.4211	0.1568
荷位 2	0.3992	0.2165
荷位 3	0.3784	0.2989
荷位 4	0.2964	0.1012
荷位 5	0.2826	0.1256
荷位 6	0.2695	0.1558
荷位 7	0.2086	0.0869
荷位 8	0.1999	0.1051
荷位 9	0.1916	0.1272

从表3-14、表3-15可知，在纵向边缘距离相同时，当荷载分别位于荷位1、2、3时，位于荷位4、5、6以及位于荷位7、8、9时，最大拉应力呈递增加的趋势，说明当荷载处于的位置距离纵向边缘越远时，荷载对路面的破坏就越大；在横向裂缝距离相同时，当荷载位于荷位1、4、7时，位于荷位2、5、8以及位于荷位3、6、9时，最大拉应力呈递增的趋势，说明在当荷载的位置距离横向裂缝越近时，荷载对路面的破坏就越大。抗弯强度不足一般是水泥混凝土开裂的主要因素，当混凝土拉应力超出混凝土的抗弯拉值时，混凝土就会开裂。因此在有限元模拟中，选取距离横向裂缝最近同时距离纵向边缘最远处作为临界荷位，即选用荷位1作为临界荷位。

3.4.4 不同钢筋布置方案比较分析

分别建立双层布筋和单层布筋的连续配筋混凝土路面计算模型。混凝土板厚度取0.3m，路面宽取4m，在双层布筋方案与单层布筋方案中，采用的纵向钢筋直径均取20mm，且保持配筋率相同，地基反应模量K取200MPa/m，其他建模参数如3.1节所述。

双层布筋方案：上、下两层钢筋对称布置，且布置方式均为25cm×16cm，上层钢筋布置在距面层板顶面0.1m处（即面层板上1/3h处）；下层钢筋布置在距面层板底面0.1m处（即面层板下1/3h处）。

单层布筋方案：将纵向钢筋布置在距面层板顶面0.15m处（即面层板1/2h处），且钢筋布置方式为50cm×8cm。

上述两种布筋方案的受荷板板底最大横向拉应力σ_c与受荷板最大竖向位移U_c计算结果，见表3-16。受荷板板底横向拉应力和受荷板竖向位移沿板宽方向的变化，分别如图3-32、图3-33所示。

不同布筋方案有限元计算结果　　表3-16

钢筋布置方案	受荷板板底最大横向拉应力σ_c(MPa)	受荷板最大竖向位移U_c(mm)
双层布筋	0.5714	-0.1755
单层布筋	0.5621	-0.2080

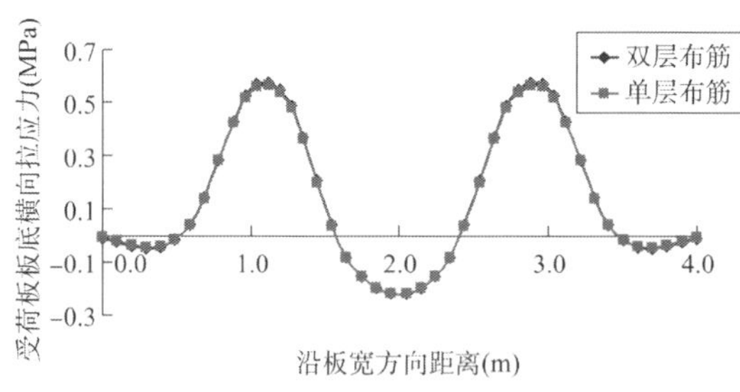

图3-32　受荷板板底横向拉应力沿板宽方向变化

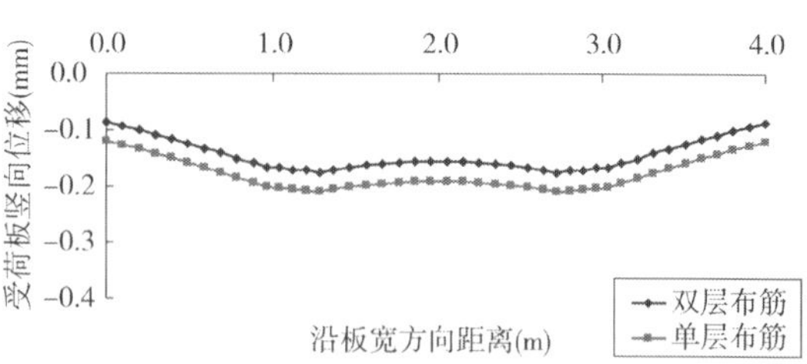

图3-33　受荷板竖向位移沿板宽方向变化

结合表3-16、图3-32及图3-33，可得到以下结论：

(1)双层布筋、单层布筋这两种布筋方案在车辆荷载的作用下，受荷板板底横向拉应力与受荷板最大竖向位移沿板宽方向的变化趋势相同，且最大的拉应力出现在车轮组中间处，受荷板最大竖向位移也出现在此处。

(2)双层布筋方案的受荷板板底最大横向拉应力与单层布筋方案受荷板板底最大横向

拉应力大小相当，而双层布筋方案的受荷板最大竖向位移比单层布筋方案受荷板最大竖向位移小15.63%，双层布筋起到了承受荷载的作用，能够减小受荷板的竖向位移，在普遍采用的单层布筋的连续配筋混凝土路面中，钢筋不考虑承受荷载的作用。

3.4.5　配筋率对荷载应力的影响

配筋率的变化会影响钢筋传递荷载的能力，从而导致荷载应力发生变化。取纵向钢筋直径分别为14mm、16mm、18mm、20mm、22mm，相应的纵向钢筋配筋率为0.64%、0.84%、1.06%、1.31%、1.58%，计算结果见表3-17。受荷板板底最大横向拉应力随配筋率的变化规律如图3-34所示，受荷板最大竖向位移随配筋率的变化规律如图3-35所示。

不同配筋率有限元计算结果　　表3-17

钢筋直径(mm)		14	16	18	20	22
配筋率		0.64%	0.84%	1.06%	1.31%	1.58%
双层布筋	受荷板板底最大横向拉应力 σ_c(MPa)	0.5975	0.5899	0.5810	0.5714	0.5615
	受荷板最大竖向位移 U_c(mm)	-0.2397	-0.2142	-0.1928	-0.1755	-0.1618

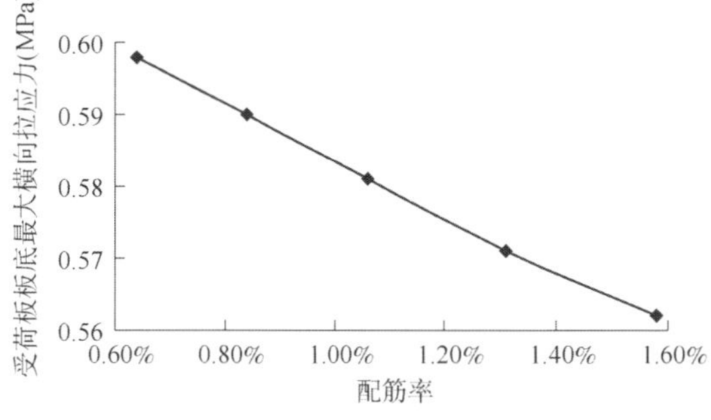

图3-34　受荷板板底最大横向拉应力随配筋率的变化规律

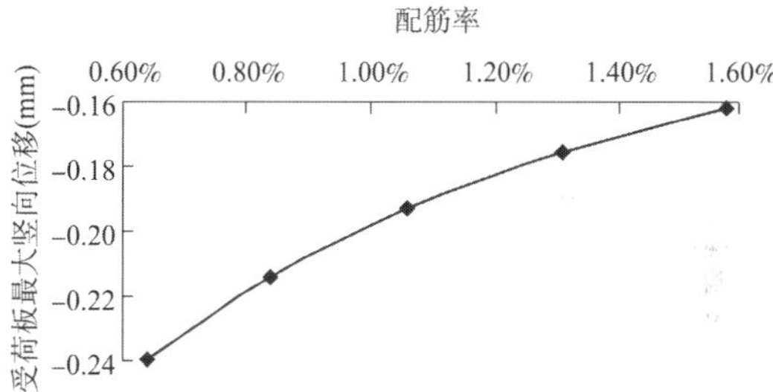

图3-35　受荷板最大竖向位移随配筋率的变化规律

从表3-17、图3-34及图3-35可知，随着配筋率的增大，受荷板板底最大横向拉应力、受荷板最大竖向位移都呈减小的趋势，增大配筋率有利于双层连续配筋混凝土板的承荷。

3.4.6　双层钢筋布置位置对荷载应力的影响

在车辆荷载作用下，上、下层钢筋布置位置的不同对荷载应力有一定的影响，为了研究这种影响规律，分别固定上层或下层钢筋，移动另一层钢筋，分为以下两种情况进行分析。

(1)固定上层钢筋，移动下层钢筋。

将上层钢筋分别固定在距面层板顶面5cm、10cm处，下层钢筋依次布置在距面层板底面5cm、10cm、15cm处，计算得到受荷板板底最大横向拉应力和受荷板最大竖向位移随下层钢筋布置位置变化结果见表3-18，受荷板板底最大横向拉应力随下层钢筋布置位置的变化规律如图3-36所示，受荷板最大竖向位移随下层钢筋布置位置的变化规律如图3-37所示。

下层钢筋布置位置变化有限元计算结果 表 3-18

上层钢筋距板顶面距离(cm)	下层钢筋距板底面距离(cm)	受荷板板底最大横向拉应力 σ_c(MPa)	受荷板最大竖向位移 U_c(mm)
5	5	0.5792	-0.1488
	10	0.5651	-0.1612
	15	0.5566	-0.1765
10	5	0.5875	-0.1605
	10	0.5714	-0.1755
	15	0.5603	-0.1955

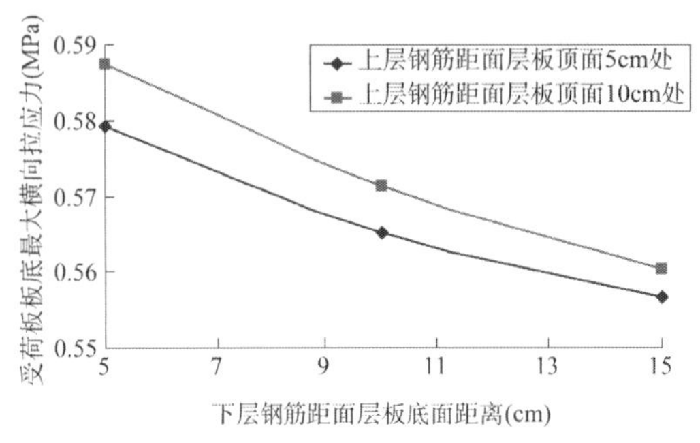

图 3-36 受荷板板底最大横向拉应力随下层钢筋布置位置的变化规律

图 3-37 受荷板最大竖向位移随下层钢筋布置位置的变化规律

结合表 3-18、图 3-36 及图 3-37 可知,当上层钢筋布置位置保持不变,下层钢筋越靠近面层板底面,受荷板板底最大横向拉应力越大,而受荷板最大竖向位移越小。

(2)固定下层钢筋,移动上层钢筋。

将下层钢筋分别固定在距面层板底面 5cm、10cm 处,上层钢筋依次布置在距面层板顶面 5cm、10cm、15cm 处,受荷板板底最大横向拉应力和受荷板最大竖向位移随上层钢筋布置位置变化结果见表 3-19,受荷板板底最大横向拉应力随上层钢筋布置位置的变化规律如图 3-38 所示,受荷板最大竖向位移随上层钢筋布置位置的变化规律如图 3-39 所示。

上层钢筋布置位置变化有限元计算结果 表 3-19

下层钢筋距板底面距离(cm)	上层钢筋距板顶面距离(cm)	受荷板板底最大横向拉应力 σ_c(MPa)	受荷板最大竖向位移 U_c(mm)
5	5	0.5792	-0.1488
	10	0.5875	-0.1605
	15	0.6065	-0.1747
10	5	0.5651	-0.1612
	10	0.5714	-0.1755
	15	0.5909	-0.1938

结合表 3-19、图 3-38 及图 3-39 可知,当下层钢筋布置位置保持不变,上层钢筋越靠近面层板顶面,受荷板板底最大横向拉应力和受荷板最大竖向位移都越小。

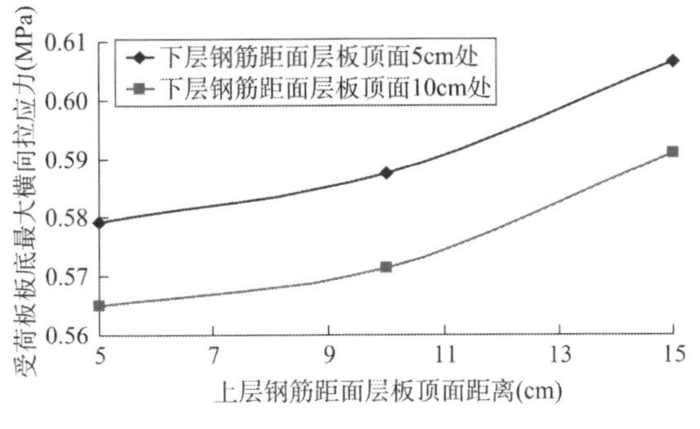

图 3-38 受荷板板底最大横向拉应力随上层钢筋布置位置的变化规律

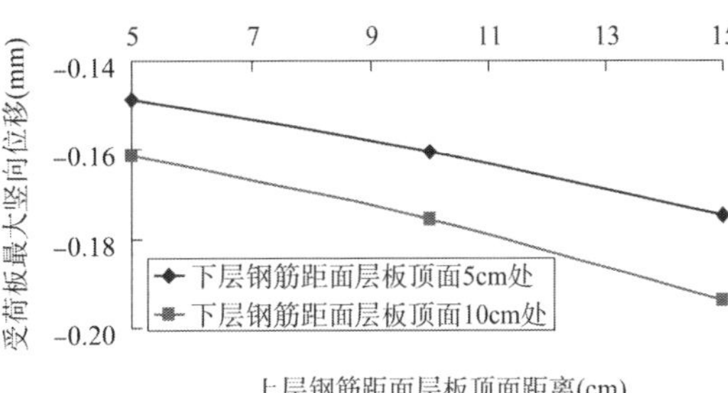

图 3-39 受荷板最大竖向位移随上层钢筋布置位置的变化规律

在实际工程中,考虑到混凝土保护层厚度、施工难度以及混凝土表面在使用过程中的磨耗,上层钢筋布置位置不宜靠近混凝土面层板顶面,在上述几种布筋方案中,上层钢筋布置在距面层板顶面 9 ~ 10cm 处是比较合适的,下层钢筋从距面层板底面 10cm 处变化至 5cm 处,受荷板板底最大横向拉应力增大 2.74%,而受荷板最大竖向位移减小 8.55%,考虑钢筋的保护层厚度,下层钢筋布置在距面层板底面 5cm 左右处比较合适。

3.5 双层配筋 CRCP 结构早期力学行为

华中科技大学周吴军及李和林选取武穴市蕲龙线双层配筋 CRCP 路段,路面结构如图 3-40 所示,试验段包含纵向配筋率为 1.15% 和 0.85% 各一段,长度均为 240m。在 CRCP 路面板板中埋设振弦式水泥混凝土应变计监测其纵向应变和温度,安装位置距离路面板自由边 180cm,在距离板底 1cm、16.5cm、22cm、27cm 位置处分别埋设 4 个应变计,距离板底 16.5cm 和 22cm 的应变计分别位于上层纵向钢筋的下部和上部(图 3-40)。配筋率为 1.15% 和 0.85% 的试验段摊铺时间分别为 2018 年 1 月 12 日下午和 13 日上午,摊铺完成后采用毛毡覆盖和洒水养生。

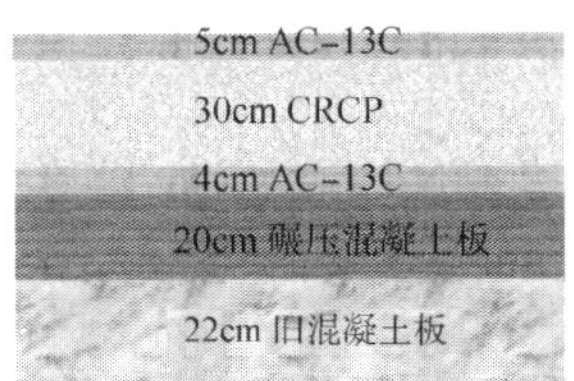

图 3-40 试验段路面结构示意图和传感器安装图

试验段 CRCP 不同深度处的混凝土应变变化规律如图 3-41 所示,在毛毡覆盖和洒水养生的前 10d 里未监测到横向裂缝的发生,不同深度处混凝土应变均随温度变化而协同胀缩,未表现出纵向的翘曲行为。

毛毡覆盖和洒水养生开始后,路面板温度变化幅度明显减小,混凝土应变变化幅度沿面板断面的深度逐渐减小。由于 1.15% 配筋率 CRCP 段采用了双层毛毡覆盖,其养护期内的温度和应变变化幅度显著小于采用单层毛毡覆盖的 0.85% 配筋率 CRCP 段。较为稳定的温度变化环境有利于减少和延迟养护期内横向裂缝的产生,有利于降低横向裂缝的宽度并改善横向裂缝的传荷性能。在 CRCP 试验路摊铺后的三个月进行的一次横向裂缝人工视觉调查中发现，采用 1.15% 和 0.85% 配筋率的 240m CRCP 试验段分别有一条和零条横向裂缝，埋设传感器位置附近未发现横向裂缝。可能的原因包括以下两个方面：一是试验段较低的施工温度和良好的养护能有效减缓横向裂缝的产生，宏观表现为横向裂缝的数量更少；二是裂缝调查时气温在 25～30℃范围内，远高于路面摊铺时的温度，横向裂缝在混凝土热胀的情况下保持紧密。

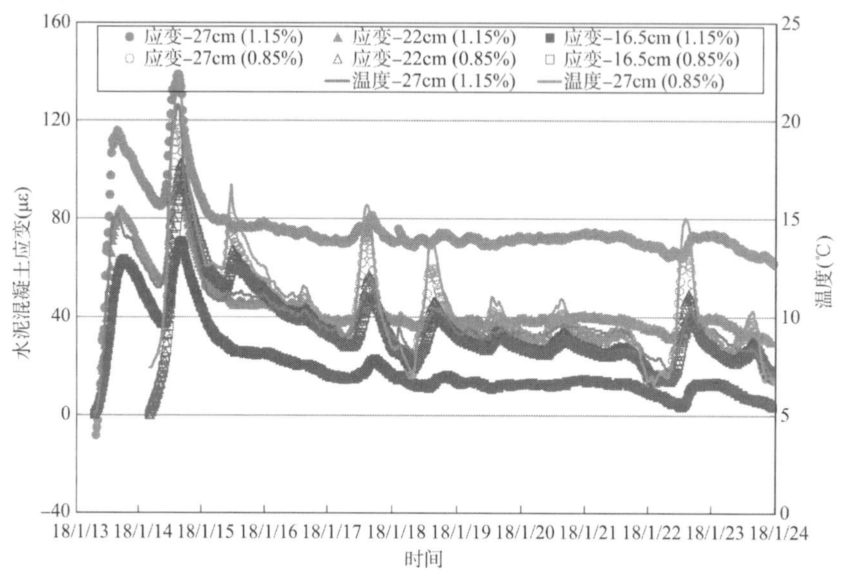

图 3-41　不同试验段 CRCP 早期行为

选取 2018 年 4 月 9—10 日的混凝土应变数据，路面板内温度在 18～39℃波动，不同深度处的混凝土应变仍然保持随温度变化而协同胀缩的状态。分析不同配筋率路面板不同深度处的混凝土应变变化量（表 3-20），混凝土应变的日变化量随着距离板底位置的增加而变大。在上层纵向钢筋以上、距离板底 22cm 和 27cm 两个位置处，纵向配筋率 1.15% 的 CRCP 路面板混凝土应变日变化量均明显小于 0.85% 的 CRCP。处于上层纵向钢筋以下、距离板底 16.5cm 位置处的混凝土应变日变化量为 70.8με 和 66.6με，两者比较接近。CRCP 混凝土纵向变形受到纵向钢筋和板底摩擦的约束，纵向变形随着纵向配筋率的增加而减小。由于远离板底，上层纵向钢筋以上的混凝土纵向应变受纵向配筋率的影响显著；上下两层纵向钢筋间的混凝土纵向应变对纵向配筋率在 0.85% 和 1.15% 的变化不明显。

现场 CRCP 试验段路面板行为数据总结　　表 3-20

距离板底位置(cm)	纵向配筋率 1.15%			纵向配筋率 0.85%		
	应变极小值(με)	应变极大值(με)	应变日变化量(με)	应变极小值(με)	应变极大值(με)	应变日变化量(με)
27	510.8	621.7	110.9	81.5	209.0	127.5
22	143.2	218.1	74.9	86.5	175.5	89.0
16.5	77.5	148.3	70.8	90.3	156.9	66.6
1	74.4	93.5	19.1	n/a	n/a	n/a

第4章 双层钢筋对 CRCP 配筋率设计指标的影响

双层配筋 CRCP 的配筋率设计参数敏感性的分析结果表明钢筋位置 LOC_s 和配筋率 ρ 两项因子对纵向配筋率控制指标的影响不可忽略,钢筋位置 LOC_s 和配筋率 ρ 的不同组合变化给横向裂缝宽度和横向裂缝间距值带来较大差异,故在分析上下层钢筋相互作用对配筋率的影响时,主要考虑钢筋位置 LOC_s 和配筋率 ρ 的作用,以横向裂缝宽度为第一控制指标,并根据规范公式反算裂缝间距;当钢筋位置 LOC_s 和配筋率 ρ 两项配筋因子的取值水平变化时,以横向裂缝宽度和裂缝间距作为评价指标,进一步探究这种钢筋层间的相互影响规律时,在温缩条件下模拟仅布设单层连续钢筋网,然后进行二次有限元模拟,参照规范对双层配筋 CRCP 的纵向配筋率设计值进行修正。

4.1 双层配筋 CRCP 的上下层钢筋间相互作用

在双层配筋 CRCP 中,上层钢筋网的主要作用在于能有效控制裂缝类病害的产生,有效控制混凝土裂缝的间距与裂缝宽度,抑制裂缝的发展,连续配置的钢筋网使得混凝土抵抗温缩作用与干缩作用的能力增强;而下层钢筋网能在板底脱空的不利条件下,利用钢筋网自身的整体拉应力对 CRC 板进行有效约束,避免脱空处的 CRC 板底弯拉应力达到极限状态而发生冲断、角隅断裂甚至是断板病害。在有裂缝出现的情况下,下层钢筋会分担混凝土的拉应力,减少混凝土大开裂的可能性,降低面层出现断板的概率。

当钢筋位置 LOC_s 和配筋率 ρ 两项配筋因子的取值水平变化时,以横向裂缝宽度和裂缝间距作为评价指标,在不同配筋率与钢筋位置的情况下,当 CRC 板内仅有上层钢筋网的情况下,裂缝的产生及发展会被抑制,在此基础上在计算模型中布设下层连续钢筋网能否对裂缝类病害产生进一步的加强作用,并在控制混凝土裂缝的间距与裂缝宽度的效果上计算能否取得独立个体的组合整体优于简单个体叠加的效果;同理,当 CRC 板内仅有下层钢筋网的情况下,下层连续钢筋网能否在板底脱空的不良条件下帮助整个路面结构更好地防范冲断、角隅断裂等病害的发生。在进一步探究这种钢筋层间的相互影响规律时,在温缩条件下模拟仅布设单层连续钢筋网,归纳整理配筋位置与配筋率的较优解,然后进行二次有限元模拟,寻找最优解并参照规范,对双层配筋 CRCP 的控制指标计算公式进行修正。

4.2 双层配筋 CRCP 横向裂缝计算模型

4.2.1 双层配筋 CRCP 横向裂缝宽度有限元模拟计算

为保证计算与分析的可靠性,同第2章基本模型假定。温缩作用下 CRC 板内横向裂缝宽度与钢筋应力两项控制指标的数值通过双层配筋 CRCP 有限元模型计算获得,双层配筋 CRCP 模型均依照武汉青王公路路面结构参数,材料参数与模型尺寸保持一致;本章主要研究内容是关键配筋因子 LOC_s 和 ρ 对纵向配筋率的影响,分析过程中根据二者数值变化梯度和不同的模型要求进行大量建模并探究钢筋层间影响作用,针对模拟次数和需要处理数据较多的问题,通过在 INP 文件中修改变量参数实现大量和快速建模。双层 CRCP 结构的有限元模型依旧采用分离式界面单元模型、温克勒地基模型,混凝土采用弥散开裂模型,模型单元和网格划分不变,均匀温降幅度为 30℃,整个过程分析采用静态通用分析(静力分析)。

4.2.2 双层配筋 CRCP 横向裂缝间距反算

在 CRCP 的配筋率设计中,横向裂缝宽度对双层配筋 CRCP 的路用性能和路面病害影响显著。依据武汉青王公路双层配筋 CRCP 的结构参数,在配筋率设计中严格控制好横向裂缝宽度的前提下,根据规范极限裂缝缝隙宽度为第一控制指标反算裂缝间距,反算步骤及计算公式如下。

(1)首先计算无约束条件下钢筋埋置深度处混凝土干缩应变与钢筋埋置深度处混凝土最大总应变,计算公式如下:

$$\zeta_{\infty}=a_1(1.51\times10^{-4}\omega_0^{2.1}f_c^{-0.28}+270)\times10^{-6} \tag{4-1}$$

$$\zeta_{sh}=\zeta_{\infty}(1-\varphi_a^3)=4.845\times10^{-4}(1-0.4^3) \tag{4-2}$$

$$\zeta_{t\xi}=\alpha_c\Delta T_{\xi}+\zeta_{sh}=10^{-5}\times35+3.232\times10^{-4} \tag{4-3}$$

式中:ζ_{∞}——无约束条件下混凝土的最大干缩应变;

a_1——养生条件系数,水中或盖麻布养生时,$a_1=1.0$;采用养生剂养生时,$a_1=1.2$;

ω_0——混凝土单位用水量,N/m^3;

f_c——混凝土抗拉强度,MPa;

ζ_{sh}——无约束条件下钢筋埋置深度处混凝土干缩应变;

$\zeta_{t\xi}$——钢筋埋置深度处混凝土最大总应变;

α_c——混凝土线膨胀系数,$℃^{-1}$;

ΔT_{ξ}——钢筋埋置深度处混凝土温度与硬化时温度的最大温差,℃;

φ_a——年平均空气相对湿度,%。

(2)联立一元二次方程组反算裂缝间距,计算过程如下:

$$a=0.761+1770\zeta_{t\xi}-2\times10^6\zeta_{t\xi}^2 \tag{4-4}$$

$$b=9\times10^8\zeta_{t\xi}+149000 \tag{4-5}$$

$$c=3\times10^9\zeta_{t\xi}^2-5\times10^6\zeta_{t\xi}+2020 \tag{4-6}$$

$$c_2=a+\frac{b}{17000f_c}+6.45\times10^{-4}\frac{c}{L_d^2} \tag{4-7}$$

$$b_j=1000L_d\left(\zeta_{sh}+\alpha_c\Delta T_{\xi}-\frac{c_2f_t}{E_c}\right) \tag{4-8}$$

式中:b_j——钢筋埋置深度处的横向裂缝缝隙平均宽度,mm;

c_2——与混凝土和钢筋之间黏结-滑移特性有关的系数;

L_d——横向裂缝平均间距,m;

f_t——混凝土抗拉强度,MPa。

在武汉青王双层配筋 CRCP 建设中采用盖麻布养护,根据规范养护条件系数 $a_1=1$;混凝土设计时单位用水量 w_0 = 1400N/m^3；根据规范中表 E. 0. 3-1，混凝土抗拉强度 f_t = 3. 22MPa，抗压强度 f_c = 42MPa；工程采用花岗岩，混凝土线膨胀系数 $\alpha_c = 10^{-5}$/℃；计算中，ΔT_ζ近似取为路面施工月份日最高气温的月平均气温与最冷月份最低气温的月平均值之差。ΔT_ζ = 35℃；年平均空气湿度 φ_a = 0. 4。c_2与 b_j的求解方程式可以联立成为关于 L_d的一元二次方程组，对方程组进行求解后可求出裂缝间距。通过对规范中的计算公式进行 Matlab 编程，编辑反算公式进而求得双层配筋 CRCP 的多种布筋方案下的裂缝间距。

4.3 不同配筋位置 LOC$_s$ 的横向裂缝计算

4.3.1 单层配筋位置 LOC$_s$ 的横向裂缝计算

（1）配筋方案。

在美国得克萨斯州的双层配筋 CRCP 试验段，在抑制横向裂缝的出现及发展上明显优于单层 CRCP 试验路段，当路段试用期满一年后，首先是单层配筋的 CRC 板出现裂缝，而双层的则没有，同样的现象也出现在国内的试验路当中。因此，通过在有限元中软件中模拟两种单层布筋方案：方案 a：CRC 板中仅布置上层连续钢筋网，不布置下层连续钢筋网；方案 b：CRC 板中仅布置下层连续钢筋网，不布置上层连续钢筋网。

（2）布筋位置。

结合国内外实体工程和规范中的研究成果、经验数据以及借鉴单层 CRCP 最佳布筋位置，每种配筋方案中的配筋位置进行距离定段位置的细致的距离梯度划分，以武汉青王公路试验段路面结构为基础（纵向配筋率 1. 18%，CRC 板厚 28cm），根据规范要求，纵向钢筋距面层顶面不应小于 90mm，最大深度不应大于 1/2 面层厚度，在不影响施工的情况下宜接近 90mm，单层配筋方案的布筋位置模拟如下：

方案 a：CRC 板中仅布设上层连续钢筋网，不布设下层连续钢筋网，上层连续钢筋网布设范围由纵向钢筋距面层顶面 90mm 处变化至距面层顶面 140mm（1/2 面层厚度处），纵向钢筋位置每下移 1mm 进行一次有限元数值模拟计算，统计横向裂缝宽度、裂缝间距控制指标数值，方案 a 中共模拟布筋方案 51 次。

方案 b：CRC 板中仅布设下层连续钢筋网，不布设上层连续钢筋网，下层连续钢筋网布设范围由纵向钢筋距面层底面 90mm 处变化至距面层底面 140mm（1/2 面层厚度处），纵向钢筋位置每上移 1mm 进行一次有限元数值模拟计算，统计横向裂缝宽度、裂缝间距控制指标数值，方案 b 中共模拟布筋方案 51 次。

（3）模拟结果。

方案 a 中的布筋方案及模拟结果见表 4-1，方案 b 中的布筋方案及模拟结果见表 4-2。

方案 a 布筋方案及模拟结果 表 4-1

序号	上层钢筋距板顶距离(cm)	横向裂缝宽度(mm)	裂缝间距(m)	钢筋最大应力值(MPa)
1	9.0	0.0533	0.0840	117.436
2	9.1	0.0571	0.0900	117.752

续上表

序号	上层钢筋距板顶距离(cm)	横向裂缝宽度(mm)	裂缝间距(m)	钢筋最大应力值(MPa)
3	9.2	0.0530	0.0835	118.452
4	9.3	0.0586	0.0924	119.618
5	9.4	0.0613	0.0965	119.560
6	9.5	0.0643	0.1013	121.578
7	9.6	0.0742	0.1168	122.504
8	9.7	0.1030	0.1621	122.552
9	9.8	0.1281	0.2016	123.166
10	9.9	0.1299	0.2045	124.082
11	10.0	0.1302	0.2049	124.558
12	10.1	0.1452	0.2285	126.504
13	10.2	0.1400	0.2204	129.634
14	10.3	0.1465	0.2306	128.146
15	10.4	0.1514	0.2383	127.558
16	10.5	0.1637	0.2577	130.843
17	10.6	0.1806	0.2843	129.484
18	10.7	0.1840	0.2896	132.896
19	10.8	0.1905	0.2998	132.224
20	10.9	0.1901	0.2992	133.557
21	11.0	0.2288	0.3601	134.731
22	11.1	0.2593	0.4081	135.166
23	11.2	0.2741	0.4314	137.371
24	11.3	0.2717	0.4277	138.467
25	11.4	0.3066	0.4826	139.226
26	11.5	0.3326	0.5235	139.371
27	11.6	0.3171	0.4991	140.116
28	11.7	0.3397	0.5347	141.260
29	11.8	0.3454	0.5437	141.450
30	11.9	0.3420	0.5383	142.123
31	12.0	0.3470	0.5462	142.593
32	12.1	0.3593	0.5655	142.805
33	12.2	0.3751	0.5904	143.452
34	12.3	0.3612	0.5685	144.051
35	12.4	0.3864	0.6082	145.116
36	12.5	0.3960	0.6233	145.731
37	12.6	0.3895	0.6131	146.520
38	12.7	0.4018	0.6324	147.121

续上表

序号	上层钢筋距板顶距离(cm)	横向裂缝宽度(mm)	裂缝间距(m)	钢筋最大应力值(MPa)
39	12.8	0.4099	0.6452	147.774
40	12.9	0.4220	0.6642	148.867
41	13.0	0.4317	0.6795	149.346
42	13.1	0.4376	0.6888	149.660
43	13.2	0.4363	0.6867	150.131
44	13.3	0.4616	0.7266	150.099
45	13.4	0.4619	0.7270	150.387
46	13.5	0.4731	0.7447	150.499
47	13.6	0.4889	0.7695	150.741
48	13.7	0.4932	0.7763	151.022
49	13.8	0.5066	0.7974	152.037
50	13.9	0.5100	0.8027	153.640
51	14.0	0.5102	0.8031	154.123

方案 b 布筋方案及模拟结果　　表 4-2

序号	下层钢筋距板顶距离(cm)	横向裂缝宽度(mm)	裂缝间距(m)	钢筋最大应力值(MPa)
1	14.1	0.5382	0.8471	154.404
2	14.2	0.5581	0.8784	155.782
3	14.3	0.5687	0.8951	156.687
4	14.4	0.5625	0.8854	157.195
5	14.5	0.5680	0.8940	157.578
6	14.6	0.6089	0.9584	158.504
7	14.7	0.6294	0.9907	159.552
8	14.8	0.6231	0.9808	160.166
9	14.9	0.6229	0.9804	161.082
10	15.0	0.6579	1.0355	161.558
11	15.1	0.6636	1.0445	152.636
12	15.2	0.6621	1.0421	153.434
13	15.3	0.6624	1.0426	154.146
14	15.4	0.6755	1.0632	155.156
15	15.5	0.7314	1.1512	156.180
16	15.6	0.7345	1.1561	156.97
17	15.7	0.7656	1.2051	157.691
18	15.8	0.7743	1.2187	158.964
19	15.9	0.8053	1.2675	159.401
20	16.0	0.8176	1.2869	160.591

续上表

序号	下层钢筋距板顶距离(cm)	横向裂缝宽度(mm)	裂缝间距(m)	钢筋最大应力值(MPa)
21	16.1	0.8635	1.3591	161.176
22	16.2	0.8690	1.3678	162.188
23	16.3	0.8707	1.3705	163.093
24	16.4	0.8988	1.4147	163.219
25	16.5	0.9093	1.4312	165.494
26	16.6	0.9188	1.4462	166.685
27	16.7	0.9219	1.4511	167.244
28	16.8	0.9494	1.4944	169.226
29	16.9	0.9685	1.5244	170.055
30	17.0	0.9885	1.5559	171.327
31	17.1	0.9789	1.5408	173.451
32	17.2	0.9781	1.5395	174.134
33	17.3	1.1226	1.7670	175.228
34	17.4	1.2536	1.9732	176.009
35	17.5	1.3883	2.1852	177.675
36	17.6	1.4065	2.2138	179.428
37	17.7	1.4361	2.2604	180.995
38	17.8	1.4370	2.2618	182.107
39	17.9	1.5677	2.4676	183.666
40	18.0	1.5908	2.5039	185.01
41	18.1	1.6298	2.5653	186.994
42	18.2	1.7785	2.7994	187.894
43	18.3	1.9450	3.0614	189.332
44	18.4	2.2811	3.5905	190.441
45	18.5	2.4275	3.8209	191.622
46	18.6	2.5373	3.9937	192.022
47	18.7	2.6698	4.2023	194.064
48	18.8	2.9241	4.6025	195.152
49	18.9	3.3327	5.2457	196.484
50	19.0	3.4894	5.4923	197.04

4.3.2 双层配筋位置 LOC_s 的横向裂缝计算

(1)配筋方案。

在单层配筋方案的基础上建立双层配筋方案的模型进行分析,通过在有限元中软件中模拟的布筋方案为方案 c:CRC 板中布置上下双层连续钢筋网。采用武汉青王公路基本路面结构及设计指标，路面连续配筋面层厚度 28cm，配筋率为 1.185%，模型尺寸根据模型变化进行相应调整。

(2)布筋位置。

以武汉青王公路试验段路面结构为基础，模拟双层布筋方案 c：CRC 板中布设双层连续钢筋网，上层连续钢筋网布设范围由纵向钢筋距面层顶面 90mm 处变化至距面层顶面 140mm(1/2 面层厚度处)，下层连续钢筋网布设范围由纵向钢筋距面层底面 90mm 处变化至距面层底面 140mm(1/2 面层厚度处)，上层纵向钢筋位置每下移 1mm 进行 51 次有限元数值模拟计算，即上层纵向钢筋位置确定后，下层连续钢筋网位置由距面层底面 90mm 变化至 140mm 时，每变化 1mm 均进行模拟计算，统计横向裂缝间距与横向裂缝宽度两项控制指标数据，布筋方案 c 中共模拟计算 2601 次。

(3)模拟结果。

因数据较多，本书中只列出部分模拟方案及计算结果(表 4-3 ~ 表 4-6)，在对双层配筋 CRCP 的研究成果和模拟计算中，均未发生过钢筋承受拉应力大于屈服应力而导致的断裂现象，故在方案 c 中对钢筋最大应力值不做研究。

方案 c 部分布筋方案及模拟结果 表 4-3

序号	上层钢筋距板顶距离(cm)	下层钢筋距板底距离(cm)	横向裂缝宽度(mm)	裂缝间距(m)
1	9.0	9.0	0.01038	0.01764
2	9.0	9.1	0.01121	0.02366
3	9.0	9.2	0.01503	0.02743
4	9.0	9.3	0.01743	0.02931
5	9.0	9.4	0.01862	0.03077
6	9.0	9.5	0.01955	0.03674
7	9.0	9.6	0.02071	0.03260
8	9.0	9.7	0.02236	0.01634
9	9.0	9.8	0.02334	0.06543
10	9.0	9.9	0.02683	0.06740
11	9.0	10.0	0.02813	0.03519
12	9.0	10.1	0.03055	0.04979
13	9.0	10.2	0.03163	0.06197
14	9.0	10.3	0.03535	0.05564
15	9.0	10.4	0.03752	0.04809
16	9.0	10.5	0.03937	0.06332
17	9.0	10.6	0.04023	0.05906
18	9.0	10.7	0.04157	0.04223
19	9.0	10.8	0.04282	0.04428
20	9.0	10.9	0.04267	0.06716
21	9.0	11.0	0.04357	0.06858

续上表

序号	上层钢筋距板顶距离(cm)	下层钢筋距板底距离(cm)	横向裂缝宽度(mm)	裂缝间距(m)
22	9.0	11.1	0.04473	0.07041
23	9.0	11.2	0.04734	0.07451
24	9.0	11.3	0.04828	0.07599
25	9.0	11.4	0.05048	0.07946
26	9.0	11.5	0.05503	0.08662
27	9.0	11.6	0.05305	0.08350
28	9.0	11.7	0.05728	0.09016
29	9.0	11.8	0.05862	0.09227
30	9.0	11.9	0.05960	0.09381
31	9.0	12.0	0.06067	0.09549
32	9.0	12.1	0.06127	0.09644
33	9.0	12.2	0.06212	0.09778
34	9.0	12.3	0.06379	0.10041
35	9.0	12.4	0.06709	0.10560
36	9.0	12.5	0.06706	0.10555
37	9.0	12.6	0.06909	0.10875
38	9.0	12.7	0.07133	0.11227
39	9.0	12.8	0.07372	0.11604
40	9.0	12.9	0.07438	0.11707
41	9.0	13.0	0.07425	0.11687
42	9.0	13.1	0.07396	0.11641
43	9.0	13.2	0.07535	0.11860
44	9.0	13.3	0.07595	0.11955
45	9.0	13.4	0.07615	0.11986
46	9.0	13.5	0.07619	0.11992
47	9.0	13.6	0.07714	0.12142
48	9.0	13.7	0.07975	0.12553
49	9.0	13.8	0.08142	0.12816
50	9.0	13.9	0.08295	0.13056
51	9.0	14.0	0.08307	0.13075

方案 c 部分布筋方案及模拟结果 表 4-4

序号	上层钢筋距板顶距离(cm)	下层钢筋距板底距离(cm)	横向裂缝宽度(mm)	裂缝间距(m)
1	9.6	9.0	0.01106	0.01741
2	9.6	9.1	0.01216	0.01914
3	9.6	9.2	0.01370	0.02156

续上表

序号	上层钢筋距板顶距离(cm)	下层钢筋距板底距离(cm)	横向裂缝宽度(mm)	裂缝间距(m)
4	9.6	9.3	0.01453	0.02287
5	9.6	9.4	0.01574	0.02477
6	9.6	9.5	0.01627	0.02561
7	9.6	9.6	0.01704	0.02682
8	9.6	9.7	0.01764	0.02777
9	9.6	9.8	0.01848	0.02909
10	9.6	9.9	0.01942	0.03057
11	9.6	10.0	0.02131	0.03354
12	9.6	10.1	0.02244	0.03532
13	9.6	10.2	0.02376	0.03740
14	9.6	10.3	0.02452	0.03859
15	9.6	10.4	0.02569	0.04044
16	9.6	10.5	0.02611	0.04110
17	9.6	10.6	0.02789	0.04390
18	9.6	10.7	0.02941	0.04629
19	9.6	10.8	0.0311	0.04895
20	9.6	10.9	0.03275	0.05155
21	9.6	11.0	0.03491	0.05495
22	9.6	11.1	0.03552	0.05591
23	9.6	11.2	0.03657	0.05756
24	9.6	11.3	0.03763	0.05923
25	9.6	11.4	0.03923	0.06175
26	9.6	11.5	0.04175	0.06571
27	9.6	11.6	0.04301	0.06770
28	9.6	11.7	0.04416	0.06951
29	9.6	11.8	0.04568	0.07190
30	9.6	11.9	0.04719	0.07428
31	9.6	12.0	0.04893	0.07702
32	9.6	12.1	0.05006	0.07879
33	9.6	12.2	0.05264	0.08286
34	9.6	12.3	0.05573	0.08772
35	9.6	12.4	0.05795	0.09121
36	9.6	12.5	0.05894	0.09277
37	9.6	12.6	0.06003	0.09449
38	9.6	12.7	0.06297	0.09911

续上表

序号	上层钢筋距板顶距离(cm)	下层钢筋距板底距离(cm)	横向裂缝宽度(mm)	裂缝间距(m)
39	9.6	12.8	0.06417	0.10100
40	9.6	12.9	0.06695	0.10538
41	9.6	13.0	0.07025	0.11057
42	9.6	13.1	0.07384	0.11622
43	9.6	13.2	0.07526	0.11846
44	9.6	13.3	0.07694	0.12110
45	9.6	13.4	0.08034	0.12646
46	9.6	13.5	0.08387	0.13201
47	9.6	13.6	0.08496	0.13373
48	9.6	13.7	0.08528	0.13423
49	9.6	13.8	0.08727	0.13736
50	9.6	13.9	0.09007	0.14177
51	9.6	14.0	0.09114	0.14345

方案 c 部分布筋方案及模拟结果 表 4-5

序号	上层钢筋距板顶距离(cm)	下层钢筋距板底距离(cm)	横向裂缝宽度(mm)	裂缝间距(m)
1	10.0	9.0	0.01288	0.02027
2	10.0	9.1	0.01341	0.02111
3	10.0	9.2	0.01575	0.02479
4	10.0	9.3	0.01640	0.02581
5	10.0	9.4	0.01774	0.02792
6	10.0	9.5	0.01827	0.02876
7	10.0	9.6	0.02004	0.03154
8	10.0	9.7	0.02164	0.03406
9	10.0	9.8	0.02285	0.03597
10	10.0	9.9	0.02412	0.03796
11	10.0	10.0	0.02622	0.04127
12	10.0	10.1	0.02810	0.04423
13	10.0	10.2	0.02910	0.04580
14	10.0	10.3	0.03021	0.04755
15	10.0	10.4	0.03194	0.05027
16	10.0	10.5	0.03276	0.05156
17	10.0	10.6	0.03452	0.05433
18	10.0	10.7	0.03669	0.05775
19	10.0	10.8	0.03711	0.05841
20	10.0	10.9	0.03989	0.06279

续上表

序号	上层钢筋距板顶距离(cm)	下层钢筋距板底距离(cm)	横向裂缝宽度(mm)	裂缝间距(m)
21	10.0	11.0	0.04041	0.06361
22	10.0	11.1	0.04111	0.06471
23	10.0	11.2	0.04375	0.06886
24	10.0	11.3	0.04491	0.07069
25	10.0	11.4	0.04652	0.07322
26	10.0	11.5	0.04857	0.07645
27	10.0	11.6	0.04963	0.07812
28	10.0	11.7	0.05023	0.07906
29	10.0	11.8	0.05075	0.07988
30	10.0	11.9	0.05191	0.08171
31	10.0	12.0	0.05227	0.08227
32	10.0	12.1	0.05401	0.08501
33	10.0	12.2	0.05516	0.08682
34	10.0	12.3	0.05768	0.09079
35	10.0	12.4	0.05912	0.09305
36	10.0	12.5	0.06055	0.09531
37	10.0	12.6	0.06206	0.09768
38	10.0	12.7	0.06564	0.10332
39	10.0	12.8	0.06667	0.10494
40	10.0	12.9	0.06797	0.10698
41	10.0	13.0	0.06979	0.10985
42	10.0	13.1	0.07194	0.11323
43	10.0	13.2	0.07303	0.11495
44	10.0	13.3	0.07617	0.11989
45	10.0	13.4	0.07995	0.12584
46	10.0	13.5	0.08225	0.12946
47	10.0	13.6	0.08684	0.13669
48	10.0	13.7	0.08887	0.13988
49	10.0	13.8	0.09134	0.14377
50	10.0	13.9	0.09396	0.14789
51	10.0	14.0	0.09628	0.15154

方案c部分布筋方案及模拟结果 表4-6

序号	上层钢筋距板顶距离(cm)	下层钢筋距板底距离(cm)	横向裂缝宽度(mm)	裂缝间距(m)
1	10.3	9.0	0.01776	0.02795
2	10.3	9.1	0.01902	0.02994

续上表

序号	上层钢筋距板顶距离(cm)	下层钢筋距板底距离(cm)	横向裂缝宽度(mm)	裂缝间距(m)
3	10.3	9.2	0.02053	0.03231
4	10.3	9.3	0.02229	0.03508
5	10.3	9.4	0.02412	0.03796
6	10.3	9.5	0.02515	0.03959
7	10.3	9.6	0.02602	0.04096
8	10.3	9.7	0.02855	0.04494
9	10.3	9.8	0.03021	0.04755
10	10.3	9.9	0.03112	0.04898
11	10.3	10.0	0.0331	0.05210
12	10.3	10.1	0.03479	0.05476
13	10.3	10.2	0.03617	0.05693
14	10.3	10.3	0.03816	0.06006
15	10.3	10.4	0.04001	0.06298
16	10.3	10.5	0.04162	0.06551
17	10.3	10.6	0.04441	0.06990
18	10.3	10.7	0.04499	0.07081
19	10.3	10.8	0.04697	0.07393
20	10.3	10.9	0.04829	0.07601
21	10.3	11.0	0.04955	0.07799
22	10.3	11.1	0.05121	0.08060
23	10.3	11.2	0.05266	0.08289
24	10.3	11.3	0.05479	0.08624
25	10.3	11.4	0.05541	0.08722
26	10.3	11.5	0.05645	0.08885
27	10.3	11.6	0.05751	0.09052
28	10.3	11.7	0.05911	0.09304
29	10.3	11.8	0.06078	0.09567
30	10.3	11.9	0.06178	0.09724
31	10.3	12.0	0.06305	0.09924
32	10.3	12.1	0.06516	0.10256
33	10.3	12.2	0.06656	0.10477
34	10.3	12.3	0.06812	0.10722
35	10.3	12.4	0.06911	0.10878
36	10.3	12.5	0.07055	0.11105
37	10.3	12.6	0.07163	0.11275

续上表

序号	上层钢筋距板顶距离(cm)	下层钢筋距板底距离(cm)	横向裂缝宽度(mm)	裂缝间距(m)
38	10.3	12.7	0.07312	0.11509
39	10.3	12.8	0.07655	0.12049
40	10.3	12.9	0.08055	0.12679
41	10.3	13.0	0.08122	0.12784
42	10.3	13.1	0.08299	0.13063
43	10.3	13.2	0.08599	0.13535
44	10.3	13.3	0.08743	0.13761
45	10.3	13.4	0.08902	0.14012
46	10.3	13.5	0.09202	0.14484
47	10.3	13.6	0.09572	0.15066
48	10.3	13.7	0.09813	0.15446
49	10.3	13.8	0.09945	0.15653
50	10.3	13.9	0.10084	0.15872
51	10.3	14.0	0.10306	0.16222

4.4　不同配筋率 ρ 的横向裂缝计算

4.4.1　单层配筋方案的横向裂缝计算

在单层配筋方案的有限元分析中，CRC 板中仅布设上层连续钢筋网，不布设下层连续钢筋网，结合规范中不同交通荷载条件下的 CRCP 纵向配筋率和表 4-7 中我国双层配筋 CRCP 的实体工程配筋率，上层连续钢筋网配筋率范围 0.60% 变化至 1.20%，上层连续钢筋网配筋率每增加 0.05% 进行一次有限元数值模拟计算，统计横向裂缝宽度、裂缝间距控制指标数值，共模拟布筋方案 13 次。

单层配筋方案及模拟结果　　　　表 4-7

编号	配筋率	横向裂缝宽度(mm)	裂缝间距(m)	钢筋最大应力值(MPa)
1	0.60%	0.4232	0.6661	305.995
2	0.65%	0.3954	0.6224	272.107
3	0.70%	0.3612	0.5685	240.666
4	0.75%	0.3266	0.5141	208.064
5	0.80%	0.2817	0.4434	192.675
6	0.85%	0.2306	0.3630	177.428
7	0.90%	0.1840	0.2896	162.01
8	0.95%	0.1337	0.2104	154.994
9	1.00%	0.09494	0.1494	146.894
10	1.05%	0.08573	0.1349	138.332
11	1.10%	0.07651	0.1204	135.441
12	1.15%	0.0672	0.1058	134.622
13	1.20%	0.05889	0.0927	132.022

4.4.2 双层配筋方案的横向裂缝计算

在双层配筋方案的有限元分析中，CRC 板中同时布设上下层连续钢筋网，同样的结合规范中不同交通荷载等级下的配筋率变化范围与表 4-8 中我国双层配筋 CRCP 的实体工程配筋率，上下层钢筋的配筋率范围均由 0.60% 变化至 1.20%，在分析下层钢筋配筋率对双层配筋 CRCP 横向裂缝的影响时，上层钢筋的纵向配筋率作为不变量，下层钢筋配筋率由 0.60% 变化至 1.20%，每增加 0.05% 进行一次有限元数值模拟计算，统计横向裂缝宽度、裂缝间距控制指标数值，共模拟布筋方案 169 次。

双层配筋方案及模拟结果　　表 4-8

编号	上层钢筋配筋率	下层钢筋配筋率	横向裂缝宽度(mm)	裂缝间距(m)
1	0.60%	0.60%	0.4232	0.6661
2		0.65%	0.4188	0.6592
3		0.70%	0.4144	0.6522
4		0.75%	0.4100	0.6453
5		0.80%	0.4056	0.6384
6		0.85%	0.4021	0.6328
7		0.90%	0.3992	0.6283
8		0.95%	0.3962	0.6237
9		1.00%	0.3933	0.6191
10		1.05%	0.3913	0.6160
11		1.10%	0.3893	0.6128
12		1.15%	0.3899	0.6137
13		1.20%	0.3895	0.6131
14	0.65%	0.60%	0.3732	0.5874
15		0.65%	0.3687	0.5803
16		0.70%	0.3642	0.5732
17		0.75%	0.3597	0.5661
18		0.80%	0.3552	0.5590
19		0.85%	0.3517	0.5535
20		0.90%	0.3482	0.5480
21		0.95%	0.3446	0.5425
22		1.00%	0.3411	0.5370
23		1.05%	0.3376	0.5314
24		1.10%	0.3356	0.5283
25		1.15%	0.3339	0.5256
26		1.20%	0.3335	0.5249

续上表

编号	上层钢筋配筋率	下层钢筋配筋率	横向裂缝宽度(mm)	裂缝间距(m)
27	0.70%	0.60%	0.3217	0.5064
28		0.65%	0.3171	0.4991
29		0.70%	0.3128	0.4923
30		0.75%	0.3085	0.4855
31		0.80%	0.3042	0.4787
32		0.85%	0.3008	0.4734
33		0.90%	0.2974	0.4680
34		0.95%	0.2939	0.4627
35		1.00%	0.2905	0.4573
36		1.05%	0.2871	0.4520
37		1.10%	0.2851	0.4488
38		1.15%	0.2849	0.4484
39		1.20%	0.2835	0.4462
40	0.75%	0.60%	0.2902	0.4568
41		0.65%	0.2852	0.4489
42		0.70%	0.2802	0.4410
43		0.75%	0.2752	0.4331
44		0.80%	0.2702	0.4252
45		0.85%	0.2667	0.4197
46		0.90%	0.2632	0.4142
47		0.95%	0.2596	0.4087
48		1.00%	0.2561	0.4032
49		1.05%	0.2526	0.3976
50		1.10%	0.2506	0.3945
51		1.15%	0.2499	0.3933
52		1.20%	0.2495	0.3927
53	0.80%	0.60%	0.2392	0.3765
54		0.65%	0.2345	0.3691
55		0.70%	0.2298	0.3617
56		0.75%	0.2251	0.3543
57		0.80%	0.2204	0.3468
58		0.85%	0.2172	0.3418
59		0.90%	0.2140	0.3368
60		0.95%	0.2107	0.3317
61		1.00%	0.2075	0.3267
62		1.05%	0.2043	0.3216
63		1.10%	0.2023	0.3185
64		1.15%	0.2019	0.3178
65		1.20%	0.201	0.3164

续上表

编号	上层钢筋配筋率	下层钢筋配筋率	横向裂缝宽度(mm)	裂缝间距(m)
66	0.85%	0.60%	0.1962	0.3088
67		0.65%	0.1915	0.3014
68		0.70%	0.1868	0.2940
69		0.75%	0.1821	0.2866
70		0.80%	0.1774	0.2792
71		0.85%	0.1742	0.2741
72		0.90%	0.1710	0.2691
73		0.95%	0.1677	0.2640
74		1.00%	0.1645	0.2590
75		1.05%	0.1613	0.2539
76		1.10%	0.1593	0.2508
77		1.15%	0.1589	0.2501
78		1.20%	0.1588	0.2500
79	0.90%	0.60%	0.1632	0.2569
80		0.65%	0.1588	0.2499
81		0.70%	0.1544	0.2430
82		0.75%	0.1500	0.2361
83		0.80%	0.1456	0.2291
84		0.85%	0.1421	0.2236
85		0.90%	0.1392	0.2190
86		0.95%	0.1362	0.2144
87		1.00%	0.1333	0.2099
88		1.05%	0.1313	0.2067
89		1.10%	0.1299	0.2045
90		1.15%	0.1293	0.2035
91		1.20%	0.129	0.2030
92	0.95%	0.60%	0.1232	0.1939
93		0.65%	0.1188	0.1870
94		0.70%	0.1144	0.1800
95		0.75%	0.1100	0.1731
96		0.80%	0.1056	0.1662
97		0.85%	0.1021	0.1606
98		0.90%	0.0992	0.1561
99		0.95%	0.0962	0.1515
100		1.00%	0.0933	0.1469
101		1.05%	0.0913	0.1438
102		1.10%	0.0893	0.1406
103		1.15%	0.089	0.1401
104		1.20%	0.0879	0.1384

续上表

编号	上层钢筋配筋率	下层钢筋配筋率	横向裂缝宽度(mm)	裂缝间距(m)
105	1.00%	0.60%	0.09232	0.1453
106		0.65%	0.0879	0.1384
107		0.70%	0.0835	0.1314
108		0.75%	0.0791	0.1245
109		0.80%	0.0747	0.1175
110		0.85%	0.0712	0.1120
111		0.90%	0.0683	0.1075
112		0.95%	0.0654	0.1029
113		1.00%	0.0625	0.0983
114		1.05%	0.0605	0.0951
115		1.10%	0.0584	0.0920
116		1.15%	0.05829	0.0917
117		1.20%	0.05827	0.0917
118	1.05%	0.60%	0.08223	0.1294
119		0.65%	0.0788	0.1241
120		0.70%	0.0754	0.1187
121		0.75%	0.0720	0.1133
122		0.80%	0.0686	0.1080
123		0.85%	0.0652	0.1026
124		0.90%	0.0633	0.0996
125		0.95%	0.0614	0.0966
126		1.00%	0.0595	0.0936
127		1.05%	0.0576	0.0906
128		1.10%	0.0557	0.0876
129		1.15%	0.0558	0.0878
130		1.20%	0.0553	0.0870
131	1.10%	0.60%	0.07542	0.1187
132		0.65%	0.0710	0.1118
133		0.70%	0.0666	0.1048
134		0.75%	0.0622	0.0979
135		0.80%	0.0578	0.0909
136		0.85%	0.0543	0.0854
137		0.90%	0.0514	0.0809
138		0.95%	0.0485	0.0763
139		1.00%	0.0456	0.0717
140		1.05%	0.0436	0.0685
141		1.10%	0.0415	0.0654
142		1.15%	0.04138	0.0651
143		1.20%	0.04135	0.0651

续上表

编号	上层钢筋配筋率	下层钢筋配筋率	横向裂缝宽度(mm)	裂缝间距(m)
144	1.15%	0.60%	0.06132	0.0965
145		0.65%	0.0569	0.0896
146		0.70%	0.0525	0.0826
147		0.75%	0.0481	0.0757
148		0.80%	0.0437	0.0688
149		0.85%	0.0402	0.0632
150		0.90%	0.0373	0.0587
151		0.95%	0.0344	0.0541
152		1.00%	0.0315	0.0495
153		1.05%	0.0295	0.0464
154		1.10%	0.0274	0.0432
155		1.15%	0.02739	0.0431
156		1.20%	0.0273	0.0430
157	1.20%	0.60%	0.05423	0.0854
158		0.65%	0.0498	0.0784
159		0.70%	0.0454	0.0715
160		0.75%	0.0410	0.0645
161		0.80%	0.0366	0.0576
162		0.85%	0.0331	0.0521
163		0.90%	0.0302	0.0475
164		0.95%	0.0273	0.0429
165		1.00%	0.0244	0.0384
166		1.05%	0.0224	0.0352
167		1.10%	0.0204	0.0320
168		1.15%	0.02038	0.0321
169		1.20%	0.02035	0.0320

4.5 考虑上下层钢筋间相互作用的双层配筋 CRCP 配筋率设计

4.5.1 双层配筋方案的裂缝宽度变化规律

4.5.1.1 配筋位置 LOC_s 对裂缝宽度值的影响规律

以上层钢筋在距离距板顶距离 90mm 为例：上层钢筋布筋位置(距板顶距离为 90mm)保持不变，布设下层钢筋在距面层底面分别由 90mm、91mm、92mm、93mm 增加至 140mm 共 51 种布筋位置，根据模拟计算结果，以横向裂缝宽度为第一控制指标，将这 51 种双层布筋方案中的横向裂缝宽度与单层布筋方案(仅在距离距板顶 90mm 处布设上层钢筋)的横向裂缝宽度进行比较，将配筋位置 LOC_s 对横向裂缝宽度的影响量化为布设双层钢筋后横向裂缝宽度的变化值，以下层钢筋位置距板底距离为横坐标，横向裂缝宽度变化值为纵坐标，直观分析双层布筋方案在不同配筋位置 LOC_s 条件下的横向裂缝宽度的变化值，如图 4-1 所示（为方便表示，图表标题中括号内容的数值与图片中图例数值均代表上层钢筋距板顶距离）。

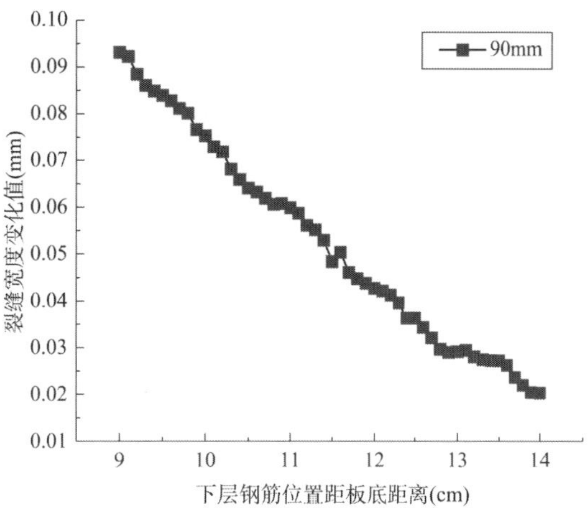

图 4-1 双层布筋方案横向裂缝宽度变化值（90mm）

同理，对上层钢筋距板顶距离 91mm、92mm、93mm……140mm 的其余 50 种条件均进行同样的数据分析，直观反映在单层布筋方案的基础上，CRC 板不同深度布设下层钢筋后裂缝宽度的变化情况。上层钢筋位置每变化 5mm 分组作图进行数据处理，其余 50 种上层钢筋位置条件下的横向裂缝宽度变化值情况如图 4-2 ~ 图 4-11 所示。

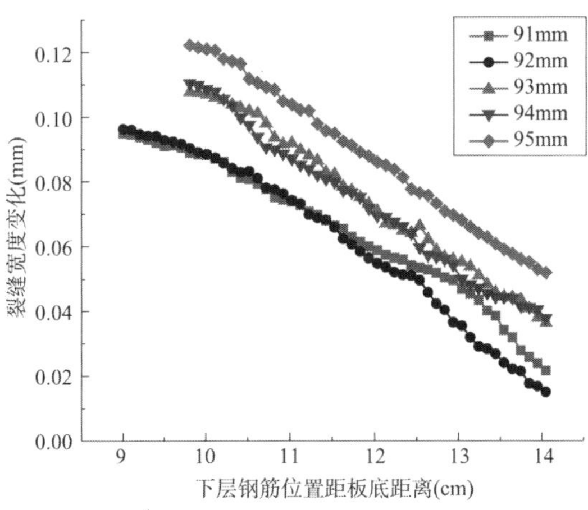

图 4-2 双层布筋方案横向裂缝宽度变化值（91 ~ 95mm）

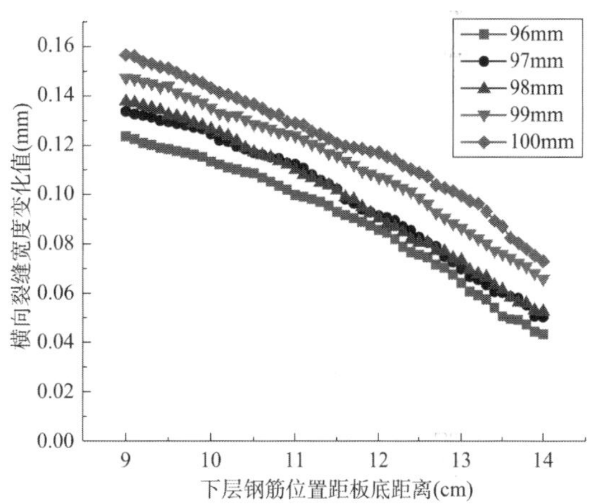

图 4-3 双层布筋方案横向裂缝宽度变化值（96 ~ 100mm）

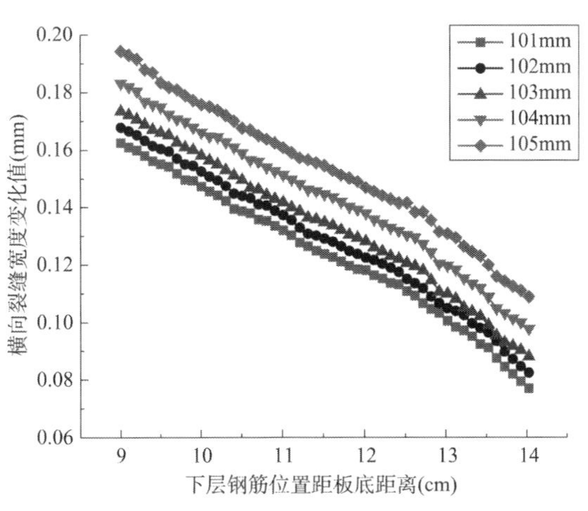

图 4-4 双层布筋方案横向裂缝宽度变化值（101 ~ 105mm）

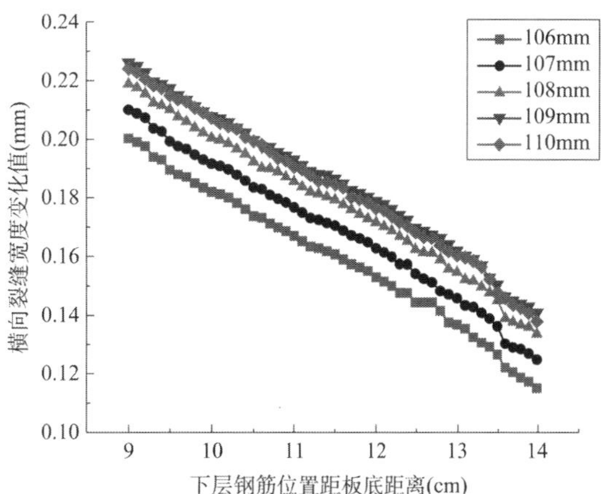

图 4-5 双层布筋方案横向裂缝宽度变化值（106 ~ 110mm）

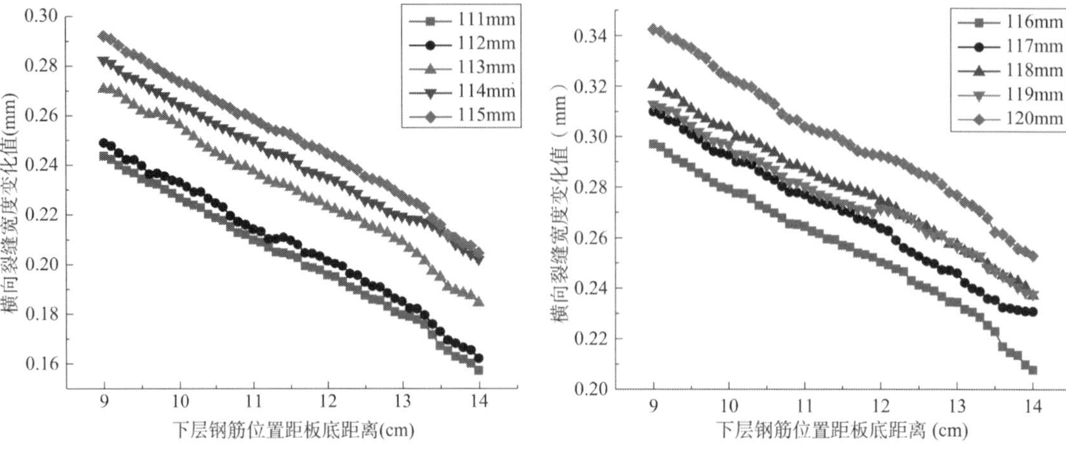

图 4-6　双层布筋方案横向裂缝宽度变化值(111 ~ 115mm)

图 4-7　双层布筋方案横向裂缝宽度变化值(116 ~ 120mm)

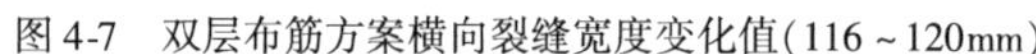

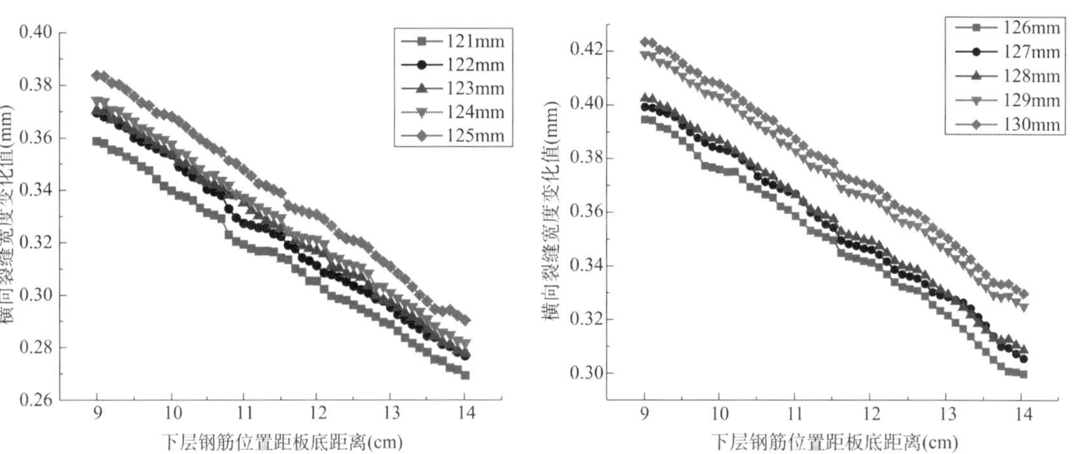

图 4-8　双层布筋方案横向裂缝宽度变化值(121 ~ 125mm)

图 4-9　双层布筋方案横向裂缝宽度变化值(126 ~ 130mm)

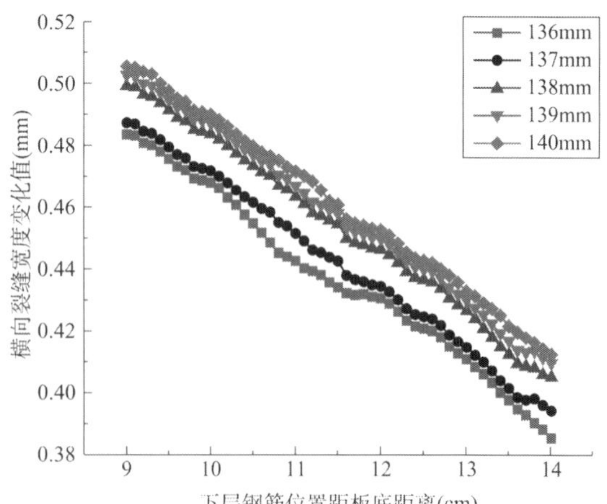

图 4-10　双层布筋方案横向裂缝宽度变化值(131 ~ 135mm)

图 4-11　双层布筋方案横向裂缝宽度变化值(136 ~ 140mm)

在对双层配筋 CRCP 的路面病害调查及相关数据显示,面层内钢筋从未出现过钢筋最大应力超过极限应力的情况,且横向裂缝间距的计算由第一控制指标依据规范反算得来,故横向裂缝间距和钢筋最大应力值仅作为考量配筋方案是否合理的评价标准。在 CRC 板内的不同位置铺设下层钢筋后,由横向裂缝宽度变化值的统计分析情况可以初步得出以下规律:

(1)温缩作用下,双层布筋方案下 CRC 板横向裂缝宽度值明显降低,说明下层钢筋有益于抑制裂缝的发展,提高混凝土抵抗温缩与干缩作用的能力,也侧面验证了模型的可靠性。

(2)上层钢筋由距离板顶 90mm 逐渐变化至板中位置的过程中,上下层钢筋布置间距越大,钢筋越靠近混凝土顶面或底面时,横向裂缝宽度的控制效果越好,钢筋网对混凝土板的约束作用越大。

(3)上层钢筋位置不变,下层钢筋布设位置越靠近板中时,横向裂缝宽度变化值越小,即上下层钢筋布置的间距在减小的过程中会使钢筋对混凝土的约束作用降低,出现较宽的横向裂缝。

4.5.1.2　配筋率 ρ 对裂缝宽度值的影响规律

以上层钢筋的配筋率为 0.60% 为例:上下层钢筋位置保持不变,上层钢筋的配筋率(配筋率为 0.60%)保持不变,下层钢筋的配筋率分别由 0.60%、0.65%、0.70% 变化至 1.20% 共 13 种配筋率方案,根据模拟计算结果,以横向裂缝宽度为第一控制指标,将这 13 种配筋率方案的横向裂缝宽度与单层布筋方案(仅布设上层钢筋,配筋率为 0.60%)的横向裂缝宽度进行比较,将配筋率 ρ 对横向裂缝宽度的影响同样量化为布设双层钢筋后横向裂缝宽度的变化值,以下层钢筋的配筋率 ρ 为横坐标,横向裂缝宽度变化值为纵坐标,直观分析双层布筋方案在不同配筋率 ρ 条件下的横向裂缝宽度的变化值,如图 4-12 所示(为方便表示,图表标题中括号内容代表上层钢筋的配筋率)。同理,对上层钢筋的配筋率为 0.65%、0.70%、0.75% 变化至 1.20% 其余 12 种条件均进行同样的数据分析,直观反映为单层布筋方案的基础上在 CRC 板布设不同配筋率的下层钢筋后裂缝宽度的变化情况。下层钢筋配筋率每变化 0.20% 分组作图进行数据处理,其余 50 种上层钢筋位置条件下的横向裂缝宽度变化值情况如图 4-13 ~ 图 4-15 所示。

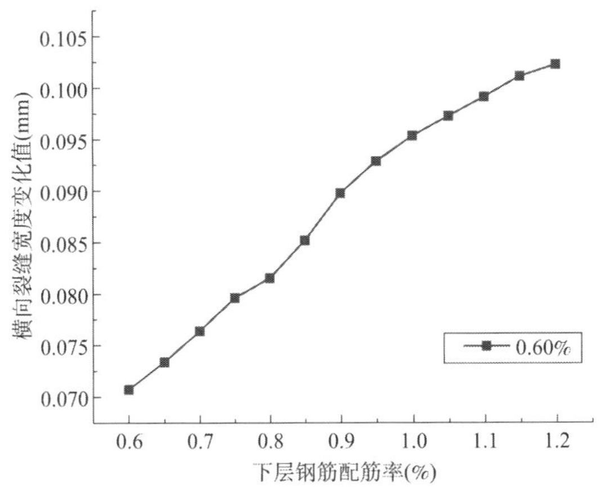

图 4-12　双层布筋方案横向裂缝宽度变化值(0.06%)

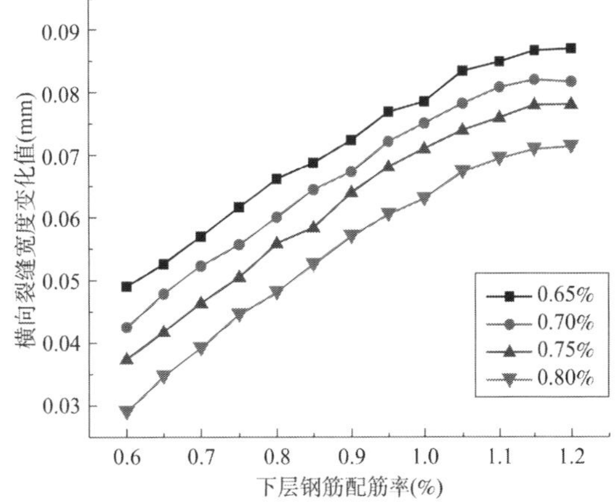

图 4-13　双层布筋方案横向裂缝宽度变化值(0.65% ~0.80%)

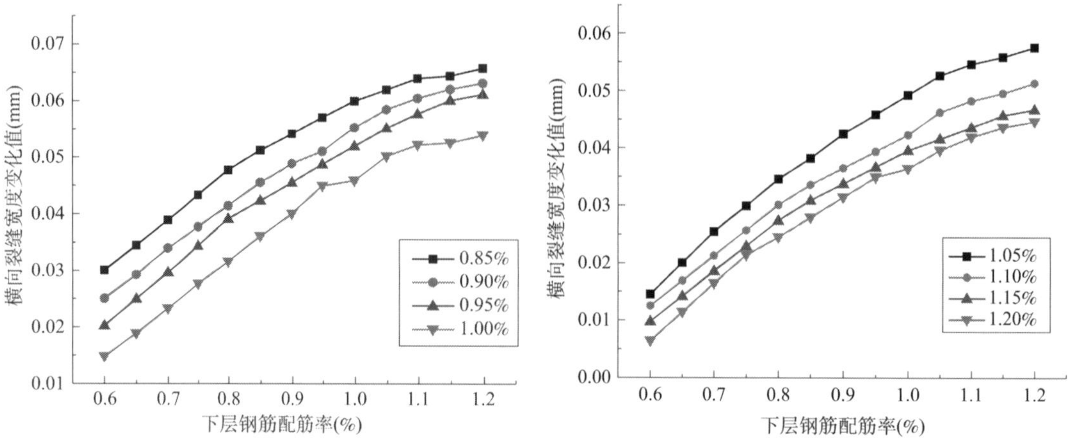

图 4-14　双层布筋方案横向裂缝宽度变化值(0.85% ~ 1.00%)

图 4-15　双层布筋方案横向裂缝宽度变化值(1.05% ~ 1.20%)

同样地,在 CRC 板内的铺设不同配筋率的下层钢筋后,由横向裂缝宽度变化值的统计分析情况可以初步得出以下规律:

(1)温缩作用下,上层钢筋配筋率 $\rho_{上}$ 不变,下层钢筋配筋率 $\rho_{下}$ 由 0.60% 增加至 0.80% 的过程中,CRC 板横向裂缝宽度值明显降低;由 0.80% 增加至 1.00% 时,CRC 板横向裂缝宽度变化值的斜率逐渐变小;$\rho_{下}$ 由 1.10% 增加至 1.20% 的过程当中,横向裂缝宽度的变化值不大,但是横向裂缝宽度值仍在降低。

(2)温缩作用下,下层钢筋配筋率 $\rho_{下}$ 不变,随着上层钢筋配筋率 $\rho_{上}$ 的增加,CRC 板横向裂缝宽度值逐渐降低。同样,在配筋率 $\rho_{上}$ 由 0.60% 增加至 1.00% 的过程中,CRC 板横向裂缝宽度值的变化值明显,但超过 0.80% 时图中横向裂缝宽度变化值斜率的变化趋势趋于降低,尤其是 $\rho_{上}$ 在 0.90% ~1.10% 的范围时体现得十分明显;$\rho_{上}$ 由 1.10% 增加至 1.20% 的过程当中,横向裂缝宽度会进一步降低,但是变化值不大。

(3)在一定范围内增加下层钢筋配筋率 $\rho_{下}$,钢筋对混凝土的约束作用有益于抑制横向裂缝的发展,可以提高双层配筋 CRCP 的路面性能。但在满足工程要求的前提下,不宜一味增加配筋率以满足控制横向裂缝的要求,还应从经济性和便于施工等角度考虑配筋率的设计。

4.5.2　不同配筋位置 LOC_s 的裂缝宽度函数模型分析

分析双层布筋方案中配筋位置 LOC_s 对横向裂缝宽度的影响,结合布筋方案 c 中的计算数据与图 4-1 ~ 图 4-11,以上下层钢筋布设位置间距为自变量,横向裂缝宽度变化值为因变量,对二者进行函数关系的拟合。以上层钢筋在距离距板顶距离 90mm 的双层布筋方案为例:下层钢筋的布设位置距面层底面分别由 90mm、91mm、92mm、93mm 增加至 140mm 共 51 种布筋位置,则上下层钢筋布设位置间距依次由 0mm、1mm、2mm 变化至 50mm(0mm 时上下层钢筋网均布设在板中),根据已得到的模拟计算数据,通过函数拟合后建立关于上下层钢筋布设位置间距和横向裂缝宽度变化值的函数关系式,函数拟合图如图 4-16 所示,函数关系式拟合结果见表 4-9(为方便表示,图、表标题中括号内容的数值代表上层钢筋距板顶距离)。

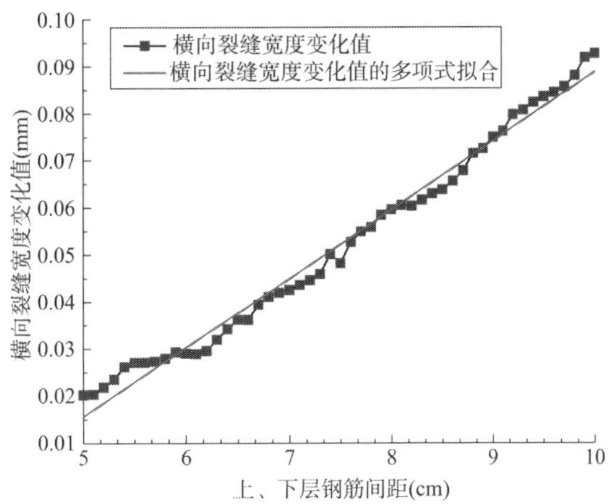

图4-16 横向裂缝宽度变化值与钢筋间距函数拟合(90mm)

横向裂缝宽度变化值与钢筋间距函数拟合式(90mm) 表4-9

方程形式		y = Intercept + $B_1 \cdot x$	
B_1	0.01469 ± 2.397 × 10^{-4}	截距	−0.04138 ± 0.0221
B_1含义	上下层钢筋间距	残差平方和	3.111 × 10^{-4}
调整后 R^2	0.9871	R^2(COD)	0.9867

同理,对上层钢筋距板顶距离91mm、92mm、93mm……140mm的其余50种条件均进行同样的函数关系拟合,在函数拟合过程中通过对数据进行不同函数模型的选取与比较,拟合方程形式选取 y = Intercept + $B_1 \cdot x + B_2 \cdot x^2$ 时拟合度最高,但二次项系数过小,在计算横向裂缝宽度变化值并进一步进行配筋率设计中,其二次项带来的影响可忽略不计,故将函数关系式简化为 y = Intercept + $B_1 \cdot x$,在反映横向裂缝宽度的变化上,其 R^2 同样可以良好地满足拟合精确度要求,拟合结果见表4-10。

横向裂缝宽度变化值与钢筋间距函数拟合式(91~140mm) 表4-10

序号	上层钢筋距板顶距离(mm)	y = Intercept + $B_1 \cdot x$ 的参数项数值		
		截距	B_1	残差平方和
1	91	−0.05783 ± 0.00183	0.01423 ± 2.908 × 10^{-4}	4.580 × 10^{-4}
2	92	−0.06660 ± 0.0014	0.01717 ± 3.355 × 10^{-4}	6.094 × 10^{-4}
3	93	−0.06827 ± 0.0012	0.01808 ± 1.579 × 10^{-4}	1.350 × 10^{-4}
4	94	−0.06616 ± 0.0012	0.01757 ± 1.904 × 10^{-4}	1.969 × 10^{-4}
5	95	−0.0497 ± 8.719 × 10^{-4}	0.01746 ± 1.140 × 10^{-4}	7.047 × 10^{-4}
6	96	−0.03301 ± 0.0027	0.01627 ± 3.544 × 10^{-4}	6.801 × 10^{-4}
7	97	−0.03233 ± 0.0025	0.01733 ± 3.348 × 10^{-4}	6.072 × 10^{-4}
8	98	−0.03466 ± 0.0015	0.01779 ± 1.962 × 10^{-4}	2.085 × 10^{-4}
9	99	−0.01113 ± 0.0021	0.01633 ± 2.826 × 10^{-4}	4.327 × 10^{-4}
10	100	0.00273 ± 0.0022	0.01566 ± 2.87 × 10^{-4}	4.475 × 10^{-4}
11	101	0.00295 ± 0.00154	0.01606 ± 2.011 × 10^{-4}	2.190 × 10^{-4}

续上表

序号	上层钢筋距板顶距离(mm)	$y = \text{Intercept} + B_1 \cdot x$ 的参数项数值		
		截距	B_1	残差平方和
12	102	0.00753 ±0.0014	$0.01613 \pm 1.828 \times 10^{-4}$	1.809×10^{-4}
13	103	0.01023 ±0.0014	$0.01646 \pm 1.932 \times 10^{-4}$	2.021×10^{-4}
14	104	0.02116 ±0.0015	$0.01621 \pm 2.036 \times 10^{-4}$	2.245×10^{-4}
15	105	0.03321 ±0.0014	$0.01599 \pm 1.905 \times 10^{-4}$	1.996×10^{-4}
16	106	0.03921 ±0.0013	$0.01602 \pm 1.794 \times 10^{-4}$	1.743×10^{-4}
17	107	0.04746 ±0.0013	$0.01618 \pm 1.707 \times 10^{-4}$	1.578×10^{-4}
18	108	0.05618 ±0.0012	$0.01623 \pm 1.661 \times 10^{-4}$	1.495×10^{-4}
19	109	0.06252 ±0.0013	$0.01630 \pm 1.697 \times 10^{-4}$	1.559×10^{-4}
20	110	0.06198 ±0.0013	$0.01633 \pm 1.732 \times 10^{-4}$	1.625×10^{-4}
21	111	0.07982 ±0.0012	$0.01637 \pm 1.604 \times 10^{-4}$	1.394×10^{-4}
22	112	0.08460 ±0.0014	$0.01642 \pm 1.832 \times 10^{-4}$	1.817×10^{-4}
23	113	0.10653 ±0.0016	$0.01651 \pm 2.411 \times 10^{-4}$	2.482×10^{-4}
24	114	$0.1272 \pm 7.837 \times 10^{-4}$	$0.01528 \pm 1.025 \times 10^{-4}$	5.693×10^{-4}
25	115	0.12739 ±0.0013	$0.01641 \pm 1.810 \times 10^{-4}$	1.775×10^{-4}
26	116	0.13294 ±0.0018	$0.01641 \pm 2.412 \times 10^{-4}$	3.152×10^{-4}
27	117	0.14804 ±0.0011	$0.01615 \pm 1.451 \times 10^{-4}$	1.141×10^{-4}
28	118	0.17049 ±0.0017	$0.01402 \pm 2.259 \times 10^{-4}$	2.763×10^{-4}
29	119	0.16388 ±0.0017	$0.01659 \pm 2.263 \times 10^{-4}$	2.773×10^{-4}
30	120	0.17176 ±0.0018	$0.01702 \pm 2.387 \times 10^{-4}$	3.085×10^{-4}
31	121	$0.17957 \pm 9.955 \times 10^{-4}$	$0.01787 \pm 1.302 \times 10^{-4}$	9.187×10^{-4}
32	122	0.1808 ±0.0011	$0.01883 \pm 1.498 \times 10^{-4}$	1.216×10^{-4}
33	123	$0.1843 \pm 6.392 \times 10^{-4}$	$0.01878 \pm 8.363 \times 10^{-4}$	3.787×10^{-5}
34	124	$0.18825 \pm 7.689 \times 10^{-4}$	$0.01867 \pm 1.006 \times 10^{-4}$	5.480×10^{-4}
35	125	$0.19531 \pm 9.978 \times 10^{-4}$	$0.01903 \pm 1.305 \times 10^{-4}$	9.114×10^{-4}
36	126	0.20549 ±0.0012	$0.01901 \pm 1.645 \times 10^{-4}$	1.466×10^{-4}
37	127	0.21376 ±0.0012	$0.01874 \pm 1.583 \times 10^{-4}$	1.357×10^{-4}
38	128	$0.21375 \pm 9.978 \times 10^{-4}$	$0.01903 \pm 1.305 \times 10^{-4}$	9.029×10^{-4}
39	129	$0.22964 \pm 9.978 \times 10^{-4}$	$0.01913 \pm 4.429 \times 10^{-4}$	4.405×10^{-4}
40	130	$0.23433 \pm 9.978 \times 10^{-4}$	$0.01927 \pm 1.305 \times 10^{-4}$	8.229×10^{-4}

续上表

序号	上层钢筋距板顶距离（mm）	$y = \text{Intercept} + B_1 \cdot x$ 的参数项数值		
		截距	B_1	残差平方和
41	131	$0.25406 \pm 9.053 \times 10^{-4}$	$0.01891 \pm 1.184 \times 10^{-4}$	7.591×10^{-4}
42	132	$0.25837 \pm 9.978 \times 10^{-4}$	$0.01922 \pm 4.211 \times 10^{-4}$	4.369×10^{-4}
43	133	$0.28370 \pm 7.588 \times 10^{-4}$	$0.01842 \pm 9.928 \times 10^{-4}$	5.337×10^{-4}
44	134	$0.27202 \pm 9.787 \times 10^{-4}$	$0.01903 \pm 1.305 \times 10^{-4}$	9.227×10^{-4}
45	135	$0.28121 \pm 2.279 \times 10^{-4}$	$0.01889 \pm 1.620 \times 10^{-4}$	8.227×10^{-4}
46	136	0.29384 ± 0.0018	$0.01906 \pm 2.404 \times 10^{-4}$	3.131×10^{-4}
47	137	$0.29932 \pm 3.876 \times 10^{-4}$	$0.01853 \pm 1.474 \times 10^{-4}$	9.229×10^{-4}
48	138	0.30962 ± 0.0011	$0.01925 \pm 1.520 \times 10^{-4}$	1.252×10^{-4}
49	139	$0.31458 \pm 4.465 \times 10^{-4}$	$0.01858 \pm 3.306 \times 10^{-4}$	6.572×10^{-4}
50	140	$0.31949 \pm 8.863 \times 10^{-4}$	$0.01885 \pm 1.159 \times 10^{-4}$	7.281×10^{-4}

在表4-10中，引入残差平方和表示随机误差的效应，由残差平方和的数据结果显示变量和随机误差各产生的效应，51组数据中的残差平方和最大值仅为9.229×10^{-4}，各个数据点与它在回归直线上相应位置的差异满足函数拟合的精度要求。其中，$y = \text{Intercept} + B_1 \cdot x$的参数项$B_1$值，进行51个数据的分组，得到表4-11的频数频率表。对公式中参数项B_1值的分组样本场合，根据频数频率表采取样本的均值近似公式，按照下式进行计算：

$$\bar{x} = \frac{x_1 f_1 + x_2 f_2 + \cdots + x_k f_k}{n} \quad (n = \sum_{i=1}^{k} f_i) \tag{4-9}$$

式中：k——组数；

x_i——第i组的组中值；

f_i——第i组的频数。

计算得公式中参数项B_1值为$B_1 = 0.01734 \pm 1.853 \times 10^{-4}$。

参数项B_1值的频数频率表　　表4-11

组　序	分组区间	组中值	频　数	频率(%)
1	(0.014,0.015]	$0.01412 \pm 2.583 \times 10^{-4}$	2	3.93
2	(0.015,0.016]	$0.01566 \pm 2.870 \times 10^{-4}$	4	7.86
3	(0.016,0.017]	$0.01632 \pm 1.714 \times 10^{-4}$	18	35.29
4	(0.017,0.018]	$0.01746 \pm 1.140 \times 10^{-4}$	7	13.72
5	(0.018,0.019]	$0.01874 \pm 1.583 \times 10^{-4}$	11	21.56
6	(0.019,0.020]	$0.01906 \pm 2.404 \times 10^{-4}$	9	17.64

对表4-10中的函数$y = \text{Intercept} + B_1 \cdot x$的参数项Intercept（截距）值进行函数拟合如图4-17所示。结合4.5.1.1小节中的结论，上层钢筋层的配筋位置对横向裂缝宽度值的作

用有规律可循,这种规律变化主要体现在 Intercept(截距)值的变化上,故若要归纳出不同配筋位置 LOC_s 与横向裂缝宽度变化值的函数关系,应先找到参数项 Intercept(截距)值与上层钢筋配筋位置的函数关系,以上层钢筋配筋位置距板顶距离为自变量,参数项 Intercept(截距)值为因变量进行函数拟合,拟合结果见表 4-12。

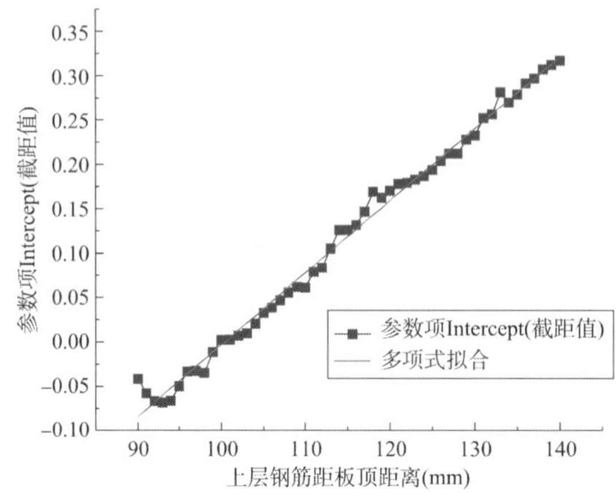

图 4-17 参数项 Intercept(截距值)与上层钢筋位置的函数关系拟合图

参数项 Intercept(截距)值与上层钢筋配筋位置的函数关系函数拟合式 表 4-12

方程形式		$y = \text{Intercept} + B_1 \cdot x$	
B_1	$0.00817 \pm 1.050 \times 10^{-5}$	截距	−0.81947
B_1含义	上层钢筋距板顶距离	残差平方和	0.0060
调整后 R^2	0.9919	R^2(COD)	0.9917

故综上所述,在双层配筋 CRCP 道路结构中因不同配筋位置 LOC_s 对横向裂缝宽度变化值的影响函数关系式如下:

$$\Delta b_j = (0.01734 \pm 1.853 \times 10^{-4}) \times \Delta LOC_s + (0.00817 \pm 1.050 \times 10^{-5}) \times \Delta LOC_{s上} - 0.81947 \tag{4-10}$$

式中:Δb_j——不同配筋位置下的横向裂缝宽度变化值,mm;

ΔLOC_s——上、下层钢筋间距,cm;

$\Delta LOC_{s上}$——上层钢筋距板顶距离,mm。

4.5.3 不同配筋率 ρ 的裂缝宽度函数模型分析

分析双层布筋方案中配筋率 ρ 对横向裂缝宽度的影响,结合表 4-8 中的计算数据与图 4-12 ~ 图 4-15,以上下层钢筋配筋率 ρ 为自变量,横向裂缝宽度变化值为因变量,对二者进行函数关系的拟合。首先对图 4-12 ~ 图 4-15 中的所有曲线拟合图进行函数拟合,即上层钢筋的配筋率由 0.60%、0.65%、0.70% 变化至 1.20% 共 13 种配筋率方案;在每种方案中,上下层钢筋位置保持不变,上层钢筋的配筋率 $\rho_上$ 保持不变,下层钢筋的配筋率 $\rho_下$ 也分别由 0.60%、0.65%、0.70% 变化至 1.20%。以上层钢筋配筋率 $\rho_上 = 0.60\%$ 为例,函数拟合图如图 4-18 所示,建立关于下层钢筋配筋率 $\rho_下$ 和横向裂缝宽度变化值的函数关系式,函数拟合结果见表 4-13。

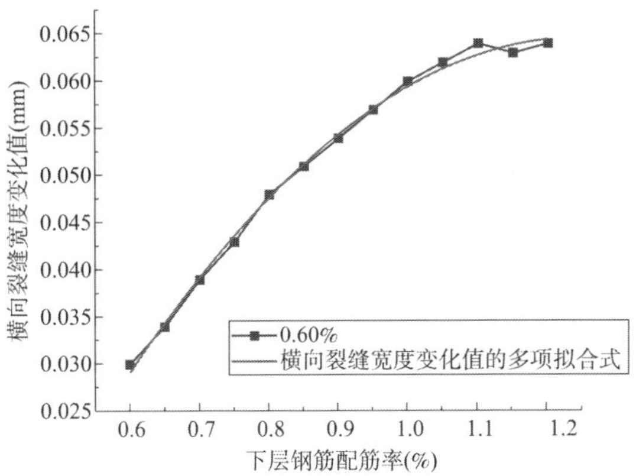

图 4-18　横向裂缝宽度变化值与下层钢筋配筋率函数拟合(0.60%)

横向裂缝宽度变化值与下层钢筋配筋率 $\rho_{下}$ 函数拟合式(0.60%)　　表 4-13

方程形式		$y = \text{Intercept} + B_1 \cdot x + B_2 \cdot x^2$	
B_1	0.21139 ±0.01129	截距	-0.0672 ±0.00493
B_2	-0.08472 ±0.00625	残差平方和	4.883×10^{-4}
调整后 R^2	0.9970	R^2(COD)	0.9967

同理,对上层钢筋的配筋率为0.65%、0.70%至1.20%其余的12种配筋率方案均进行同样的函数关系拟合,拟合结果见表4-14。在函数拟合过程中通过对数据进行不同函数模型的选取与比较,拟合方程形式选取 $y = \text{Intercept} + B_1 \cdot x + B_2 \cdot x^2$ 时拟合度最高,与图4-12～图4-15中的曲线拟合误差最小,在反映横向裂缝宽度的变化上可以良好地满足拟合精确度要求。

横向裂缝宽度变化值与下层钢筋配筋率 $\rho_{下}$ 函数拟合式(91～140mm)　　表 4-14

序　　号	下层钢筋配筋率 $\rho_{下}$	$y = \text{Intercept} + B_1 \cdot x + B_2 \cdot x^2$ 的参数项数值(0.60% ≤x≤1.20%)			
		截距	B_1	B_2	残差平方和
1	0.60%	0.07073	0.21139 ±0.01129	-0.08472 ±0.0062	4.883×10^{-4}
2	0.65%	0.05022	0.17684 ±0.01003	-0.05994 ±0.0055	3.853×10^{-6}
3	0.70%	0.04967	0.19524 ±0.01026	-0.06706 ±0.0056	4.028×10^{-6}
4	0.75%	0.04248	0.21183 ±0.01089	-0.07852 ±0.0060	4.544×10^{-6}
5	0.80%	0.03020	0.19674 ±0.0091	-0.07290 ±0.0050	3.181×10^{-6}
6	0.85%	0.03000	0.16864 ±0.00605	-0.05542 ±0.0033	1.401×10^{-6}
7	0.90%	0.02524	0.18662 ±0.01590	-0.06564 ±0.0088	9.680×10^{-6}
8	0.95%	0.02022	0.19528 ±0.00611	-0.07508 ±0.0033	1.407×10^{-6}
9	1.00%	0.01678	0.20492 ±0.00818	-0.08095 ±0.0047	2.818×10^{-6}
10	1.05%	0.01352	0.16066 ±0.01098	-0.06677 ±0.0060	4.628×10^{-6}
11	1.10%	0.01257	0.20474 ±0.00853	-0.08084 ±0.0047	2.785×10^{-6}
12	1.15%	0.00978	0.17598 ±0.00127	-0.07253 ±0.0070	6.261×10^{-6}
13	1.20%	0.00644	0.18886 ±0.00456	-0.07110 ±0.0025	7.978×10^{-7}

对表4-14的函数拟合式中 $y = \text{Intercept} + B_1 \cdot x + B_2 \cdot x^2$ 的参数项数值 B_2，引入残差平方和表示随机误差的效应，对13个函数拟合式的 B_2 参数项进行分组得到表4-15的频数频率表。对公式中参数项 B_2 值的分组样本场合，根据频数频率表，采取样本的均值近似公式，按照下式进行计算：

$$\bar{x} = \frac{x_1 f_1 + x_2 f_2 + \cdots + x_k f_k}{n} \quad (n = \sum_i^k f_i) \tag{4-11}$$

式中：k——组数；

x_i——第 i 组的组中值；

f_i——第 i 组的频数。

计算得公式中参数项 B_2 值为 $B_2 = -0.07100 \pm 0.0051$。

参数项 B_2 值的频数频率表　　表4-15

组序	分组区间	组中值	频数	频率(%)
1	(−0.090，−0.080]	−0.08095 ±0.0047	3	23.07
2	(−0.080，−0.070]	−0.07290 ±0.0050	5	38.48
3	(−0.070，−0.060]	−0.06677 ±0.0060	3	23.07
4	(−0.060，−0.050]	−0.05768 ±0.0044	2	15.38

对函数拟合式中 $y = \text{Intercept} + B_1 \cdot x + B_2 \cdot x^2$ 的参数项数值 B_1，横向裂缝宽度变化值与下层钢筋配筋率 $\rho_{下}$ 的函数关系中，其函数形式与试算结果显示参数项 B_2 值对横向裂缝宽度变化值起到主要作用，而参数项 B_2 值的变化对横向裂缝宽度变化的影响存在但不明显。但为保证函数关系的精确性，减少计算结果的误差和偶然性，对 B_1 值采取同样的计算方法，对其样本场合进行分组后根据频数频率表采取样本的均值近似公式进行计算，参数项 B_1 值的频数频率表见表4-16，计算得公式中参数项 B_1 值为 $B_1 = 0.10948 \pm 0.0081$。

参数项 B_1 值的频数频率表　　表4-16

组序	分组区间	组中值	频数	频率(%)
1	(0.1600,0.1700]	0.16465 ±0.0085	2	15.38
2	(0.1700,0.1800]	0.17641 ±0.0056	2	15.38
3	(0.1800,0.1900]	0.18774 ±0.0102	2	15.38
4	(0.1900,0.2000]	0.19528 ±0.0061	3	23.10
5	(0.2000,0.2100]	0.20483 ±0.0083	2	15.38
6	(0.2100,0.2200]	0.21161 ±0.0110	2	15.38

对函数拟合式中 $y = \text{Intercept} + B_1 \cdot x + B_2 \cdot x^2$ 的参数项数值Intercept(截距)值，由图4-12～图4-15可知，这种规律变化主要体现在函数形式的一致性。上层钢筋配筋率 $\rho_{上}$ 与横向裂缝宽度变化值的函数拟合呈现出良好的相似性，其差异性则体现在Intercept(截距)值的变化上。因拟合的函数关系式在反映变量间的变化关系上要精确，但数据本身存在误差，所以当上层钢筋配筋率 $\rho_{上}$ 由0.60%变化至1.20%的过程中，准确度越高，则配筋率超出该范围越远误差越大。故若要归纳出上层钢筋配筋率 $\rho_{上}$、下层钢筋配筋率 $\rho_{下}$ 与横向裂缝宽度变化值的函数关系，应找到参数项Intercept(截距)值与上层钢筋配筋率 $\rho_{上}$ 的函数关系，以

上层钢筋配筋率$\rho_{上}$为自变量，参数项 Intercept（截距）值为因变量进行函数拟合，数据拟合图如图 4-19 所示，函数拟合结果见表 4-17。

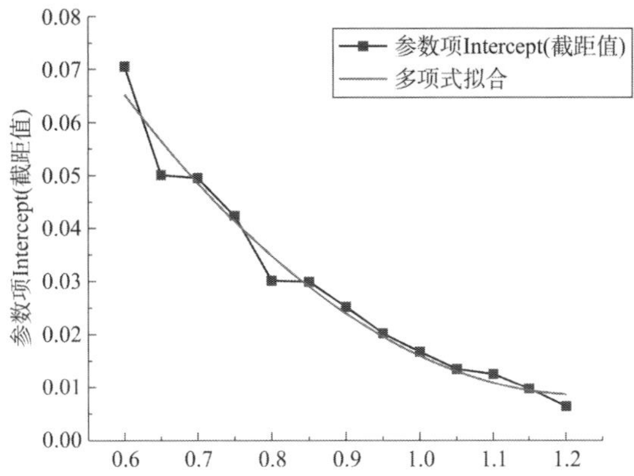

图 4-19　参数项 Intercept（截距值）与上层钢筋配筋率的函数关系拟合图

参数项 Intercept（截距）值与上层钢筋配筋率 ρ 上的函数关系函数拟合式　　表 4-17

方程形式		$y = \text{Intercept} + B_1 \cdot x + B_2 \cdot x^2$	
B_1	0.2265 ± 0.01129	截距	0.22655 ± 0.00229
B_2	−0.35566 ± 0.05258	残差平方和	1.058×10^{-4}
调整后 R^2	0.9711	R^2（COD）	0.9761

故综上所述，在双层配筋 CRCP 道路结构中因不同上层钢筋配筋率$\rho_{上}$、不同下层钢筋配筋率$\rho_{下}$对横向裂缝宽度变化值的影响函数关系见式（4-12）：

$$\Delta b_j' = (0.10948 \pm 0.0081) \times \rho_{下} + (-0.0710 \pm 0.0051) \times \rho_{下}^2 + (0.2265 \pm 0.01129) \times \rho_{上} + (-0.3556 \pm 0.05258) \times \rho_{上}^2 + (0.22655 \pm 0.00229) \tag{4-12}$$

式中：$\Delta b_j'$——不同配筋率下的横向裂缝宽度变化值，mm；

$\rho_{上}$——上层钢筋配筋率，%，$0.60\% \leqslant \rho_{上} \leqslant 1.20\%$；

$\rho_{下}$——下层钢筋配筋率，%，$0.60\% \leqslant \rho_{下} \leqslant 1.20\%$。

第5章 双层配筋 CRCP 配筋率设计指标计算和修正

纵向配筋率设计作为双层配筋 CRCP 的关键技术，主要是为了控制横向裂缝的拓宽与发展，并尽可能减少使用后期的冲断危害。双层配筋 CRCP 的配筋率设计研究具有复杂性、综合性和系统性的特点。国内外关于双层配筋 CRCP 配筋率设计的研究较少，已竣工的双层配筋 CRCP 工程配筋率均是参考单层 CRCP 配筋指标计算公式采取保守设计，虽能够更好地符合规范规定以及工程质量要求，但从工程经济性角度出发，较高的纵向配筋率设计会大幅增加工程造价。故有必要针对双层配筋 CRCP 的配筋率设计展开研究，若能对双层配筋 CRCP 的配筋率设计指标控制值进行改进，并以此为基础在施工设计允许的条件下对双层配筋 CRCP 纵向配筋率进行合理范围内的降低，能对我国的交通建设产生巨大的经济效益。

5.1 CRCP 的配筋率设计方法

5.1.1 CRCP 的板厚设计

CRCP 路面配筋率设计的研究，由基于经验逐步向基于半经验半理论分析发展。它主要涉及板厚设计和纵向配筋率设计指标的控制与计算。AASHTO 的厚度设计与美国混凝土协会（ACI）和美国波特兰水泥协会（PCA）的接缝路面（JPCP）厚度设计相同，考虑了面板间传荷能力的影响，但是取稍小的传荷系数。它的设计程序由试验路的性能模型扩展获得。我国现行规范中关于 CRCP 则与普通水泥混凝土路面的厚度设计一致。设计原则都是在尽量减小 CRC 板厚度，且保证足够的集料嵌锁功能、可控的冲断数目、足够的平整度和试验可靠性。增加板厚可以减小冲断数量，提高 CRCP 平整度，Wow 对厚度超过 330mm 的 CRCP 路面则建议使用双层配筋。

5.1.2 CRCP 的配筋率设计方法

（1）考虑容许应力和裂缝特征的配筋率设计。

早期普通水泥混凝土的配筋率设计将混凝土与钢筋的抗拉强度的比值列为设计指标。Kim 最早提出基于横向钢筋屈服控制的 CRCP 配筋率设计方法。Vetter 认为温缩和干缩为 CRCP 横向开裂的主要诱因。他根据静力平衡方程得到了 CRC 板应力和位移的解析公式。AASHTO-1993 则依据 Vetter 配筋解析公式，将混凝土极限抗拉强度和纵向钢筋的屈服应力作为控制指标，给出了 CRCP 的纵向配筋率设计方法。得克萨斯州的 CRCP 纵向配筋率设计则规定：横向裂缝的合理间距为 0.90～2.40m；横向裂缝宽度≤0.64mm；钢筋最大拉应力≤钢筋的屈服应力。

2002 年发布的《公路水泥混凝土路面设计规范》(JTG D40—2002)参考了 AASHTO-1993 的设计理念，规定裂缝平均间距为 1.0～2.5m，裂缝缝隙最大宽度≤1mm。然而实际裂缝间距并不能完全满足规范的要求，经常会出现密集裂缝、Y 形裂缝、宽裂缝等。浙江大学基于 Vetter 理论，对配置 BFRP 筋的 CRCP 配筋率设计作了研究。黄志义等建议：BFRP 最小配筋率≥0.5%，横向裂缝间距≤2.0m，横向裂缝宽度≤1.0m。

2011 年开始实施的新规范则借鉴了 AASHTO—2002 的配筋率设计指标计算公式，对旧规范作了如下调整：横向裂缝的平均间距最大值由 2.5m 减小为 1.8m；裂缝为纵向钢筋埋深处的缝隙，其宽度取平均宽度，宽度由原来 1.0mm 减小为 0.5mm。新规范规定：钢筋的最大拉应力必须小于屈服强度，以免钢筋拉断；随着交通荷载增加，纵向配筋率取值按中载、重载、特重载和极重载依次增加 0.1%。

上述配筋率设计方法均未将冲断作为配筋率设计的考虑因素。

(2)考虑冲断破坏和路面平整度的配筋率设计。

当横向裂缝间距较小(30～60cm)，车辆荷载和温湿效应会导致集料的嵌挤作用丧失和钢筋锈蚀，裂缝间隙随之扩大而丧失传荷能力，并在两条横向裂缝间形成混凝土窄板。随着雨水渗入板底，形成边缘脱空和基层弱化，CRCP 边缘的窄板最终会退化成一个近似悬臂梁结构。在车辆循环荷载和负温湿耦合梯度形成的翘曲应力等综合作用下，悬臂梁固定端顶部受到较大的弯曲疲劳应力，随着疲劳累积，受弯处的混凝土和横向钢筋最终沿纵向断裂。边缘冲断便是横向裂缝和纵向裂缝(接缝)在 CRCP 边缘形成的断裂块体，如图 5-1 所示。

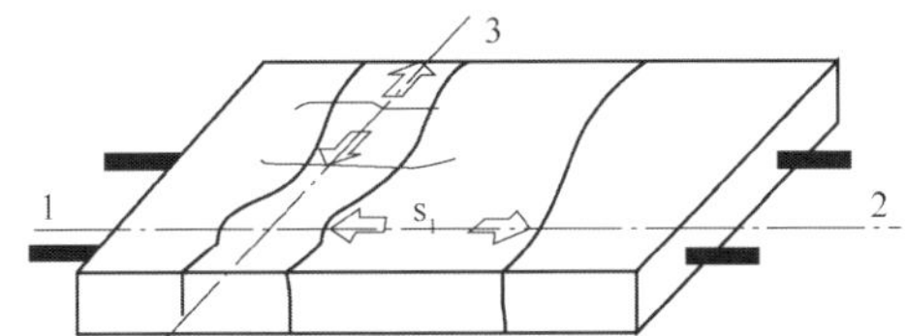

图 5-1　边缘冲断示意图

1-纵向钢筋；2-横向裂缝；3-纵向开裂

AASHTO-2002 基于美国 23 个州、72 条 CRCP 试验路的统计经验，将冲断和路面平整度(IRI)纳入 CRCP 纵向配筋率设计，提出了基于损伤断裂理论的冲断预估校准模型(图 5-2)，用于直接控制冲断。

$$PO=\frac{A}{1+\alpha\cdot FD^{\beta}} \tag{5-1}$$

式中：PO——每英里冲断数；

FD——第 y 年末板顶累积疲劳损伤；

A、α、β——分别取 105.26、4.0、－0.38。

由于超过 90% 的冲断破坏并不严重，PO 在 10～20 之间可以保证 95% 的设计可靠性。若预估的 PO 超过这一标准，则应调整相应的 CRCP 板厚和配筋率设计方案。AASHTO—

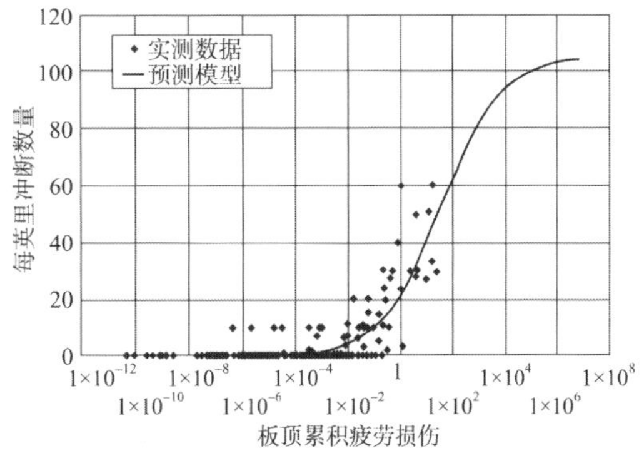

图 5-2　冲断预估校准模型

2002 还将裂缝的传荷系数(LTE)和基层支撑状况作为需要输入的重要参数。

累积疲劳损伤预估步骤如图 5-3 所示。

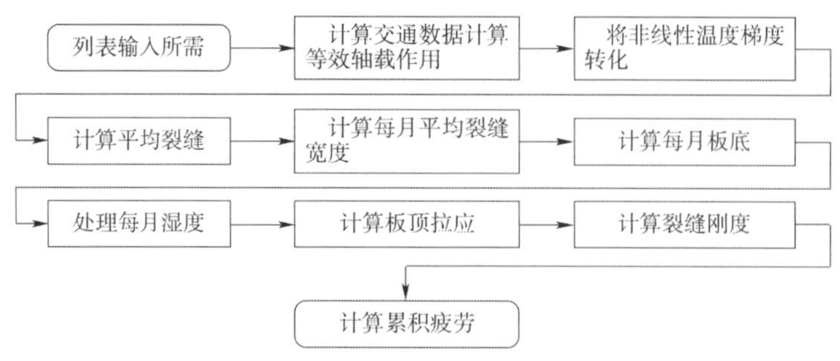

图 5-3　疲劳损伤的预估步骤

5.1.3　现行配筋率设计方法不足

CRCP 配筋率设计指标的计算是配筋率设计的关键,现有研究现状的不足主要体现在以下几个方面:

(1)裂缝宽度的控制值不够合理。以《公路水泥混凝土路面设计规范》(JTG D40—2011)附录 D 的算例为例:横向裂缝平均间距为 0.72 m,平均宽度为 0.45 mm。通过试算发现:为了使裂缝平均宽度小于 0.5 mm,裂缝平均间距不得超过 0.8 m。这意味着相当一部分横向裂缝的间距较小,易引发冲断。根据美国公路管理局 LTPP 试验段的调查统计:90% 的边缘冲断发生在 30 ~ 60cm。而横向裂缝间距和横向裂缝宽度直接相关。Kohler 也指出:冲断与宽裂缝也有一定联系。因此,有必要结合实际算例,对裂缝宽度的控制值进行修正。

(2)配筋率设计指标的计算公式不够合理,钢筋的布置位置不够科学。以裂缝平均间距的计算公式为例。当面板厚度为 18cm 时,按照《公路水泥混凝土路面设计规范》(JTG D40—2011)要求(纵向钢筋距离板顶≥0.09m 且埋深不超过 1/2 板厚),纵向钢筋只能布置在距板顶 9cm 位置。此时,横向裂缝平均间距公式中的多项式 $C\sigma_0(1-2\zeta/h_c)$ 变为 0,这会大幅度增加设计配筋率。

(3)CRC 板混凝土进行级配设计时,不同集料的种类会对混凝土的线膨胀系数产生较大影响。而线膨胀系数对横向开裂影响较大。关于集料种类对配筋率设计指标影响的研究不够充分,CRCP 还缺乏专门的级配设计理论和方法。

(4)配筋率设计的三个指标均与温度场有关,但是《公路水泥混凝土路面设计规范》(JTG D40—2011)对温度场的考虑不够全面。关于纵向钢筋埋深处的最大温差,《公路水泥混凝土路面设计规范》(JTG D40—2011)近似取路面所在地区年最热月份的日最高气温的月平均值和施工地区一年中最冷月份日最低气温的月平均值的差值,未考虑 CRC 板厚度和纵向钢筋埋置深度的影响,不能实际有效反映钢筋埋深处的最大温差。路面材料的热力学性质与温度参数的关系也不够明确。

(5)现有关于 CRCP 结构设计的研究,多聚焦于 CRCP 的温缩和干缩效应,认为湿度翘曲应力远小于温度翘曲应力。在配筋率设计时,忽略了相对湿度的不均匀分布,对面层混凝土物理力学性质的影响,关于温湿翘曲的研究不够深入具体。因此,需要结合我国不同公路自然区划地区的温湿环境,研究温湿耦合梯度对配筋率设计指标的影响。

(6)国内规范未将冲断纳入配筋率设计。裂缝的平均间距和平均宽度和冲断关联性不大,虽然 AASHTO—2002 将它们用于冲断预估,但能否有效控制冲断病害还需实体工程验证;我国现行规范的配筋率设计并未考虑冲断,研究中需计算温湿度效应和车辆荷载综合作用下板顶的横向拉应力和窄板的剪切疲劳损伤。关于边缘冲断的研究,没有计算温湿效应和车辆荷载综合作用下,板顶的横向拉应力和剪切疲劳损伤。

5.2 温度场数值模拟与温度参数的影响分析

5.2.1 温度场的有限元模型

(1)材料参数和几何尺寸。

CRCP 温度场分析采用三维有限元模型,各结构层材料的热力学参数见表 5-1。钢筋网布置在 CRC 板中位置,采用 HRB335。纵向钢筋直径 $d_s=16\text{mm}$,配筋率 $\rho\approx 0.9\%$,间距取 124mm,横向共 30 根,其他参数同第 2 章 2.1.3。

CRCP 的热力学参数 表 5-1

材料性质	密度(kg/m^3)	热传导率[J/(m·h·℃)]	比热容[J/(kg·℃)]
CRC 板	2400	6300	973
纵筋	7800	125640	520
基层	2100	5616	912
路床	1800	5500	1040

(2)单元和网格划分。

路面的单元类型采用 DC3D8(八结点线性传热实体单元);钢筋在赋予截面面积和材料属性后,利用 Embedded 工具在建好的水泥混凝土板中嵌入钢筋骨架,单元类型采用 DC1D2(二结点传热杆单元)。网格的划分对计算结果影响较大,经过调试与对比,在种子定义和网格尺寸取值时,取 CRC 板为 0.1 m,基层为 0.1 m,钢筋为 0.05 m,路基为 0.1 m,共计 30960 个网格。

(3)板面辐射和热流的模拟。

用 ABAQUS 对 CRCP 分别进行高温季节和低温季节的瞬态、稳态热分析。为了实现路面内部的连续导热,建模时,对路基路面采用整体式模型的剖分技术;对钢筋则采用植入单元技术。对流换热用 Interaction 模块的 Surface film condition 定义,用子程序 FILM 定义板面 24h 的周期性温度变化和热能交换,以实现对 q_h 的模拟;太阳辐射用 Load 模块的 Surface heat flux 功能定义,用子程序 DFLUX 定义 CRCP 板面对太阳辐射的吸收,从而实现 q_s 随 t 的变化规律;路表有效辐射用 Interaction 模块的 Surface radiation 功能定义,根据已公开文献中的数据和参数绘制 Amplitude 变温曲线,实现对 q_F 的模拟。由于路基路面的保温作用,路床底部日变化幅度很小,假设底面初始温度 20℃;假定 CRCP 只在板面散热,其他面默认为绝热面。

5.2.2 温度参数的修正和计算

经过 4 个周期(96h)的计算,得到高、低温季节 CRCP 的温度场计算值、温度沿深度方向的分布、热通量随时间的变化曲线,如图 5-4 ~ 图 5-9 所示。

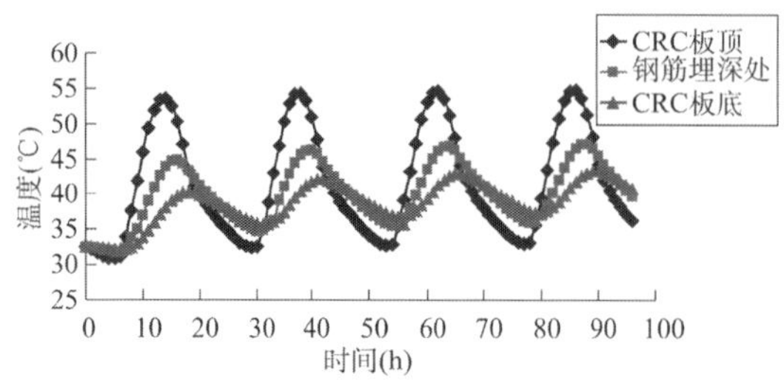

图 5-4　高温季节 CRCP 的温度场(4 个周期)

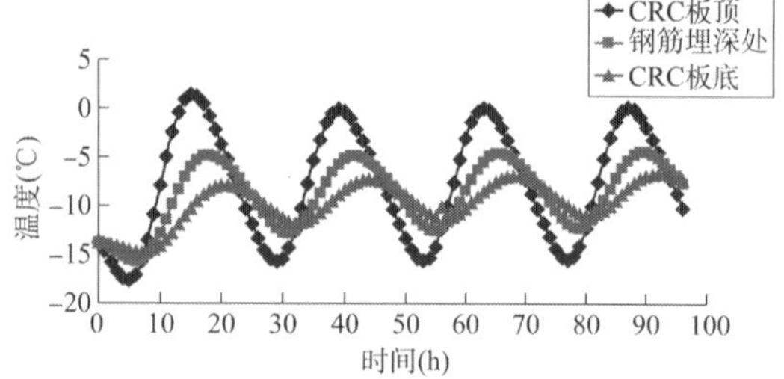

图 5-5　低温季节 CRCP 的温度场(4 个周期)

由图 5-4、图 5-5 可知:

(1)钢筋埋深位置的温度曲线与大气温度曲线相比,周期相同,但是振幅偏小。其相位相对于 CRC 板底面温度曲线要超前,相对于 CRC 板上表面温度曲线要滞后。

(2)高温季节,钢筋埋置位置的温度场的振幅不断增加并最终趋于稳定。这是因为高温季节,路面吸收的热量大于放出的热量,随着残余热量的积累,温度不断升高,最终趋近于环境温度;低温季节则正好相反。

(3)高温季节,钢筋埋深位置的温度峰值出现在下午 4 点,谷值出现在上午 6 点;低温季节,钢筋埋深位置的温度峰值出现在下午 6 点,谷值出现在上午 7 点。

(4)钢筋埋深位置的年最高温度为 47.17℃,最低温度为 -12.35℃。因此,ΔT 应由 64℃修正为 59.53℃。这是由于钢筋上层的混凝土具有隔热作用。

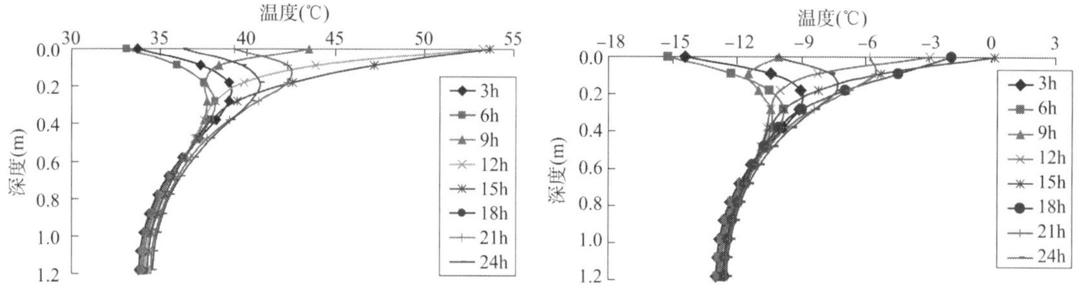

图 5-6　高温季节不同时刻温度沿深度的分布(第 4 个周期)　图 5-7　低温季节不同时刻温度沿深度的分布(第 4 个周期)

由图 5-6、图 5-7 可知:CRCP 面板由于厚度较薄(0.18m),温度沿深度方向的分布呈线性。基层以下(大约距板顶 0.2m)呈现非线性。在路床深处,温度梯度则逐渐衰减为 0。因此,当 CRC 板较薄时,温度梯度近似为上下面温差与厚度比值。

由图 5-8、图 5-9 可知:路面内部的热通量也表现一定的周期性。钢筋埋深处热通量变的化振幅比路表要小,这是因为路表的热流除了自身导热外,还受到辐射热和对流热的影响。热通量的变化幅值随着深度的增加而衰减,说明混凝土层有着良好的隔热效果。

第 4 个周期 CRCP 面层温度梯度随时间变化关系如图 5-10 所示。

(1)正、负温度梯度均表现一定周期性。

(2)高温季节,上午 8 点到下午 6 点,CRC 板受正温度梯度的作用,于下午 1 点达到最大正温度梯度 76.48℃/m;其他时间受负温度梯度影响,于凌晨 3 点达到最小负温度梯度 -29.29℃/m。

(3)低温季节,上午 9 点到下午 9 点受正温度梯度的影响,在下午 2 点达到最大正温度梯度 46.56℃/m;其他时间受负温度梯度影响,在凌晨 4 点达到最大负温度梯度 -31.55℃/m。

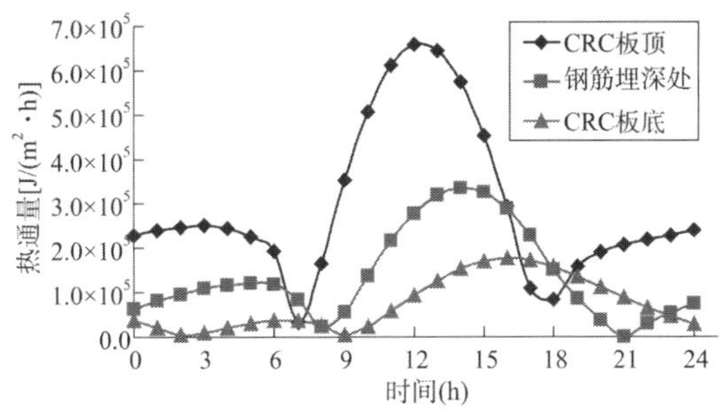

图 5-8　高温季节不同时刻的热通量(第 4 个周期)

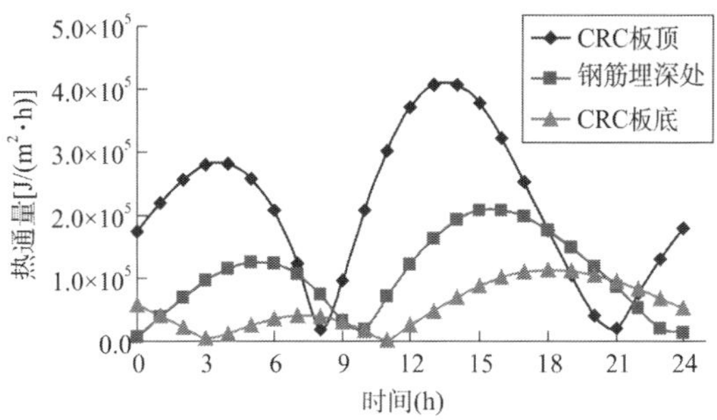

图 5-9　低温季节不同时刻的热通量(第 4 个周期)

5.2.3　温度场数值模拟的验证

根据已有文献对 CRC + AC 刚柔复合式路面温度场的实测,用实测温度验证有限元模型的合理性,验证模型采用的路面结构为:AC 层厚 10cm;基层厚 40cm;路床厚 80cm。AC 层的太阳辐射吸收系数 α_s 取 0.85,黑度 ε 取 0.93。材料的热力学参数、建模的基本方法、边界条件和计算理论参见相关文献。由于初始温度采用 0 点的实测温度,故无须考虑初始温度对温度场计算带来的误差,有限元分析取 1 个周期(24h)计算,结果如图 5-11 所示。

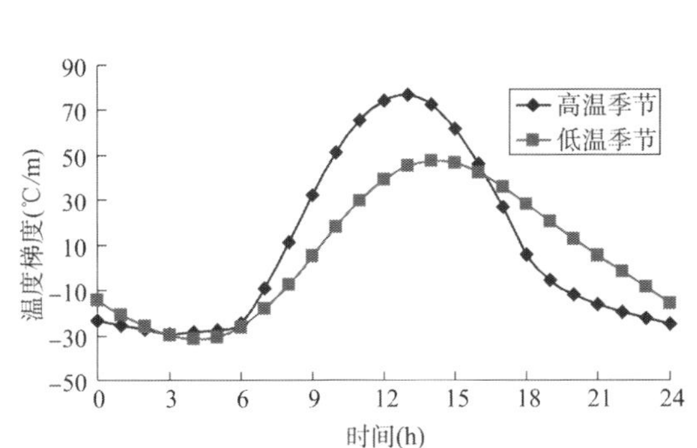

图 5-10　CRCP 不同时刻的温度梯度(第 4 个周期)

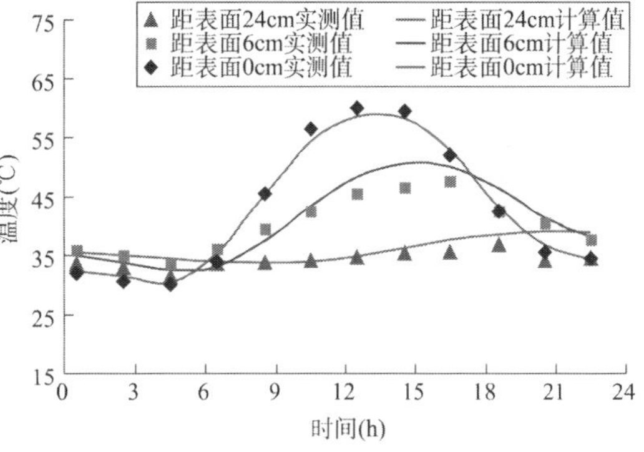

图 5-11　有限元计算的验证

由图 5-11 可知,温度场的有限元计算值与实际测值的符合程度较好。最大相对误差为 3.7%,符合工程精度(5%)的要求。故有限元计算被证明合理。

5.2.4　温度参数的影响性分析

在分析纵向配筋温度参数(最大温差和温度梯度的极值)的影响因素时,模型的基本参数同表 5-1。在分析某个因素的敏感性时,采用简单对比试验,即基本参数保持不变,对该参数则赋予不同的取值水平。在有限元建模时,材料的热力学性质主要涉及热传导率和比热容两个参数。钢筋对温度场几乎无影响,主要考虑 CRC 板混凝土材料性能的影响。模型的几何尺寸与表 5-1 保持一致,钢筋布置在板中位置。

(1)板厚对温度参数的影响。

CRC 板的厚度分别取 0.18m、0.25m、0.30m、0.35m 和 0.40m,钢筋统一布置在距板顶 0.10m 处。最大温度梯度与板厚的关系如图 5-12 所示。

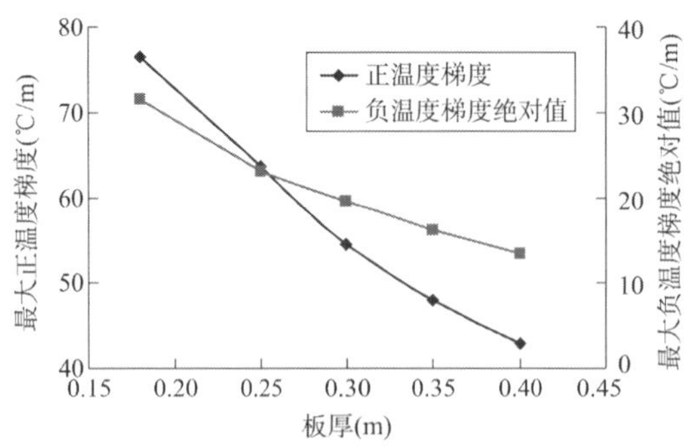

图 5-12　温度梯度极值与板厚的关系

经计算,CRC 板厚每增加 0.05m,钢筋位置的 ΔT_{ζ} 约增加 0.03℃,板厚对 ΔT 的影响忽略不计。由图 5-12 可知,板厚对温度梯度的影响较大,最大温度梯度随板厚的增加而减小。例如:当板厚由 0.18m 变化到 0.25m 时,最大正温度梯度减小了 16.77%,最大负温度梯度减小了 26.98%。相关文献取 22cm 为标准厚度,提出了用温度梯度修正系数来考虑水泥混凝土板厚对最大正温度梯度的影响(表 5-2)。根据表 5-2,最大正温度梯度随板厚的变化趋势与图 5-12 一致。例如:当板厚由 0.18m 变化到 0.25m 时,表 5-2 中最大正温度梯度减小了 17.57%,图 5-12 中最大正温度梯度减小了 16.77%。这也验证了有限元计算的合理性。

水泥混凝土路面板不同厚度的温度梯度修正系数　　表 5-2

板厚(m)	0.18	0.20	0.22	0.24	0.26	0.28	0.30	0.32	0.34	0.36
修正系数	1.11	1.05	1.00	0.94	0.89	0.84	0.79	0.75	0.71	0.67

(2)配筋位置对温度参数的影响。

CRC 板的厚度取 0.35m,板内不同深度位置的 ΔT 如图 5-13 所示。

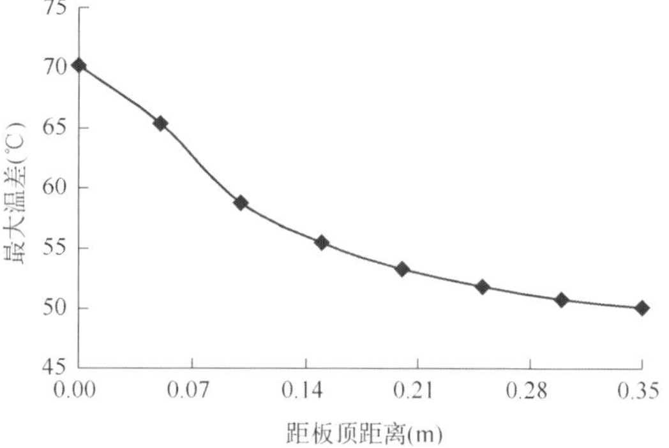

图 5-13　配筋位置对最大温差的影响

ΔT 随着深度的增加而减小。这是因为钢筋以上的混凝土层有着一定的隔热效果。现行规范建议将钢筋布置在距 CRC 板顶 9cm 和板中位置之间,此时,ΔT 为 54 ~59℃。因此,考虑配筋位置的影响时,本例钢筋埋置位置的 ΔT 的实际值要比规范法(ΔT =64℃)平均小 10% 以上,最大达到 16%。说明对于 ΔT,钢筋的布置深度是个重要因素。

根据前面分析,板厚对 ΔT 的影响不大,故在相同气候条件下,上述规律可以适用于其他板厚的情况。现行规范的 CRCP 配筋率设计未考虑配筋位置的影响,不够合理。

(3)水泥混凝土热传导率对温度参数的影响。

水泥混凝土热传导率[一般为 0.5 ~1.75W/(m・℃)]对纵向配筋温度参数的影响见图 5-14、图 5-15。当热传导率从 0.5W/(m・℃)增加到 1.75W/(m・℃)时,钢筋埋深处的年最大温差仅增加了 7%,说明混凝土热传导率对 ΔT 有一定影响。负温度梯度最大仅相差 3.6℃/m,正温度梯度最大相差 39.22℃/m。因此,热传导率对正温度梯度的影响最为明显,为降低温度翘曲应力,建议使用传热性能较好的水泥混凝土作为 CRC 板材料。

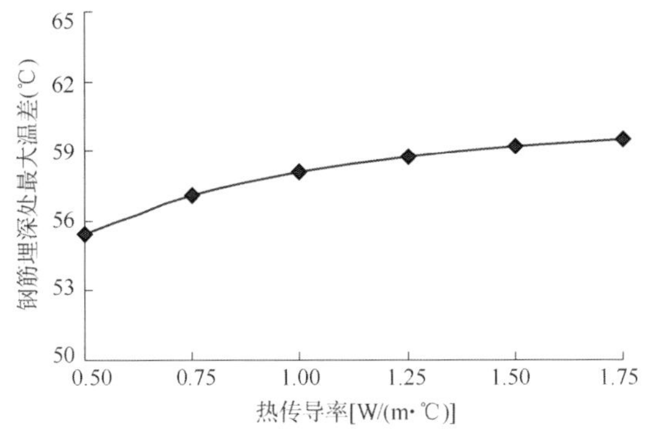

图 5-14　混凝土热传导率对最大温差的影响

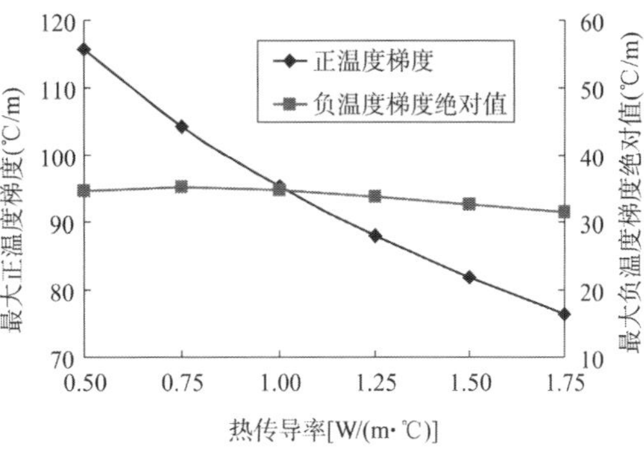

图 5-15　混凝土热传导率对温度梯度的影响

(4)水泥混凝土比热容对温度参数的影响。

水泥混凝土比热容 C[一般为 800 ~ 1200J/(kg · ℃)]对纵向配筋温度参数的影响见表 5-3。三个参数均随比热容的增加而递减,但是减小的幅度并不明显。因此,CRC 板混凝土的比热容对 CRCP 纵向配筋影响可以忽略不计。

混凝土比热容对最大温差和温度梯度的影响　　表 5-3

比热容[J/(kg · ℃)]	800	900	1000	1100	1200
最大温差(℃)	60.53	59.98	59.42	58.92	58.44
最大正温度梯度(℃/m)	76.74	76.64	76.40	76.05	75.61
最大负温度梯度(℃/m)	31.39	31.36	31.25	31.09	30.86

5.3　双层配筋 CRCP 路面配筋率设计指标的修正

5.3.1　利用规范计算双层配筋 CRCP 路面配筋率的不足

(1)对双层配筋 CRCP 路面配筋率的公式没有明确规定,根据最新发布的《公路水泥混凝土路面设计规范》(JTG D40—2011)中附录 D 的计算公式,仅针对 CRCP 路面中三大设计指标提供了计算公式,对双层配筋 CRCP 路面需要分别对上下层钢筋进行单独计算,并依据附录 D 中的 D.0.4 的纵向配筋率计算步骤进行配筋率设计,这样的配筋率计算公式在应用于双层配筋 CRCP 路面时,往往导致其配筋率方案是单层 CRCP 路面配筋率的两倍,这会大幅度增加设计配筋率并增加双层配筋 CRCP 路面的工程预算和投资,非常不利于这种高性能路面的推广。

(2)针对上下层钢筋的布置位置没有明确界定,以面板厚度为 30cm 为例,按照《公路水泥混凝土路面设计规范》(JTG D40—2011)要求出于保护上层钢筋的目的角度上层纵向钢筋距离板顶至少为 90mm 且埋深不超过 1/2 板厚,但下层钢筋的布置位置不存在考虑纵向钢筋因面层结构病害的裸露问题设置保护距离,虽然现有研究利用有限元软件等数学计算方法初步证明上下层钢筋网分别布设在板厚的上 1/3 处和下 1/3 处时,路面的结构设计最为合理,但是缺乏相关的双层配筋 CRCP 实体工程的后续实测数据跟踪用来佐证。

(3)从病害角度考虑,规范规定 CRCP 路面的三大设计指标中的钢筋应力应始终小于其屈服强度,并在适当条件下增大配筋率留有一定的安全余度。因为双层配筋 CRCP 路面在施工过程中均采用较为保守的配筋率设计,即为了防止路面的结构病害保证道路的使用性能,尽可能延长道路的使用寿命,配筋率设计一般均接近相同条件下单层 CRCP 路面配筋率的两倍设置,双层配筋 CRCP 路面的病害调查结果显示,较高的配筋率使得钢筋和混凝土内部的自身应力大大降低,即使路面面层结构严重破坏、出现钢筋裸露的情况,也未出现钢筋应力超过其屈服应力而断裂。

5.3.2 双层配筋 CRCP 路面配筋率的设计值修正

故针对上述不足之处,路面配筋率的设计值修正的基本原理是:首先根据拟建双层配筋 CRCP 道路的设计参数确定初步配筋方案,确定上下层钢筋初拟配筋率及配筋位置;然后根据式(4-5)和式(4-7)计算上下层钢筋间的不同配筋率 ρ 和配筋位置 LOC_s 对横向裂缝宽度产生的变化值,计算得 Δb_j和 $\Delta b_j'$;以横向裂缝缝隙平均宽度为第一控制指标,根据规范规定,连续配筋混凝土路面的裂缝宽度值 b_j应小于或等于 0.5mm,计算得出的 Δb_j和 $\Delta b_j'$在规范规定的 0.5mm 基础上对横向裂缝宽度值进行校正,即初步配筋方案计算得出的 b_j值应满足:

$$b_j \leqslant 0.5 + [\Delta b_j, \Delta b_j']_{\min} \tag{5-2}$$

式中:b_j——初步配筋方案计算得出的横向裂缝宽度值,mm;

Δb_j——不同配筋位置 LOC_s 造成的横向裂缝宽度变化值,mm;

$\Delta b_j'$——不同配筋率 ρ 造成的横向裂缝宽度变化值,mm。

最后依据《公路水泥混凝土路面设计规范》(JTG D40—2011)中附录式(D.0.3-1)计算钢筋应力 σ_s,进行保守设计验算。

5.4 双层配筋 CRCP 配筋率设计实例

5.4.1 双层配筋 CRCP 配筋率设计步骤

现行规范并没有关于双层配筋 CRCP 纵向配筋率控制指标的计算公式以及参考值,其横向裂缝宽度控制值的计算也不够合理。故有必要针对双层配筋 CRCP 的配筋率设计开展研发,确定双层配筋 CRCP 的配筋率设计指标控制值,精准、科学、合理地设计双层配筋 CRCP 工程的配筋率。研发一种双层连续配筋混凝土路面配筋率控制指标的确定方法,不仅可以解决现行规范中没有关于双层配筋 CRCP 的配筋率控制指标的问题,而且确定的配筋率控制指标可用于配筋率设计,对科学合理地设计双层配筋 CRCP 配筋率有重要意义,也可以填补现行行业规范关于双层配筋 CRCP 配筋率设计的空白。双层配筋 CRCP 配筋率设计步骤如下:

步骤一,初拟上下层钢筋的配筋率及配筋位置;

步骤二,根据不同配筋位置下的横向裂缝宽度变化值 Δb_j的计算公式:

$$\Delta b_j = 0.01734 \times \Delta LOC_s + 0.00817 \times \Delta LOC_{s上} - 0.81947$$

式中:Δb_j——不同配筋位置下的横向裂缝宽度变化值,mm;

ΔLOC_s——上、下层钢筋间距,cm;

$\Delta LOC_{s上}$——上层钢筋距板顶距离,mm。

计算不同配筋位置下的横向裂缝宽度变化值 Δb_j；

步骤三，根据不同配筋率下的横向裂缝宽度变化值 $\Delta b_j'$的计算公式：

$$\Delta b'_j = 0.10948 \times \rho_{下} - 0.0710 \times \rho_{下}^2 + 0.2265 \times \rho_{上} - 0.35566 \times \rho_{上}^2 + 0.22655$$

式中：$\Delta b'_j$——不同配筋率下的横向裂缝宽度变化值，mm；

$\rho_{上}$——上层钢筋配筋率，%，$0.60\% \leqslant \rho_{上} \leqslant 1.20\%$；

$\rho_{下}$——下层钢筋配筋率，%，$0.60\% \leqslant \rho_{下} \leqslant 1.20\%$。

计算不同配筋率下的横向裂缝宽度变化值 $\Delta b'_j$。

步骤四，根据 Δb_j和 $\Delta b'_j$值，确定出双层配筋 CRCP 横向裂缝宽度控制值：

$$b_j \leqslant 0.5 + [\Delta b_j, \Delta b'_j]_{\min}$$

式中：b_j——双层配筋 CRCP 横向裂缝宽度控制值，mm。

双层配筋 CRCP 横向裂缝宽度控制值b_j即双层配筋 CRCP 配筋率控制指标。

5.4.2　双层配筋 CRCP 配筋率设计实例

结合南方某双层配筋 CRCP 实体工程数据，基本计算参数为：混凝土板厚$h_c = 0.3$m。混凝土材料采用 C35，抗折强度$f_r = 5.0$MPa，弹性模量$E_c = 31.5$GPa，线膨胀系数$\alpha_c = 1.0 \times 10^{-5}$/℃，干缩应变$\varepsilon_{sh} = 3.0 \times 10^{-4}$；上下层纵向钢筋均为 HRB400，屈服强度$f_{sy} = 400$MPa，$\Delta T = 30$℃。基层与 CRC 板间摩阻力系数$K_c = 53.3$MPa/m。

步骤一，根据上述基本参数以及规范要求确定初步配筋方案，初拟上下层钢筋的配筋率及配筋位置。上层纵向钢筋直径$d_s = 16$mm，下层纵向钢筋直径$d_s = 20$mm，间距 $b = 160$mm，上层钢筋配筋率 $\rho_{上} = 1.18\%$，下层钢筋配筋率 $\rho_{下} = 1.18\%$，弹性模量$E_s = 2.0 \times 10^5$MPa，线膨胀系数$\alpha_s = 1.2 \times 10^{-5}$℃$^{-1}$。上层钢筋距板顶距离 $\Delta LOC_{s上} = 100$mm，上、下层钢筋间距 $\Delta LOC_s = 10$cm。

步骤二，根据不同配筋位置下的横向裂缝宽度变化值 Δb_j的计算公式：

$$\begin{aligned}\Delta b_j &= 0.01734 \times \Delta LOC_s + 0.00817 \times \Delta LOC_{s上} - 0.81947 \\ &= 0.01734 \times 10 + 0.00817 \times 100 - 0.81947 \\ &= 0.17093\end{aligned}$$

式中：Δb_j——不同配筋位置下的横向裂缝宽度变化值，mm；

ΔLOC_s——上、下层钢筋间距，cm；

$\Delta LOC_{s上}$——上层钢筋距板顶距离，mm。

计算不同配筋位置下的横向裂缝宽度变化值 $\Delta b_j = 0.17093$。

步骤三，根据不同配筋率下的横向裂缝宽度变化值 $\Delta b_j'$的计算公式：

$$\begin{aligned}\Delta b_j' &= 0.10948 \times \rho_{下} - 0.0710 \times \rho_{下}^2 + 0.2265 \times \rho_{上} - 0.35566 \times \rho_{上}^2 + 0.22655 \\ &= 0.10948 \times 1.18\% - 0.0710 \times 1.18\%^2 + 0.2265 \times 1.18\% - 0.35566 \times 1.18\%^2 + 0.22655 \\ &= 0.23043\end{aligned}$$

式中：$\Delta b_j'$——不同配筋率下的横向裂缝宽度变化值，mm；

$\rho_{上}$——上层钢筋配筋率，%，$0.60\% \leqslant \rho_{上} \leqslant 1.20\%$；

$\rho_{下}$——下层钢筋配筋率，%，$0.60\% \leqslant \rho_{下} \leqslant 1.20\%$。

计算不同配筋率下的横向裂缝宽度变化值 $\Delta b_j'=0.23043$。

步骤四，根据 Δb_j 和 $\Delta b_j'$ 值，确定出双层配筋 CRCP 横向裂缝宽度控制值：

$$b_j \leqslant 0.5+[\Delta b_j,\Delta b_j']_{\min}=0.5+[0.17093,0.23043]_{\min}=0.67093$$

式中：b_j——双层配筋 CRCP 横向裂缝宽度控制值，mm。

双层配筋 CRCP 横向裂缝宽度控制值 $b_j=0.67093$mm 即双层配筋 CRCP 配筋率控制指标，可根据双层配筋 CRCP 配筋率的控制指标确定双层配筋 CRCP 的配筋率。

5.4.3 配筋率设计方法优势

(1)可以解决现行规范没有关于双层配筋 CRCP 的配筋率控制指标的问题，而且确定的配筋率控制指标可用于配筋率设计，对科学合理地设计双层配筋 CRCP 配筋率有重要意义，也可以填补现行行业规范关于双层配筋 CRCP 配筋率设计的空白。

(2)针对现行规范没有关于双层配筋 CRCP 的配筋率控制指标的问题开展研发，首先初步推导出不同配筋位置下的横向裂缝宽度变化值 Δb_j 的计算公式和不同配筋率下的横向裂缝宽度变化值 $\Delta b_j'$ 的计算公式，运用弹性力学、理论力学等经典力学理论分析了温缩作用下双层配筋 CRCP 的应力和位移方程，结合南方某双层配筋 CRCP 实体工程数据验证了双层配筋 CRCP 有限元模型，并以此为基础，通过修改 inp 文件实现快速大量的模拟计算，计算过程中选取包括混凝土弹性模量(E_c)、钢筋弹性模量(E_s)、混凝土线膨胀系数(α_c)、钢筋线膨胀系数(α_s)在内的 11 项影响双层配筋 CRCP 配筋率的设计参数，用 L_{50}(511)表设计配筋因子的正交试验方案，运用有限元分析法对正交试验方案进行计算，根据规范规定，采用混凝土控制应力 σ_c、纵向钢筋控制应力 σ_s、横向裂缝宽度 b_j 作为评价指标，通过极差分析、方差分析和显著性评价判断各设计参数的敏感性和影响水平的显著性，指出双层配筋 CRCP 内钢筋位置和配筋率的不同组合变化对横向裂缝宽度和横向裂缝间距值带来较大差异，运用数理统计和分析以横向裂缝宽度作为评价指标，探究钢筋位置和配筋率两项配筋率设计参数的取值水平变化时，控制指标横向裂缝宽度的变化规律；结合现行规范中对连续配筋混凝土路面的控制指标和工程应用中反馈的计算误差，对初步推导的公式进行反复调整、修正后得到 Δb_j 和 $\Delta b_j'$ 的计算公式，进而确定双层配筋 CRCP 横向裂宽度控制值 b_j。推导过程中，与现有研究方法相比，本方法的配筋率控制指标的确定方法更加科学合理。

(3)对于双层配筋 CRCP 配筋率设计，可解决我国双层配筋 CRCP 实体工程建设中配筋率采用保守设计而导致设计值偏大的问题。我国双层配筋 CRCP 实体工程建设中，纵向配筋率设计一般按照现行规范中的计算公式分别对上、下层钢筋的配筋率进行计算，虽然这种方法可以有效改善面层结构内部的受力状态和路面结构的整体强度，并有效避免双层配筋 CRCP 因裂缝而产生的后期病害，但是却过于保守，建设中增加配筋率会产生不必要的资源浪费和造价过高的问题。本方法可在满足工程要求的前提下，在合理范围降低双层配筋 CRCP 纵向配筋率值，可以产生极大的社会经济价值。

(4)经过双层配筋 CRCP 试验路的实践检验，在裂缝类病害控制中表现良好，均符合规范要求。且并未出现接缝处渗水、啃边、破碎等病害的问题，并在水系丰富或排水不畅的不良条件下具有更强的适应性。本方法有助于双层配筋 CRCP 在我国城市道路和高速公路建设中的推广，为城市重载交通环境下的道路建设和高速公路路面结构选择提供更多建设方案。

第 6 章　双层配筋 CRCP 优势及结构优化

为探究双层配筋 CRCP 在道路中重载交通下的适应性，本章将运用仿真软件对素水泥混凝土、单层配筋 CRCP 与双层配筋 CRCP 在重载交通、地基不良与板底脱空等不利状况下的力学响应进行分析，以确定双层配筋 CRCP 的适用性及优势。针对目前水泥混凝土路面的结构特征和缺陷，还对双层连续配筋混凝土路面（CRCP）的结构优化进行了研究，为 CRCP 合理设计提供理论依据和参考。

6.1　双层配筋 CRCP 的不利条件下的应力分析

6.1.1　重载条件下的荷载应力分析

在我国的交通运输中，重载的情况非常普遍，重轴载占据的比重日益增大。重载给路面带来加速破坏的原因是：当路面处于重载超载荷载作用时，车轮与路面的接触面基本保持不变，而荷载给接触面施加的压力增加，导致接触面内压强增加，从而使得短时间内在路面板中产生的拉应力与疲劳应力超出设计的要求。为探讨三种路面方案对重载的适应性，在不同荷载作用下，对三种路面方案进行荷载应力分析。根据相关文献，接地压强 p 与车辆轴载 P 的关系可以用下式表示：

$$\frac{p_1}{p_2}=\left(\frac{P_1}{P_2}\right)^2 \tag{6-1}$$

式中：P_1——重轴载；

P_2——标准轴载；

p_1——重载轮胎接地压强；

p_2——标准轮胎接地压强。

由式(6-1)计算得到的重载轮胎接地压强以及在相应接地压强的作用下，双层布筋方案与单层布筋方案受荷板板底最大横向拉应力、受荷板最大竖向位移。由上式可得，当轴载从 100kN 增加到 200kN、300kN、400kN 时，即与标准轴载的比例从 1 到 2、3、4 时，路面接地压强从 0.7MPa 增加到 1.10MPa、1.43MPa、1.72MPa。以接地压强进行路面荷载应力分析，计算结果见表 6-1，其规律图如图 6-1、图 6-2 所示。

重载状况下应力与位移的计算结果 表 6-1

与标准轴载的比例		1	2	3	4
素水泥混凝土	最大拉应力(MPa)	0.4211	0.6462	0.8400	1.0104
	最大竖向位移(mm)	0.1568	0.2464	0.3203	0.3853
双层配筋 CRCP	最大拉应力(MPa)	0.4448	0.6990	0.9086	1.0930
	最大竖向位移(mm)	0.1271	0.1997	0.2596	0.3123
单层配筋 CRCP	最大拉应力(MPa)	0.4379	0.6881	0.8946	1.0760
	最大竖向位移(mm)	0.1302	0.2046	0.266	0.3214

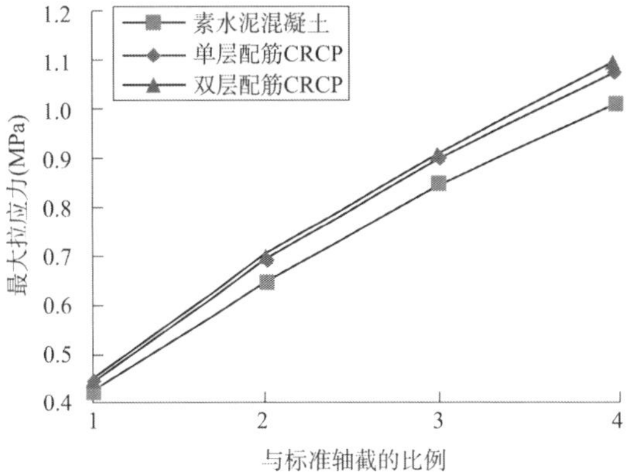

图 6-1 最大拉应力变化规律图

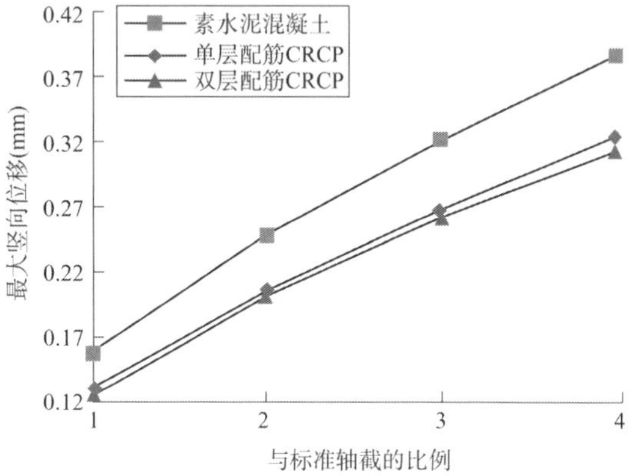

图 6-2 最大竖向位移变化规律图

从表 6-1 和图 6-1、图 6-2 中可以得到以下结论：

(1)在相同荷载作用下，三种方案最大拉应力从大到小为：双层配筋 CRCP、单层配筋 CRCP、素水泥混凝土路面；而且后两者的数值很接近，说明钢筋与混凝土有着良好的耦合作用，从而将钢筋处的刚度提高，承受更多的荷载应力，即增加板底拉应力；当荷载变大时，三种方案最大拉应力都呈现增加的趋势。

(2)当与标准轴载的比例从 1 增加至 4 时，素水泥混凝土、单层配筋 CRCP、双层配筋 CRCP 最大竖向位移分别增加了 0.2285mm、0.1912mm、0.1852mm，双层配筋 CRCP 最大竖向位移增加量平均分别比单层配筋 CRCP、素水泥混凝土少 3.14%、16.3%。说明在重载状况下双层配筋 CRCP 面板抗变形能力最强，能较好地适应重载交通的环境。

6.1.2 地基不良下的适应性分析

随着城市交通的发展，市政道路自身的要求也越来越高。不同于一般道路，市政道路的显著特点是底下构造物很多，包括雨水管、污水管、窨井以及经查井等。武汉青王公路就在车道设置了雨水管和污水管，管道在出现破损时也需要翻修。同时，为了满足居民生活，市政道路在改造时有时会进行拓宽，如武汉青王公路将多出的直道边界式站点变为港湾式公交站点，但管道的布置以及路面扩宽都会给路基路面带来一定程度的不利影响。

路基拓宽或有管道翻修时给路基路面带来不利影响的实质原因是：回填土的模量带来了路基局部刚度的改变。地基的沉降可以看成是一段段微小位移的累计，迫使地基位移的作用主要有两个:行车荷载与自身重量。在作用相同时,影响位移量的因素有两个:累计时间与位移速度。新老地基之所以会产生沉降,原因便是在同一累计时间段内,位移速度不同,老路基由于压实度高,密度接近了最大压实密度,即刚度大,所以每一次的位移几乎都可以忽略不计,而新路基由于不像老路经过长期的位移累计,密实度不如老路基高,即刚度小,还存在产生塑性累计变形、提高自身刚度的可能性,所以在相同的作用力的前提下,位移速度比老路基的大,随着时间的推移,累计位移便增大,即产生差异沉降。拓宽区域与行车道设置了施工缝,因此可以看成一个独立的车道,路基回弹模量设置为90MPa与80MPa两种不良状况情况。计算结果见表6-2,最大拉应力与最大竖向位移规律如图6-3、图6-4所示。

土基回弹模量不同下的力学响应 表6-2

路基回弹模量(MPa)		100	90	80
素水泥混凝土	最大拉应力(MPa)	0.4211	0.4217	0.4224
	最大竖向位移(mm)	0.1568	0.1669	0.1792
双层配筋 CRCP	最大拉应力(MPa)	0.4448	0.4459	0.4471
	最大竖向位移(mm)	0.1271	0.1359	0.1460
单层配筋 CRCP	最大拉应力(MPa)	0.4379	0.4407	0.4418
	最大竖向位移(mm)	0.1302	0.1394	0.1496

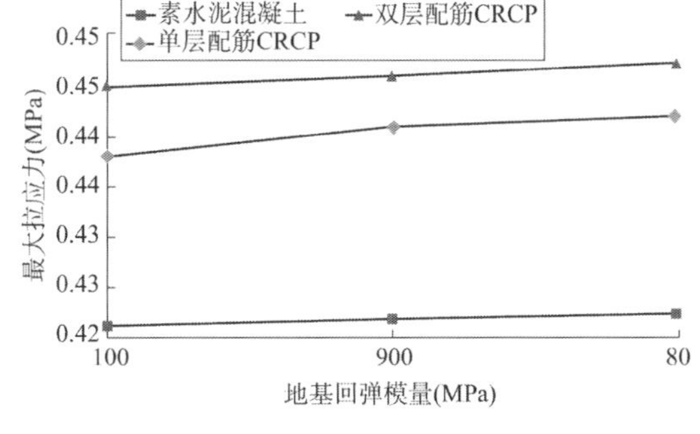

图6-3 最大拉应力变化规律图

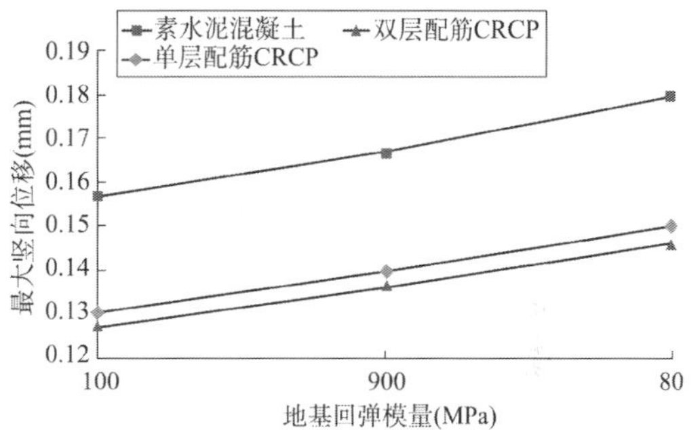

图6-4 最大竖向位移变化规律图

从表6-2和图6-3、图6-4中可以得出以下结论:

(1)在土基回弹模量相同时,三种路面方案最大拉应力从小到大为:素水泥混凝土、单层配筋CRCP、双层配筋CRCP,这是因为钢筋与混凝土耦合良好,改变了局部刚度,使得局部地区承受更多的拉应力;当地基回弹模量减少时,三种方案的最大拉应力都呈现增加的趋势,说明三种路面方案均不能完全避免地基薄弱带来的不利影响。

(2)在相同土基回弹模量相同时,三种方案最大竖向位移从大到小为:素水泥混凝土、单层配筋CRCP、双层配筋CRCP,说明钢筋的加入可以减小最大竖向位移。并且在相同的配筋率下,当土基回弹模量从100MPa变化至80MPa过程时,双层配筋CRCP最大竖向位移增加了0.0189mm比单层配筋CRCP的增加量0.0194mm少3.93%,说明双层配筋CRCP在土基回弹模量下降时具有更强的适应能力。

6.1.3 双层连续配筋混凝土路面板底脱空受荷分析

板底脱空是所有水泥路面在运营阶段常见和很难避免的病害,会加速路面出现开裂、断板等破坏,城市道路中水泥路面的板底脱空与雨水冲刷有较大的相关性。双层配筋 CRCP 路面结构采用双层配筋,在混凝土板中构成结构层能够改善路面的受力状态和传荷能力,从而提高路面整体承载能力。在有裂缝出现的情况下,上层钢筋会起到延缓裂缝向上发展速度的作用,在板底有脱空的情况下,下层钢筋会分担混凝土的拉应力,减少混凝土大开裂出现的可能性,降低面层出现断板的概率。仿真分析中,可通过在板底与基层表面之间设置规则的空隙,实现对脱空区域的模拟。

6.1.3.1 混凝土板底脱空成因分析

板底脱空是多种因素综合作用产生的结果,可以从车辆荷载、施工因素、雨水影响几个方面进行分析。

(1)车辆荷载。

在车辆荷载的作用下,混凝土板会产生弯沉,并且带动基层及地基产生相应变形,在车辆离开后,混凝土板恢复原状,而基层及地基会残留有一部分不可恢复的塑性变形。尽管一次车辆荷载作用导致基层残留的塑性变形量很小,但是,随着行驶车辆的反复作用,基层及地基的塑性变形不断累积,从而导致基层与混凝土板底没有连续的紧密接触,使得混凝土板与基层分离,形成脱空。前述研究表明:双层配筋方案的受荷板最大竖向位移比单层配筋方案受荷板最大竖向位移小 15.63%,所以双层配筋的情况下由于基层塑性变形累积造成的脱空程度小于单层配筋的方案。

(2)施工因素。

在施工过程中,压实度不足、材料质量不满足要求、养护不到位等施工不当的情况都会造成板底脱空的出现。例如高填方路堤若没有经过足够的时间来沉降,往往就会造成板底局部支承力不足的情况出现。

(3)雨水影响。

随着荷载和温度的综合作用,横向裂缝会进一步发展,逐步变宽,降雨就可以通过较宽的横向裂缝缝隙渗入板底对基层材料冲刷侵蚀,造成基层集料流失,如果基层细集料过多,就会在水的渗透和冲刷下使细集料流失,冻融和干湿循环也会对基层造成不利影响,从而造成板底脱空。

6.1.3.2 板中底部局部脱空模拟方案

实际工程中,板底脱空的情况很复杂,脱空区的形状一般不规则,与路面状态的实际情况有关,研究中对脱空区进行简化。在前文的论述中,混凝土面层板以下结构层采用温克勒弹性地基模型,用地基反应模量值来表征混凝土面层板板底部支撑力的大小,因此,可以将混凝土板底部分为正常区域和薄弱区域,正常区域地基反应模量取值 K_z,薄弱区域地基反应模量取值 K_b,较 K_z 有所减小。通过薄弱区不同的地基反应模量 K_b 来表征不同程度的脱空程度,如图 6-5 所示。图中阴影区域为薄弱区域,板中底部局部脱空、缝侧受荷。

6.1.3.3 不同钢筋布置方案比较分析

分别建立双层布筋和单层布筋在混凝土板底部完全支撑、板中底部脱空的有限元分析模型,局部脱空面积取 1.0m × 1.0m,正常区地基反应模量 K_d 取 200MPa/m,薄弱区地基反应模量 K_b 为正常区地基反应模量的 1/2,其他计算模型的参数取值如前文所述。

双层布筋方案:上、下两层钢筋对称布置,且布置方式均为 25cm × 16cm,上层钢筋布置在距面层板顶面 0.1m 处(即面层板上 1/3h 处);下层钢筋布置在距面层板底面 0.1m 处(即面层板下 1/3h 处)。

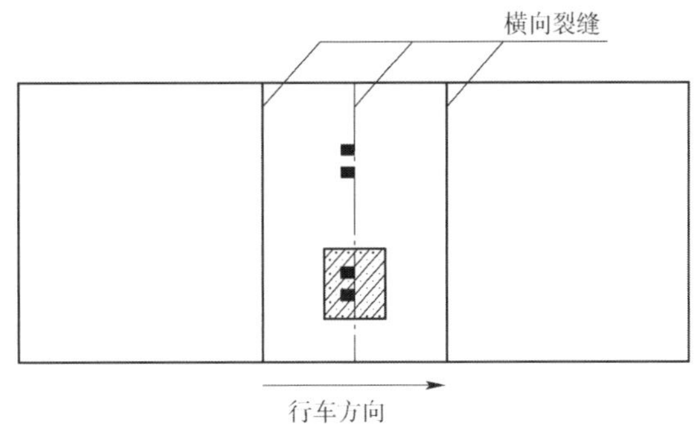

图 6-5　板中底部局部脱空受荷示意图

单层布筋方案:将纵向钢筋布置在距面层板顶面 0.15m 处(即面层板 1/2h 处),且钢筋布置方式为 50cm × 8cm。

计算结果见表 6-3,受荷板板底横向拉应力沿板宽方向变化趋势如图 6-6 所示,受荷板竖向位移沿板宽方向变化趋势如图 6-7 所示。

不同布筋方案有限元计算结果　　表 6-3

配筋方案	面板底部支撑情况	受荷板板底最大横向拉应力 σ_c (MPa)	受荷板最大竖向位移 U_c (mm)
双层配筋	完全支撑	0.5714	-0.1755
	局部脱空	0.6369	-0.1954
单层配筋	完全支撑	0.5621	-0.2080
	局部脱空	0.6419	-0.2361

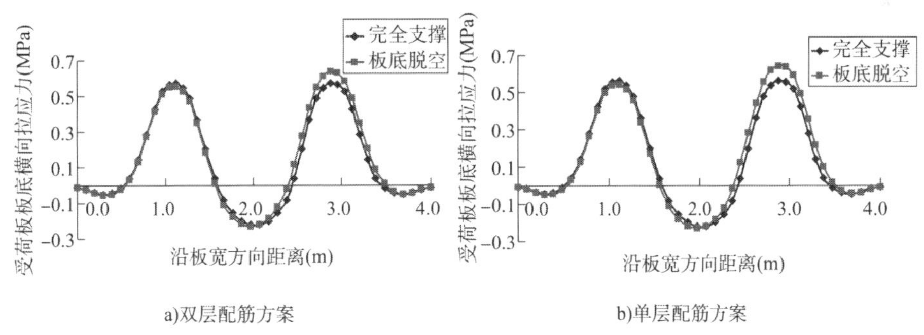

图 6-6　受荷板板底横向拉应力沿板宽方向变化趋势

结合表 6-3 和图 6-6、图 6-7 可以得到以下结论:

(1)在板中底部局部脱空的情况下,双层配筋、单层配筋这两种方案的受荷板板底最大横向拉应力和受荷板最大竖向位移都将增大。混凝土板底完全支撑与局部脱空,双层配筋、单层配筋这两种方案的受荷板板底最大横向拉应力分别增大 10.28%、12.43%,受荷板最大竖向位移分别增大 10.18%、11.90%,双层配筋方案较单层配筋方案增幅小,即双层配筋方案能够更好地维持混凝土板的稳定来应对板中底部存在局部脱空的情况。

(2)在板中底部存在局部脱空的情况下,双层配筋方案与单层配筋方案的受荷板板底最大横向拉应力差别不大,但双层配筋方案比单层配筋方案的受荷板最大竖向位移小17.24%。

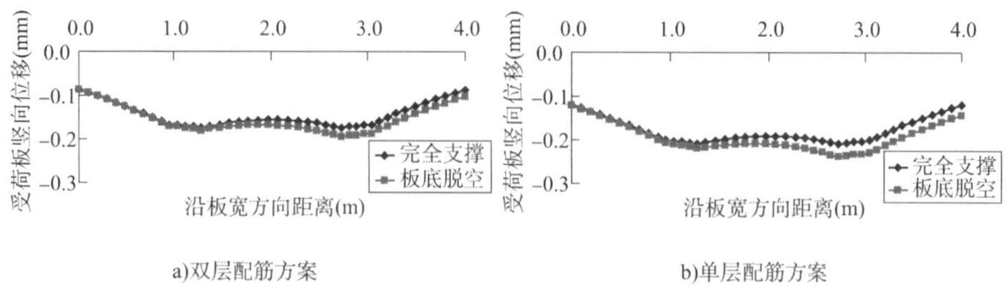

a)双层配筋方案　　b)单层配筋方案

图6-7　受荷板竖向位移沿板宽方向变化趋势

6.1.3.4　不同脱空程度比较分析

分别建立双层配筋、单层配筋的连续配筋混凝土路面模型,正常区地基反应模量 K_z 为200MPa/m,薄弱区的反应模量 K_b 从0变化至150MPa/m,依次增加50MPa/m,表示混凝土板底薄弱区域不同的支撑力大小,K_b 为0表示板底完全脱空。局部脱空面积为1.0m×1.0m,其他计算模型的参数取值如前文所述,计算结果见表6-4。

不同脱空程度有限元计算结果　　表6-4

配筋方案	薄弱区地基反应模量(MPa/m)	受荷板板底最大横向拉应力 σ_c(MPa)	受荷板最大竖向位移 U_c(mm)
双层配筋	0	0.7216	-0.2211
	50	0.6763	-0.2073
	100	0.6369	-0.1954
	150	0.6022	-0.1850
单层配筋	0	0.7507	-0.2757
	50	0.6916	-0.2541
	100	0.6419	-0.2361
	150	0.5994	-0.2210

受荷板板底最大横向拉应力随脱空程度的变化规律如图6-8所示,受荷板最大竖向位移随脱空程度的变化规律如图6-9所示。

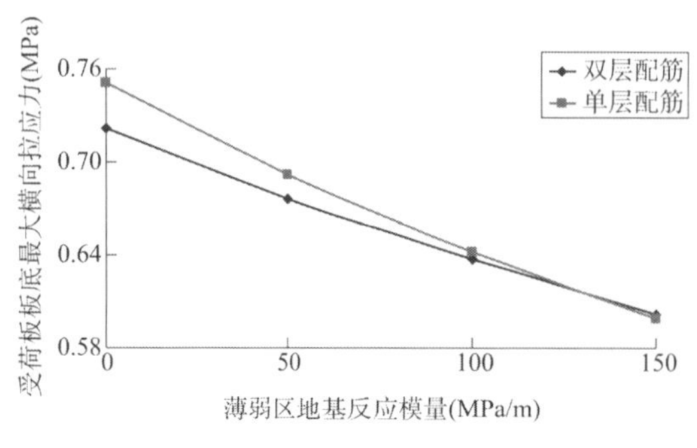

图6-8　受荷板板底最大横向拉应力随脱空程度的变化规律

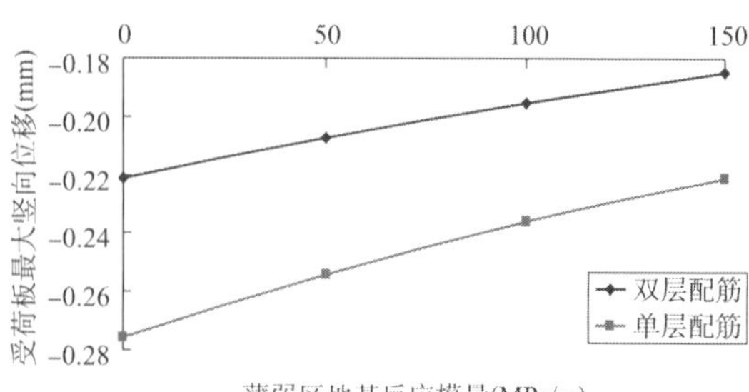

图6-9　受荷板最大竖向位移随脱空程度的变化规律

结合表6-4及图6-8、图6-9可以得到以下结论：

(1)当薄弱区地基反应模量从150MPa/m到0的过程中，双层配筋与单层配筋这两种方案的受荷板板底最大横向拉应力分别增大了16.55%、20.15%，受荷板最大竖向位移分别增大了16.32%、19.84%，双层配筋方案增长幅度小于单层配筋方案，双层配筋能更好地应对板中底部存在脱空的情况。

(2)在板底完全脱空（即在薄弱区地基反应模量为0）时，双层配筋方案受荷板板底最大横向拉应力比单层配筋方案小3.88%，受荷板最大竖向位移小19.80%，这说明脱空程度越严重，双层配筋优势越明显。

6.1.3.5 脱空区面积变化比较分析

分别建立双层配筋、单层配筋的连续配筋混凝土路面模型，改变局域脱空区域的面积，研究脱空区域面积对受荷板板底拉应力及受荷板竖向位移的影响规律。脱空区域的面积的改变分别按改变脱空区域长度 L 和改变脱空区域宽度 B 来处理，具体如前文所述。正常区地基反应模量 K_z 取200MPa/m，脱空区域地基反应模量 K_b 取正常区地基反应模量1/2，其他计算模型的参数取值如前文所述。如图6-10所示。

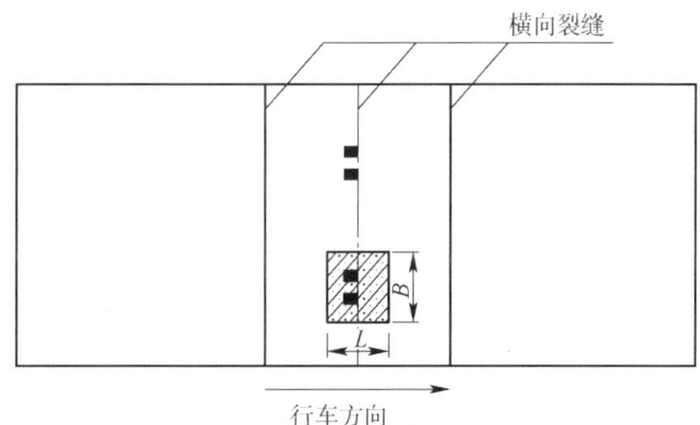

图6-10 脱空区域面积变化示意图

(1)脱空区域长度 L 变化。

脱空区域沿行车方向长度 L 从1.0m变化至1.6m，依次增加0.2m，计算结果见表6-5，受荷板板底最大横向拉应力随脱空区长度变化规律如图6-11所示，受荷板最大竖向位移随脱空区长度变化规律如图6-12所示。

脱空长度 L 变化有限元计算结果 表6-5

配筋方案	脱空长度 L (m)	受荷板板底最大横向拉应力 σ_c (MPa)	受荷板最大竖向位移 U_c (mm)
双层配筋	1.0	0.6369	-0.1954
	1.2	0.6437	-0.1976
	1.4	0.6495	-0.1993
	1.6	0.6536	-0.2008
单层配筋	1.0	0.6419	-0.2361
	1.2	0.6496	-0.2369
	1.4	0.6559	-0.2377
	1.6	0.6603	-0.2393

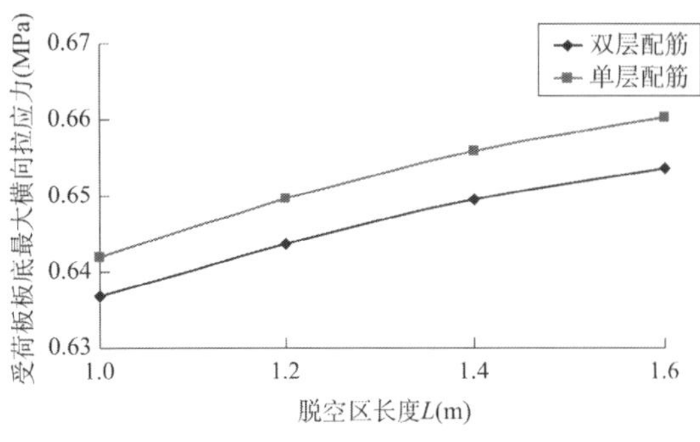

图 6-11 受荷板板底最大横向拉应力随脱空区长度 L 变化规律

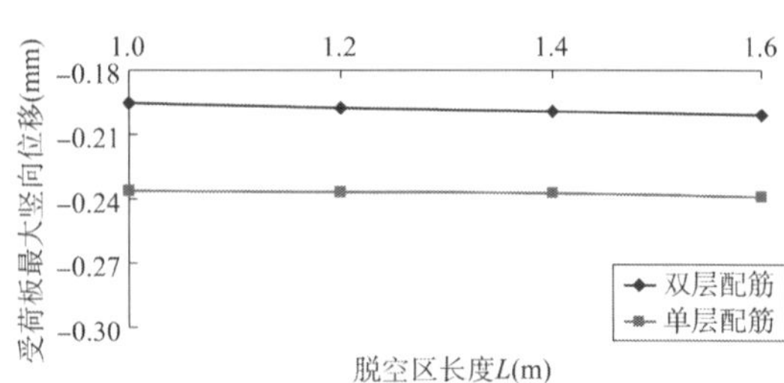

图 6-12 受荷板最大竖向位移随脱空区长度 L 变化规律

结合表 6-5 和图 6-11、图 6-12 可知，随着脱空区域长度的增加，受荷板板底最大横向拉应力与受荷板最大竖向位移都将增大。

(2)脱空区域宽度 B 变化。

脱空区域在板宽方向的宽度 B 从 1.0m 变化至 1.6m，依次增加 0.2m，计算结果见表 6-6，受荷板板底最大横向拉应力随脱空区长度变化规律如图 6-13 所示，受荷板最大竖向位移随脱空区长度变化规律如图 6-14 所示。结合表 6-6、图 6-13 及图 6-14 可知，受荷板板底最大横向拉应力随着脱空区宽度的增加，呈先增大后减小的趋势，受荷板最大竖向位移随着脱空区宽度的增加呈增大趋势。

脱空宽度 B 变化有限元计算结果 表 6-6

配筋方案	脱空宽度 B (m)	受荷板板底最大横向拉应力 σ_c (MPa)	受荷板最大竖向位移 U_c (mm)
双层配筋	1.0	0.6369	-0.1954
	1.2	0.6388	-0.1989
	1.4	0.6385	-0.2022
	1.6	0.6369	-0.2067
单层配筋	1.0	0.6419	-0.2361
	1.2	0.6447	-0.2418
	1.4	0.6447	-0.2473
	1.6	0.6421	-0.2528

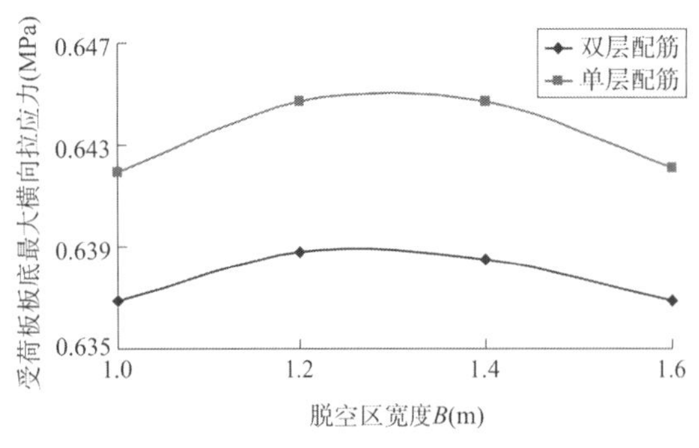

图 6-13 受荷板板底最大横向拉应力随脱空区宽度 B 的变化规律

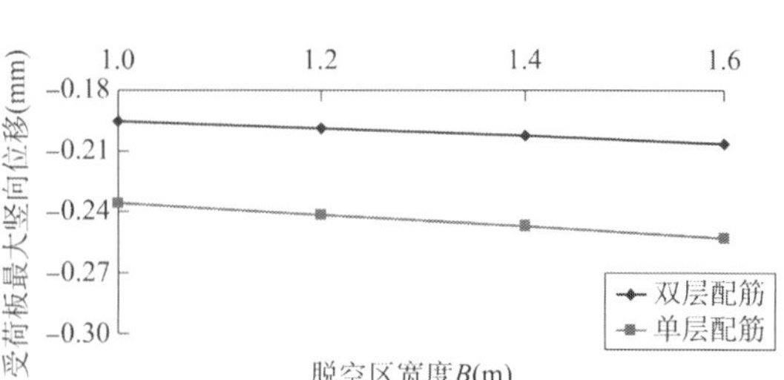

图 6-14 受荷板最大竖向位移随脱空区宽度 B 的变化规律

6.2　双层配筋 CRCP 考虑冲断破坏的板边脱空受荷分析

6.2.1　冲断破坏产生机理

大量学者的研究表明,边缘冲断是连续配筋混凝土路面的主要病害形式,板边冲断破坏如图 6-15 所示。

如图 6-16 所示为冲断破坏产生原理示意图,冲断破坏的产生包括以下五个步骤:

(1)两条间距很小的横向裂缝,间距通常在 0.6m 以下。

(2)行驶车辆反复作用,横向裂缝进一步发展变宽,裂缝处传荷能力变弱。

(3)混凝土板底支撑能力下降,甚至在窄板底部形成脱空,造成悬臂状态的窄板条。

(4)在车辆荷载作用下,窄板条顶部出现较大的横向拉应力,在行驶车辆反复的作用下疲劳累积,当混凝土板抗拉强度不足以抵抗产生的横向拉应力,将造成在两横向裂缝中间出现纵向裂缝。

(5)靠近路面边缘的地方,两条间距较窄的横向裂缝和纵向裂缝将混凝土板分割成一个相对独立的小体块,在车辆反复冲击碾压的作用下,混凝土破裂,钢筋折断,冲断破坏产生。

图 6-15　板边冲断破坏示意图

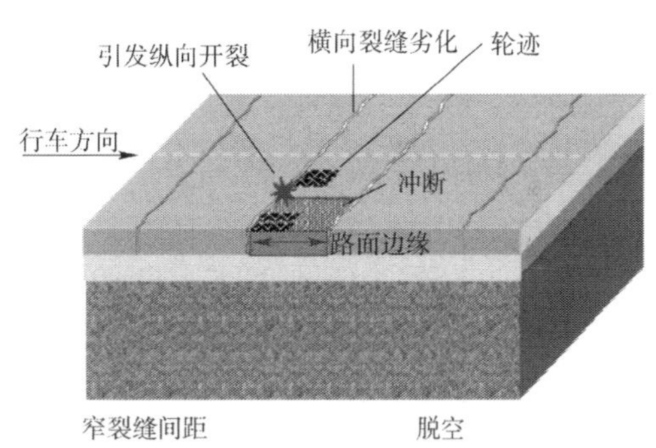

图 6-16　冲断破坏产生原理示意图

6.2.2　考虑冲断破坏板边脱空模拟方案

在 4.2.1 中板中底部局部脱空的基础上,建立考虑冲断破坏的板边脱空的连续配筋混凝土路面荷载应力计算模型。模型平面图如图 6-17 所示,建立五块板模型,中间板块为受荷板,中间板板长取 0.6m,中间板两侧的两块板板长 1.5m,外侧两块板板长 4m,模型宽度为 4m,面层板厚度 0.3m,采用温克勒地基,纵向钢筋直径取 20mm,钢筋与混凝土之间完全黏结,车辆荷载作用在横向裂缝边缘,且距离路面纵边边缘 0.25m,正常区地基反应模量 K_z 取 200MPa/m,图中阴影部分为薄弱区,地基反应模量 K_b 较 K_z 有所减小,图中 B 为脱空区域宽度。

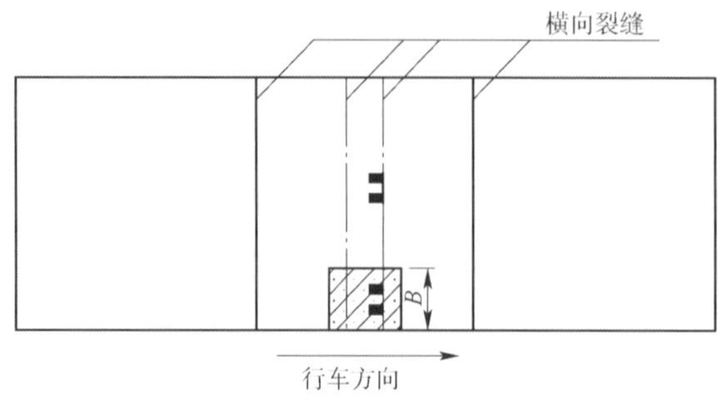

图 6-17　板边底部局部脱空受荷示意图

6.2.3　不同钢筋布置方案比较分析

分别建立双层配筋和单层配筋这两种方案考虑冲断破坏的板边脱空受荷分析模型，脱空区面积取 1.0m×1.0m，正常区地基反应模量 K_d 取 200MPa/m，薄弱区地基反应模量 K_b 取 0，视为混凝土板底完全脱空，其他计算参数取值如前文所述。比较不同配筋方案的受荷板板顶最大拉应力 σ_{ct} 和受荷板最大竖向位移 U_c，计算结果见表 6-7。

不同布筋方案有限元计算结果　　表 6-7

钢筋布置方案	受荷板板顶最大拉应力 σ_{ct}(MPa)	受荷板最大竖向位移 U_c(mm)
双层配筋	0.7893	-0.5548
单层配筋	0.8122	-0.6559

双层配筋方案：上、下两层钢筋对称布置，且布置方式均为 25cm×16cm，上层钢筋布置在距面层板顶面 0.1m 处（即面层板上 1/3h 处）；下层钢筋布置在距面层板底面 0.1m 处（即面层板下 1/3h 处）。

单层配筋方案：钢筋布置方式为 50cm×8cm，纵向钢筋布置在距面层板顶面 0.10m 处（即面层板上 1/2h 处）。

从表 6-7 中可知，在标准轴载作用下，双层配筋方案受荷板的最大竖向位移小 15.41%，受荷板板顶最大拉应力比单层配筋方案小 2.82%，即相较于单层配筋，双层配筋方案发生冲断破坏的可能性要小。

6.2.4　不同脱空程度比较分析

对双层配筋和单层配筋这两种布筋方案在不同脱空程度的受荷响应进行比较分析，正常区域的地基反应模量 K_z 取 200MPa/m，通过改变薄弱区地基反应模量的大小来表示不同的脱空程度，薄弱区的地基反应模量 K_b 分别取 0、50 MPa/m、100 MPa/m、150 MPa/m，脱空区面积取 1.0m×1.0m，其他计算参数取值如前文所述，计算结果见表 6-8，受荷板板顶最大拉应力随薄弱区地基反应模量变化规律如图 6-18 所示，受荷板最大竖向位移随薄弱区地基反应模量变化规律如图 6-19 所示。

结合表 6-8、图 6-18 及图 6-19 可知，脱空程度越严重（即薄弱区地基反应模量越小），受荷板板顶最大拉应力与受荷板最大竖向位移都呈增大趋势，发生冲断破坏的可能性将增加，但双层配筋方案的计算值小于单层配筋方案，双层配筋较单层布筋在应对不同程度的脱空条件下具有一定的优势。

不同脱空程度有限元计算结果 表 6-8

配筋方案	薄弱区地基反应模量(MPa/m)	受荷板板顶最大拉应力 σ_{ct}(MPa)	受荷板最大竖向位移 U_c(mm)
双层配筋	0	0.7893	-0.5548
	50	0.6646	-0.4428
	100	0.5841	-0.3702
	150	0.5278	-0.3192
单层配筋	0	0.8122	-0.6559
	50	0.6775	-0.5277
	100	0.5923	-0.4450
	150	0.5334	-0.3869

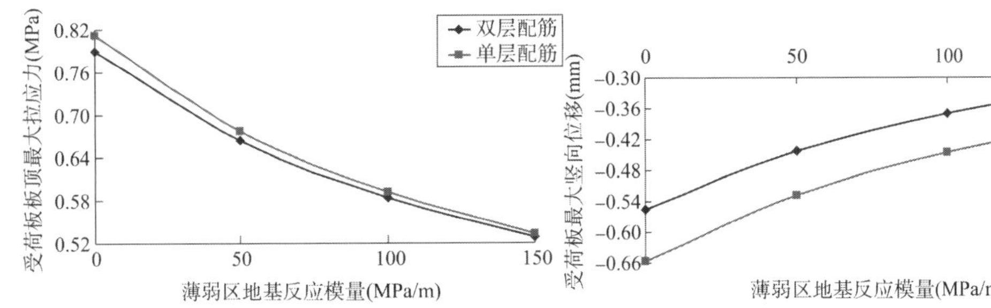

图 6-18 受荷板板顶最大拉应力随薄弱区地基反应模量变化规律

图 6-19 受荷板最大竖向位移随薄弱区地基反应模量变化规律

6.2.5 脱空区宽度变化比较分析

由于受荷板在长度方向完全处于脱空区内,因此只对双层配筋和单层配筋这两种配筋方案在脱空区宽度变化的受荷响应进行比较分析,按照车轮作用位置,将薄弱区宽度 B 分别取 0、0.49m、0.98m、1.37m、1.76m、2.25m,0 表示未脱空,正常区域的地基反应模量 K_z 取 200MPa/m,薄弱区的地基反应模量 K_b 取 0,其他计算参数取值如前文所述,计算结果见表 6-9,受荷板板顶最大拉应力随脱空区宽度变化规律如图 6-20 所示,受荷最大竖向拉应力随脱空区宽度变化规律如图 6-21 所示。

脱空区宽度 *B* 变化有限元计算结果 表 6-9

配筋方案	脱空区宽度 *B*(m)	受荷板板顶最大拉应力 σ_{ct}(MPa)	受荷板最大竖向位移 U_c(mm)
双层配筋	0	0.4861	-0.2815
	0.49	0.6900	-0.4364
	0.98	0.7893	-0.5548
	1.37	0.7431	-0.6068
	1.76	0.6075	-0.6348
	2.25	0.5012	-0.6520

续上表

配筋方案	脱空区宽度 B (m)	受荷板板顶最大拉应力 σ_{ct} (MPa)	受荷板最大竖向位移 U_c (mm)
单层配筋	0	0.4902	-0.3435
	0.49	0.7022	-0.5141
	0.98	0.8122	-0.6559
	1.37	0.7708	-0.7277
	1.76	0.6210	-0.7745
	2.25	0.5145	-0.8142

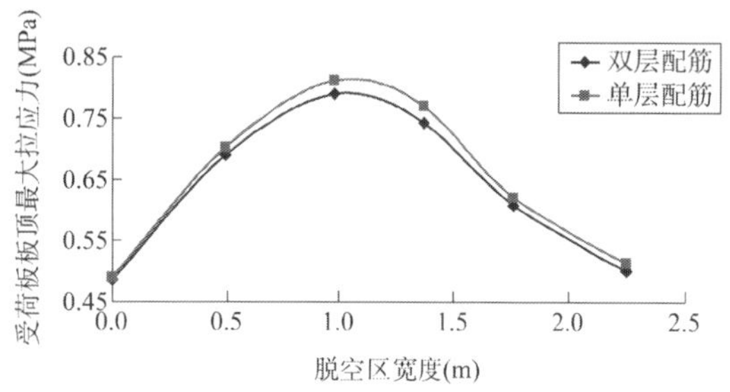

图 6-20　受荷板板顶最大拉应力随脱空区宽度变化规律

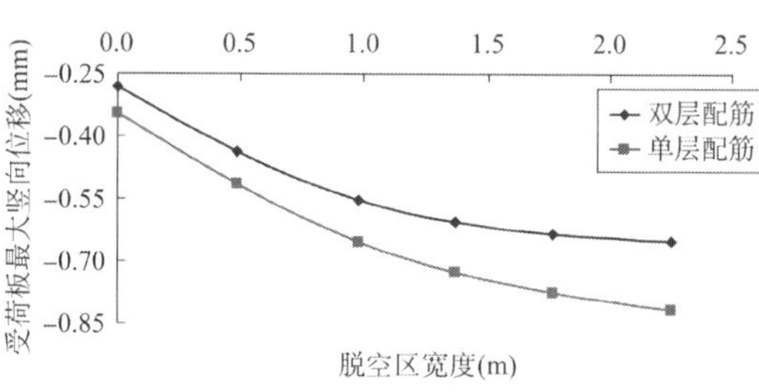

图 6-21　受荷板最大竖向位移随脱空区宽度变化规律

结合表 6-9、图 6-20 及图 6-21 可知，随着脱空区宽度的增加，受荷板板顶的拉应力先呈先增加后减小的趋势，且单层配筋方案的受荷板板顶拉应力大于双层配筋的方案；随着脱空区宽度的增加，受荷板最大竖向位移增大，且增大趋势逐渐放缓，单层配筋方案的最大竖向位移增幅大于双层配筋方案，双层配筋方案有更好的稳定性。

6.3　双层配筋 CRCP 结构优化设计及特征

6.3.1　新型路面结构组合设计

路面结构组合设计及研发的主要目标是有效解决因水系丰富或排水不畅水泥路面早期损坏严重的问题，且可以少设接缝，减少水的入渗和接缝易损坏的问题，并有优良的抗冲刷能力和承载能力。设计的双层配筋 CRCP 新结构，从上至下为：设有双层纵横向连续钢筋及支座的水泥混凝土面板，厚度为 20 ~ 30cm；4cm 的细型密级配沥青混凝土夹层；贫混凝土上基层，厚度为 20 ~ 30cm；沥青碎石下基层，厚度为 9 ~ 18cm，也可用厚度为 15cm 的级配碎石替代；级配碎石层，厚度为 20 ~ 30cm；在面层板上每隔 150m 设一条横向接缝，在井盖处设横穿井盖的预切缝。路面结构示意如图 6-22 所示。

6.3.2　钢筋设置的优势及针对性

研发的路面结构既针对多雨地区道路积水严重、地下水位高等特点，有足够抗冲刷能力，各结构层又体现出刚度递增的规律，能有效提升路面结构的使用寿命。除此之外，新型路面结构在钢筋和接缝设置上还有自身的特征和优势。新型路面结构中的纵向钢筋距面板顶面距离不小于9cm且不大于1/2板厚；下层连续的纵横向钢筋中横向钢筋距面板底面的距离为3～5cm，纵向钢筋置于横向钢筋上；钢筋均采用热轧带肋钢筋，钢筋通过钢丝束绑扎完成连接并置于支座上，如图6-23所示。

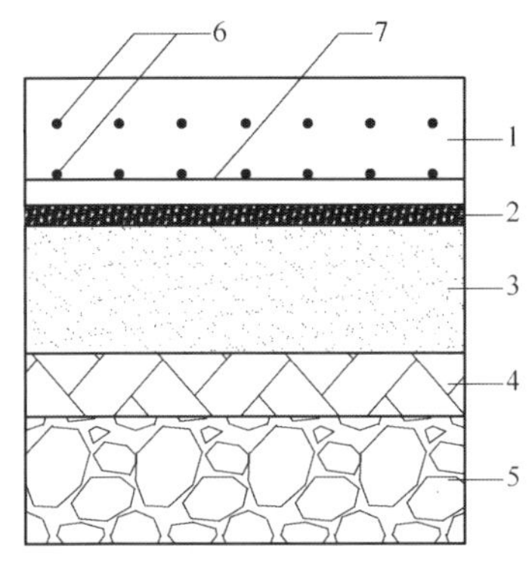

图6-22　路面结构示意图

1-水泥混凝土面板；2-沥青混凝土夹层；3-贫混凝土上基层；4-沥青碎石下基层；5-级配碎石层；6-纵向钢筋；7-横向钢筋

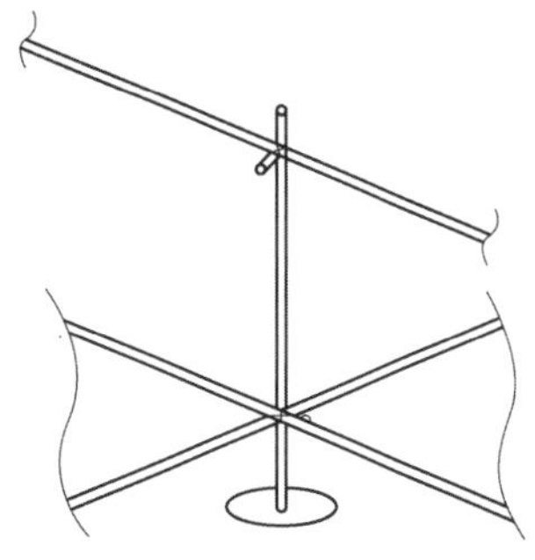

图6-23　钢筋设置局部示意图

钢筋分上下两层，上层连续的纵向钢筋主要用于约束水泥混凝土面板的开裂，使水泥混凝土面板由温缩和干缩产生的裂纹缝隙宽度的平均值控制在0.5mm以内，且上层不设横向钢筋，有利于水泥混凝土的振捣密实；下层设连续的纵横向钢筋主要是考虑多雨地区水泥混凝土路面易出现板底脱空或路基沉陷等病害，进而在行车作用下使面层板下部受到一定的拉应力，而水泥混凝土板抗弯拉强度相对较小，下层连续的纵横向钢筋可有效提升水泥混凝土面层板的抗弯拉能力，大大降低水泥混凝土面板出现断板的概率。

6.3.3　横向接缝的设置方式

近年来，我国不少地区开始尝试修筑连续配筋混凝土路面，该路面结构可以少设或不设接缝，减少水的入渗和接缝易损坏的问题，但已有的修筑实践表明少设或不设横向接缝，一般会出现较多的横向裂纹，基本每隔1.0～2.0m一条，且少数横向裂纹的缝隙宽度较大，会产生渗水问题，甚至会出现啃边、破碎等病害。所以有必要研发适用于连续配筋混凝土路面结构的接缝及施工方法，解决连续配筋混凝土路面接缝设置存在的问题，提高行车安全性和舒适性。

横向接缝每隔150m设一条，宽度为1.0～1.5cm，分为上部和下部。其中，上部横向接缝深5.0～8.0cm，用硅酮胶填充，上部横向接缝两侧8～15cm范围内用环氧砂浆浇筑；下部横向接缝采用聚乙烯闭孔泡沫填缝板填充，纵向钢筋横穿填缝板，如图6-24所示。

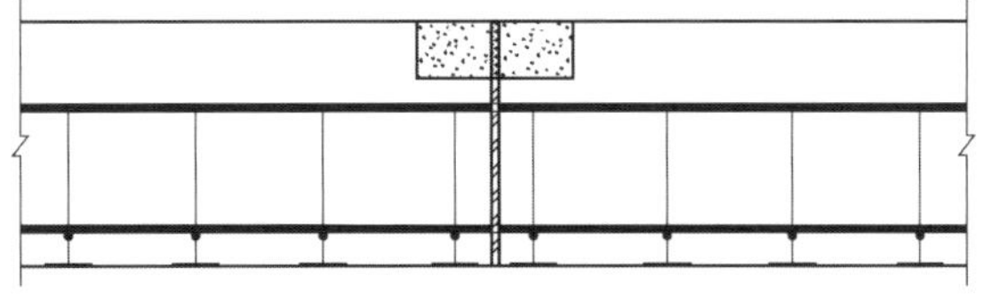

图6-24　横向接缝示意图

横向接缝每隔150m设一条，宽度为1.0～1.5cm，可在两条横向接缝之间减少横向裂纹20～30条，进一步减小水的入渗和裂纹处易出现病害的问题；与传统横向接缝相比，新结构的横向接缝设置在由环氧砂浆浇筑的槽中心，由于环氧砂浆强度高，有效解决了接缝处易出现啃边的问题；上述横向接缝的另一显著优势是与路面结构中设置的连续钢筋有效结合，横向接缝处继续保持上下两层纵向钢筋的连续性。现有工程中横向接缝都是设置50cm长的纵向传力杆钢筋，接缝处的钢筋不连续且短，接缝处钢筋及其周围的水泥混凝土容易损坏，加上水的冲刷，横向接缝处会出现脱空、错台、断板等病害，新结构的横向接缝可以有效解决这些问题。

在城市道路中横向接缝还包括横穿井盖的预切缝，深度为3～4cm，宽度为3～5mm，采用硅酮胶填充。

6.3.4 纵向施工缝的设置方式

纵向施工缝设置在道路中线位置或行车道与硬路肩之间，深度贯穿整个水泥混凝土面板厚度，具体施工及设置方式：待行车道或半幅水泥混凝土面层浇筑完成后，对纵向施工缝处的水泥混凝土进行凿毛处理，再将预留的长度为60cm和20cm长短交错布置的横向钢筋与硬路肩或另半幅路面的横向钢筋用直螺纹套筒连接，最后浇筑硬路肩或另半幅水泥混凝土路面。纵向施工缝处的横向钢筋设置局部示意如图6-25所示。

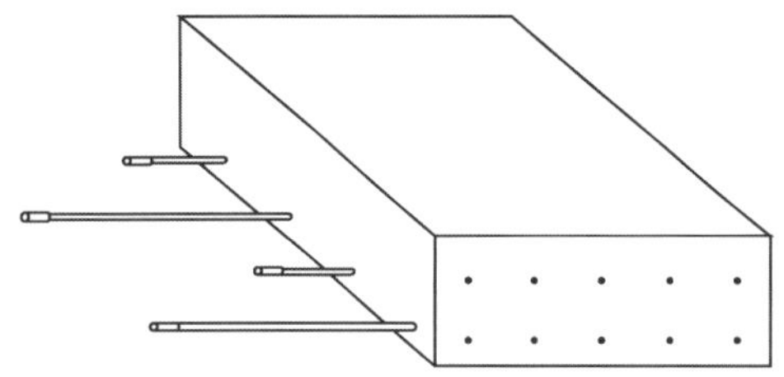

图6-25 纵向施工缝处的横向钢筋设置局部示意图

纵向施工缝设置的主要特征及优势是预留的横向钢筋长短交错布置且与另半幅路面的横向钢筋连接，既保持了接缝处钢筋的连续，又因钢筋长短交错布置起到了剪力钢筋的作用，可有效减少接缝两侧板的差异变形。

6.4 新型路面结构的特征及优势

6.4.1 新型路面结构疲劳寿命的优势

拟定连续配筋混凝土面板厚度 $h_c = 20\text{cm}$，弹性模量 $E_c = 31\text{GPa}$，泊松比 $\nu_c = 0.15$，线膨胀系数 $\alpha_c = 10 \times 10^{-6}/℃$；沥青混凝土夹层厚度为4cm，贫混凝土上基层厚度 $h_b = 30\text{cm}$，弹性模量 $E_b = 27\text{GPa}$，泊松比 $\nu_b = 0.15$；下基层和垫层均采用级配碎石，厚度分别为15cm、20cm，弹性模量 $E_d = 300\text{MPa}$，泊松比 $\nu_d = 0.35$；路床顶面综合回弹模量取70MPa，交通量取 $N_e = 4 \times 10^7$ 次。

根据《公路水泥混凝土路面设计规范》（JTG D40—2011）（以下简称规范）式（B.2.4）计算，板底地基综合回弹模量 E_t 为133.18MPa。

按规范式（B.2.2-3）计算面层板的弯曲刚度 D_c，按式（B.6.3-1）计算上基层弯曲刚度 D_b，按式（B.4.1-3）计算路面结构总相对半径 r_g：

$$D_c = \frac{E_c h_c^3}{12(1-\nu_c^2)} = 21.14\text{MN} \cdot \text{m}$$

$$D_b = \frac{E_b h_b^3}{12(1-\nu_b^2)} = 62.15\text{MN} \cdot \text{m}$$

$$r_g = 1.21\left(\frac{D_c + D_b}{E_t}\right)^{1/3} = 0.96\text{m}$$

按式(B.4.1)计算标准轴载在临界荷位处产生的荷载应力为：

$$\sigma_{ps} = \frac{1.45\times10^{-3}}{1+\dfrac{D_b}{D_c}} r_g^{0.65} h_c^{-2} P_s^{0.94} = 0.68\text{MPa}$$

按式(B.2.1)计算面板的荷载疲劳应力为：

$$\sigma_{pr} = k_r k_f k_c \sigma_{ps} = 1.62\text{MPa}$$

其中：应力折减系数 $k_r = 0.87$（规范 B.2.1 条）；综合系数 $k_c = 1.15$（规范表 B.2.1）；疲劳应力系数 k_f，根据规范式(B.2.3-1)：

$$k_f = N_e^{\lambda} = (4\times107)^{0.057} = 2.379$$

水泥混凝土路面结构目前常用水泥稳定类基层，在造价基本等同的情况下，需用厚度为40cm的水泥稳定类基层替换上述实例中的贫混凝土基层。计算面板荷载疲劳应力为3.40MPa，所以即使不考虑钢筋的影响（规范公式无法计算有钢筋路面结构的疲劳应力），新型路面结构仍比目前常用水泥路面结构的荷载疲劳应力少52%。所以新型路面结构既体现了从下至上结构层的刚度递增，又大大提升了路面结构的疲劳寿命。

6.4.2　双层连续配筋的适用性与经济性

(1)双层连续配筋的适用性。

目前城市道路普遍存在排水不畅、路表与路面结构内部积水严重的问题，加之由城市热岛效应等因素引发的特大暴雨等极端气候事件频现，大中城市经常出现内涝，水的存在和行车作用使路面结构受到严重冲刷，极大地影响路面结构的整体强度和稳定性。此外，很多大中城市布局有重型机械或加工制造企业，周边重载车辆较多，或因城市建设大型渣土车、材料运输车等经常出现在道路上，这些车辆对路面结构的承载能力要求较高，沥青路面往往不能满足重载交通的要求，需要修筑承载能力更好的普通水泥混凝土路面或连续配筋混凝土路面。

为探究双层配筋 CRCP 在城市道路中的适用性，作者分析了素水泥混凝土路面、单层配筋 CRCP 与双层配筋 CRCP 在不良地基与板底脱空不利状况下的力学响应情况，仿真分析结果也表示，双层配筋 CRCP 在不利状况下更具适用性。

武汉青王公路和21号公路在改造过程中，考虑到这两条公路是武钢集团原材料与成品的重要输出通道，以及武汉城市内涝严重等因素，采用了双层连续配筋混凝土路面结构，并取得了较好效果。横向裂缝的间距和宽度是连续配筋混凝土路面的关键指标，作者对实体工程的横向裂缝进行了检测，其中最能有效反映横向裂缝特征的是在实体工程完工且经历一个冬天后的检测结果，经统计，裂缝的最大宽度为0.96mm，平均宽度为0.415；平均裂缝间距为2.178m。横向裂缝间距和宽度的平均值均满足规范要求。

武汉市青王路和21号公路双层配筋CRCP的路面调查结果也显示：双层配筋CRCP路面性能远优于接缝水泥混凝土路面结构(图6-26)，相邻路段且龄期相同的接缝水泥混凝土路面和双层配筋CRCP路面状况差异明显。截至目前，双层配筋CRCP路段无结构性病害(冲断)，具有总体良好的使用性能，窄裂缝间距处的路面状态同样良好(图6-27)。

图6-26　双层配筋CRCP和接缝水泥混凝土路面状况对比(CRCP龄期2～3年)

图6-27　窄裂缝间距处的路面状态

(2)双层连续配筋的适用性经济与社会效益。

新型路面结构中双层连续钢筋上层不设横向钢筋，与已有的双层连续配筋混凝土路面相比节约1/4的钢筋用量，可大大节约修筑成本；与普通水泥混凝土路面结构相比，由于设置了双层连续钢筋，研发的路面结构前期投资成本约增加25%，但可以有效解决现有水泥混凝土路面结构应用于城市道路时易产生脱空、唧泥、错台、断板等病害的问题，使用寿命可大大提升；也可有效解决现有连续配筋混凝土路面结构横向裂纹多、接缝易出现病害的问题。

新型路面结构因接缝和病害少，行车舒适性及安全性将大幅度提升，养护费用及年度分摊的改建成本也大大减少，可减少路面损坏对社会造成的不良影响，也可解决城市道路经常因路面损坏及养护维修造成交通中断或拥堵，甚至引发交通事故的问题，有良好的社会效益与经济效益。

第7章　双层配筋CRCP修筑关键技术及裂缝控制与预测

本章将依托双层配筋CRCP实体工程,通过实地调研与现场检测,提出双层连续配筋混凝土路面的施工关键技术,统计、分析路面横向裂缝特征及分布规律,提出裂缝主动控制措施,通过仿真分析,试验段现场观测及应变数据采集分析,揭示温缩应力和翘曲应力、半正弦振动波形移动荷载作用下双层配筋CRCP水平裂缝的开裂机理,并提出降低双层配筋CRCP水平裂缝开裂风险的措施,研究成果可为双层连续配筋混凝土路面的设计和施工提供参考。

7.1　实体工程概况

武汉青王公路位于武汉市青山地区,与21号公路等道路一起承担着武钢集团及沿线重工业企业生产经营车辆的交通重任,同时也作为武汉火车站交通枢纽体系的重要配套道路。因该路段承担的交通环境为重载车辆环境,青王公路尚未达到设计使用寿命年限便出现了不同程度的病害,部分路段甚至出现大面积错台、坑槽、裂缝等病害破损;省道蕲龙线S240是重要的省际出口路,沿线大量运输车通过,导致道路不堪重负,路面破损严重。故近年来陆续实施了21号公路、青王路、省道蕲龙线S240等道路维修改造工程,都采用了双层连续配筋混凝土面层(双层配筋CRCP)的结构。

(1)武汉青王公路。

武汉青王公路的维修改造工程路面结构采用30cm钢筋混凝土 + 4cm AC-13细粒式沥青混凝土 +24cm水泥混凝土 +1cmES-2型稀浆封层 +30cm水泥稳定碎石,上层钢筋直径18mm,钢筋间距16cm;下面层钢筋直径20mm,钢筋间距16cm,并对配筋率重新进行验算和设计,纵向配筋率$\rho=1.18\%$,路面结构不设置胀缝和缩缝。

青王公路维修改造工程的维持原道路设计标准,不改变道路线性、路面宽度。维修改造的主要目的是补强路面、局部路基修复、疏通沿线排水,提升路面使用功能以及提高行车舒适度。对全路段原水泥混凝土板破除重建、破损地基改造、原硬路肩破除新建。路面结构组合设计形式见表7-1。

其中,30cm厚的双层连续配筋混凝土面层中,纵、横向钢筋都采用三级螺纹钢筋(HRB-400),上层纵、横向钢筋直径均为18mm,下层纵、横向钢筋直径均为20mm,纵、横向钢筋间距均为16cm,上层钢筋布置在距混凝土面层板顶面7cm处,下层钢筋布置在距面层板底面4cm处。

路面结构组合设计表 表 7-1

<table>
<tr><th colspan="2">起 讫 桩 号</th><th>路面结构组成(从上至下)</th><th>总 厚 度</th></tr>
<tr><td colspan="2" rowspan="5">K0 +000 ~ K1 +140</td><td>30cm 双层连续配筋混凝土(f_r≥5MPa)</td><td rowspan="5">89cm</td></tr>
<tr><td>4cm AC-13 细粒式沥青混凝土</td></tr>
<tr><td>24cm 素水泥混凝土(f_r≥4.5MPa)</td></tr>
<tr><td>1cmES-2 型稀浆封层</td></tr>
<tr><td>30cm 水泥稳定碎石(其中 15cm 为超挖原土基)</td></tr>
<tr><td rowspan="10">K1 +140 ~ K9 +500</td><td rowspan="5">基层破损处</td><td>30cm 双层连续配筋混凝土(f_r≥5MPa)</td><td rowspan="5">89cm</td></tr>
<tr><td>4cm AC-13 细粒式沥青混凝土</td></tr>
<tr><td>24cm 素水泥混凝土(f_r≥4.5MPa)</td></tr>
<tr><td>1cmES-2 型稀浆封层</td></tr>
<tr><td>30cm 水泥稳定碎石</td></tr>
<tr><td rowspan="5">基层完好处</td><td>30cm 双层连续配筋混凝土(f_r≥5MPa)</td><td rowspan="5">88cm</td></tr>
<tr><td>4cm AC-13 细粒式沥青混凝土</td></tr>
<tr><td>24cm 素水泥混凝土(f_r≥4.5MPa)</td></tr>
<tr><td>10cm 沥青碎石 ATB30</td></tr>
<tr><td>20cm 原路面下基层</td></tr>
</table>

路面结构层从下往上呈现刚度递增的规律,有利于降低路面结构的荷载疲劳应力。在双层连续配筋混凝土面层与素水泥混凝土基层之间设置有 4cm 厚的 AC-13 细粒式沥青混凝土夹层,现有研究表明,增设沥青混凝土柔性隔离后,对路面的使用寿命是有利的,沥青混凝土夹层在以下四个方面发挥重要作用:一是起到隔水、防水的作用,工程项目所在地武汉位于亚热带大陆性季风气候区,四季分明,降雨量大;二是起到防止反射裂缝的作用,素水泥混凝土在温缩和干缩的综合作用下容易产生裂缝,沥青混凝土夹层有助于防止反射裂缝的向上发展;三是起到弹性缓冲的作用;四是降低双层连续配筋混凝土面层与素水泥混凝土基层之间的结合系数,可以有效降低二者之间的摩擦作用。我国对双层连续配筋混凝土路面的施工还未成熟,武汉青王公路面层的修建是在以我国目前普通水泥混凝与连续配筋混凝土路面施工工艺的基础上探索的。

(2)21 号公路。

武汉市 21 号公路(工人村路至青化路)是青山重型工业企业重要的交通道路,通行 21 号公路的货车超载现象严重,长期处于“修了破,破了修”的状态, 21 号公路维修改造工程起于工人村路,止于青化路,全长约 9.4km,工程总投资 2.6 亿元,该工程于 2014 年 10 月 30 日封闭施工,于 2015 年 8 月 31 日通车。路面结构组合与青王公路维修改造工程一致。

实体工程采用双层连续配筋混凝土路面结构进行维修改造。改造通车后的 21 号公路横向裂缝间距及平整度等关键技术指标的检测结果良好,横向裂缝的平均缝隙宽度有效控制在 0.5mm 以内,行车舒适性及安全性大幅度提升。

(3)省道蕲龙线 S240。

省道蕲龙线 S240 是重要的省际出口路,也是武穴市交通网络的主要干线公路,随着临江工业新城的建设及区域社会经济的发展,该路段交通量增长迅速,且沿线大量运输车通过，导致道路不堪重负，路面破损严重。相关部门对该路段进行多次常规维修改造，但效果不明显，道路路况仍日益恶化。通过对武汉市青王路及21号公路的现场调研以及美国得克萨斯州重载交通路段的结构形式的调查，结合作者研究成果，采双层连续配筋混凝土路面结构进行改造，改造工程起点位于凤凰路，终点位于江北一级路，全长约8.1km，工程总投资0.9亿元，该工程于2017年4月10日施工改造，于2018年12月25日通车。

新技术的应用提升了武穴蕲龙线的承载能力，解决了多雨地区重载交通水泥路面易出现唧泥、板底脱空等技术难题，优化了配筋率设计方式和接缝施工技术，有效解决了旧接缝混凝土路面的开裂、啃边、断板、沉陷、错台等病害问题，改造后每年的平均养护成本约为改造前的1/5，且有效提高了行车安全与舒适性。

7.2　实体工程施工关键技术及质量控制要点

7.2.1　水泥混凝土质量控制

水泥混凝土作为承担路面荷载的直接载体，强度不够将直接导致路面结构承载能力不足，在正常的荷载情况下会出现路面开裂加速的现象出现，同时在施工工序中，在保证水泥混凝土强度的同时，还必须兼顾和易性，因此水泥混凝土配合比设计需要从多角度考虑。为了保证水泥混凝土供应及时，武汉青王公路维修改造工程选取了两家商混凝土站的混凝土，配合比见表7-2、表7-3。

亚东站的配合比　　表7-2

编　号	配比量	水(L)	水泥(kg)	外加剂	砂(kg)	碎石(kg)
1	$1m^3$	172	390	5.0kg	630	1188
	10L	1.21	3.9	5.0g	6.7	11.99
2	$1m^3$	171	390	4.68kg	727	1091
	10L	1.14	3.9	4.69g	7.73	11.02
3	$1m^3$	171	390	4.49kg	727	1091
	45L	1.53	17.55	202.05g	34.78	49.59

中建商混凝土的配合比　　表7-3

配比量(m^3)	水(L)	水泥(kg)	碎石(kg)	外加剂(kg)	水胶比	砂率(%)
1	155	370	1180	6.7	630	1180

亚东站在设计三个配合比时，所选水泥品种为强度等级为52.5的亚东$P_1$52.5，砂含水率为6.3%，碎石含水率为1%，所用外加剂为源锦10%，依据《普通混凝土配合比设计规程》(JGJ 55—2011)进行试验，在23℃的室温内，测得编号1、2、3的坍落度依次为13mm、19mm、18mm，3d测得的强度依次为25.6MPa、25.6MPa、25.7MPa，28d测得的强度依次为57.8MPa、58.6 MPa、57.8MPa。中建商混凝土在设计配合比时，所选水泥品种为强度等级为52.5的PO，砂、石用量均为干燥条件下的用量，其中砂为细度模数等级为中粗的河砂，碎石粒径在5～31.5mm，所用外加剂为PC，试验采用了三组，测得的维勃稠度依次为179mm、

179mm、180mm,3d 测得的强度依次为 26.0MPa、26.1MPa、26.1MPa,28d 测得的强度依次为 57.7MPa、58.6MPa、57.8MPa。现行规范规定特重、极重水泥混凝土路面水泥混凝土 3d 抗压强度值不得低于 25.5MPa,28d 抗压强度值不得低于 57.5MPa,两种配合比均满足要求。

弯拉强度在水泥混凝土结构设计中可以作为其抗裂能力的一个评判标准,同时也可以作为钢筋和混合料之间耦合能力好坏的重要依据。武汉青王公路属于重载交通,面层选用的水泥强度等级较高,而通常情况下这种水泥混凝土的抗压强度与弯拉强度的比值很高,在路面结构中可能会在满足抗压强度的同时出现不能满足弯拉强度的情况,因此在满足抗压强度的同时还需要检测混凝土的弯拉强度。武汉青王公路项目对全路段的水泥混凝土采取随即钻取芯样,对芯样进行劈裂抗拉试验得到极限破坏荷载值,换算成劈裂抗拉强度测值,以劈裂抗拉强度来检验水泥混凝土的弯拉强度是否合格,检测数据见表 7-4。根据现行规范,当水泥路面设计弯拉强度为 5MPa 时,劈裂抗拉强度值为 2.64MPa,从表 7-4 可知,面层混凝土路面各段弯拉强度时满足要求。

水泥混凝土劈裂抗拉试验 表 7-4

桩号	K0 +300	K4 +920	K4 +960	K6 +110	K6 +135	K8 +380	K8 +420
极限破坏荷载(100kN)	1.05	1.00	0.87	0.85	0.84	0.90	0.86
劈裂抗拉强度值(MPa)	3.33	3.17	2.76	2.69	2.68	2.86	2.74

7.2.2 双层配筋 CRCP 面层施工质量控制要点

双层配筋 CRCP 面层的施工工序如图 7-1 所示。

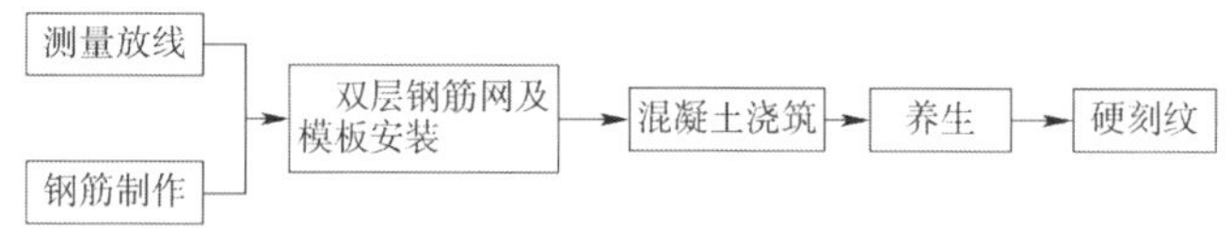

图 7-1 双层配筋 CRCP 面层的施工工序图

(1)钢筋网的架设以及模板安装。

双层钢筋网是整个路面最核心的部分,架设的成败直接影响路面层能否达到双层配筋 CRCP 所具有的性能。钢筋网中钢筋的种类与布筋方式如第 3 章所讲,用支架垫法来对整个钢筋网来进行稳定,同时在一些纵、横交接点下方以具有足够的强度和密实性的混凝土垫块加以支撑与稳定,布置时应以相互错开、有规律地分散的方式设置,同时确保密度不少于 3 个/m^2。钢筋制作时应提前进行拔丝处理,对直径为 18mm 的钢筋丝头长度为 25mm,完整丝扣圈数不得少于 9 扣,对直径为 20mm 的钢筋丝头长度为 27.5mm,整丝扣圈数不得少于 10 扣,两种钢筋外露不能超过 2 扣丝。

具体的施工方法为:先横向钢筋点焊在支架上,并摆放在基层上,然后将纵向钢筋安设在横向钢筋之上。钢筋的搭接采用焊接和绑扎的方式并用,可每隔 30 ~ 50m 采用焊接方式,每隔 10 ~ 20m 进行绑扎同时并用。同一垂直断面上不得有 2 个焊接或绑扎接头,相邻钢筋的焊接或绑扎接头应分别错开连接。纵向钢筋的焊接长度不宜小于 10 倍(单面焊)或 5 倍(双面焊)钢筋直径,焊接位置应错开,各焊接端连线与纵向钢筋的夹角小于 60°。双层钢筋网布置效果如图 7-2 所示。

模板安装技术要求：在面层板施工中要确保槽钢、钢制边侧模板具有足够的强度，从而保证在混凝土的振捣与成形期不会出现明显的扭曲而引起路面结构的变形。每米模板必须设置1处支撑固定装置，弯道处由于应力较为集中可将固定装置密度调整为0.5～0.8m/m，所有固定装置采用横向支撑的方式。支模时应确保模板以紧密平顺的方式相连，并且不得在沥青层上挖槽将模板嵌入其中来固定模板。具体如图7-3所示。

图7-2　双层钢筋网效果图

图7-3　模板安装示意图

(2)混凝土的浇筑。

混凝土浇筑包括水泥混凝土配合比设计和混凝土的搅拌、运输与摊铺等内容。层厚为30cm的双层连续配筋水泥混凝土面层设计弯拉强度$f_r \geq 5.0$MPa，层厚为24cm的素水泥混凝土基层设计弯拉强度$f_r \geq 4.5$MPa。水灰比≤0.44，最大单位水泥用量不大于400kg/m^3，最小单位水泥用量为300kg/m^3。采用滑模摊铺的坍落度应为10～30mm；采用小型机具摊铺时的坍落度应为5～20mm；采用三辊轴机组摊铺时的坍落度应为20～40mm。

根据配合比及施工对混凝土工作性能的要求，经试拌确定混凝土的最佳搅拌时间，出料温度控制在10～30℃，混凝土拌合物在初凝时间之内运输到铺筑现场。混凝土摊铺前须确保沥青混凝土隔离层验收合格，双层钢筋骨架安装合乎要求。混凝土摊铺速度控制在0.8～1.0m/min，施工时气温应控制在10～25℃之间。由于双层钢筋网的布置，加大了振捣密实的难度，摊铺时的振捣棒采用高频低幅，振捣频率控制在100～200Hz，振动棒振捣15s，间距30cm；振动梁振捣修整，来回2遍；三辊轴整平修面，来回3遍；提浆厚度控制在4mm±1mm，振捣提浆与抹面收光如图7-4所示。为了不使混凝土强度离散性过大，导致产生的横向裂缝间距过大或过小，影响路面的耐久性，在摊铺过程中，必须确保施工质量的稳定性，减小由于施工因素引起的参数变异性。

a)振捣提浆

b)抹面收光

图7-4　振捣提浆与抹面收光

在保证水泥混凝土强度足够与兼顾下层水泥混凝土捣实的前提下，采用不同摊铺机与坍落度相适宜的方法。当采用滑膜摊铺机时，确保坍落度为10～30mm；当采用小型机具摊铺时，确保坍落度为5～20mm；采用三辊轴机组摊铺时，确保坍落度为20～40mm。

(3)混凝土养护与硬刻纹。

为了保证混凝土中水分不流失，在路面铺设完成后必须对路面板进行养护。养护期间严禁车辆通行，直到混凝土弯拉强度达到设计要求。面层路面防滑过早采用硬刻纹的方式，开始硬刻纹的时间是在混凝土抗压强度达到40%时。刻槽的纹距2cm，槽宽4mm，槽深3mm，刻槽最小宽度为50cm。混凝土养护与硬刻纹如图7-5所示。

图7-5　混凝土养护

(4)纵向施工缝的处理。

在铺设钢筋网时，在靠近另外浇筑车道的一侧对横向钢筋预留长度，其中上层钢筋预留长度为19～21cm，下层钢筋的预留长度为69～71cm，待半幅路面完成浇筑后再进行凿毛处理，最后用直螺纹套筒套住预留钢筋外端。施工缝凿毛与凿毛效果如图7-6所示。

a)纵向施工缝凿毛

b)凿毛效果

图7-6　纵向施工缝凿毛及效果图

(5)伸缩缝的处理。

先在路面中将伸缩缝的位置精确定位，在伸缩缝的位置左右均断开4cm，断开位置作为钢筋安装的终止位置。对预留槽处进行切缝、剔除、清理，要确保整个伸缩缝内平整无异物。对预埋钢筋检查及修整，当缺失钢筋时要进行植筋处理。伸缩缝装置整体植入预留槽，再定高、调整宽度，这是最关键的一步，要反复检查，确保伸缩缝装置在三维空间上各个位置都与设计一样。安装伸缩缝装置，在锚板与预埋钢筋焊接时，注意焊接时间要与宽度相对应。浇筑混凝土中掺入钢纤维，养护7d，其安装施工如图7-7所示。

图7-7　伸缩缝安装施工图

7.2.3 夹层沥青混凝土施工工艺及质量控制要点

在两刚性层之间设置一层沥青混凝土柔性隔离层,会提高路面的使用寿命。沥青混凝土夹层在两水泥混凝土层之间,主要有以下作用:防止雨水下渗,武汉城市内涝严重,当路面有积水时,自由水容易沿着贯穿裂缝下渗到基层,而低空隙率的沥青混凝土可以有效防止雨水继续下渗;当基层有裂缝时,能够缓冲裂缝向上发展而对面层造成破坏;弹性缓冲,在超载时对基层有保护的功能;刚性层之间因为结合系数较大,会导致在行车荷载的作用下产生较大的摩擦力,让两层之间出现分析后脱空的现象,基层的存在可以降低结合系数,从而减少摩擦作用。夹层沥青混凝土施工质量控制要点如下:

(1)沥青混凝土施工温度要求。

沥青混合料的温度应采用具有尽数探测针的插入式数显温度计量测,插入深度不小于15cm,碾压温度可用金属改锥在路面打孔插入测量。摊铺温度和碾压气势温度应符合规范的规定,并且做试验段,待试铺成功后以试验值为标准实施全线摊铺。

(2)沥青混凝土的拌和及摊铺要求。

沥青混凝土必须在沥青拌和厂采用机械拌制,沥青拌和时间应以混凝土拌和均匀、所有矿物颗粒全部裹覆沥青结合料为度,并经试拌确定,短拌和长拌和的沥青混合料应均匀一致,无花白料,无接团成块或严重的粗细料分离现象。沥青混凝土运至摊铺地点后,应检查拌和质量,达不到试验要求的批次,一律不得摊铺,气温低于10℃时不宜摊铺沥青混凝土。

(3)沥青混凝土的解封要求。

沥青混凝土子施工缝及构造物两端的连接处必须仔细操作保证紧密平顺。纵向接缝在摊铺时采用热接缝,不能采用热接缝时,必须洒黏层油使之黏结良好。相连两幅及上下层的横向接缝应错位1m以上。下层的横向接缝可采用斜接缝,上面层应采用垂直的平接缝。斜接缝的搭接长度宜为0.4~0.8m。搭接处应清扫干净并洒黏层油,平接缝应做到紧密黏结,充分压实,连接平顺。

夹层的作用就要求沥青混凝土必须具有较低的吸水率,同时施工后压实度要达到规范中的要求,武汉青王公路项目部对全路段每路段沥青混凝土取样制作的马歇尔试件进厚度、试件吸水率、质量密度以及对路面压实度进行了检测,检测数据见表7-5。

沥青混凝土检测数据表 表7-5

桩 号	厚度(mm)	试件吸水率(%)	实测密度(g/cm^3)	标准密度(g/cm^3)	压实度(%)
K0 +800	43.9	0.6	2.359	2.390	98.7
K1 +450	41.5	0.5	2.332	2.390	97.6
K1 +800	41.2	0.4	2.351	2.390	98.4
K2 +650	43.8	0.7	2.365	2.390	99.0
K3 +550	46.1	0.4	2.369	2.390	99.1
K3 +800	43.9	1.0	2.324	2.390	97.2
K4 +780	44.7	0.6	2.333	2.390	97.6
K4 +870	44.2	0.8	2.377	2.390	99.4

续上表

桩　　号	厚度(mm)	试件吸水率(%)	实测密度(g/cm³)	标准密度(g/cm³)	压实度(%)
K5 +000	44.0	0.9	2.334	2.390	97.6
K5 +200	45.5	1.1	2.323	2.390	97.2
K5 +400	42.5	0.4	2.340	2.390	97.9
K5 +800	44.3	1.1	2.329	2.390	97.4
K6 +450	43.1	0.9	2.343	2.390	98.0
K4 +880	42.3	1.3	2.323	2.390	97.2
K7 +120	44.1	0.5	2.376	2.390	99.4
K7 +800	41.6	0.4	2.367	2.390	99.0
K8 +020	43.7	0.4	2.340	2.390	97.9
K9 +020	45.5	0.8	2.357	2.390	98.6

从表7-5中可以看出,沥青夹层的平均厚度为43.68mm,较设计厚度提高了9.2%;沥青夹层的平均吸水率0.716%;标准密度以实验室密度作为标准密度,均为2.39g/cm³,拌和厂测得的平均密度为2.35g/cm³,为标准密度的98.33%;平均压实度98.142%。根据相关规范,沥青混合料的验收标准,厚度偏差值应保持在10%以内,吸水率应在2%以下,平均压实度应保持在97%以上,武汉青王公路沥青夹层满足规范要求。

7.2.4　水泥稳定碎石层施工工艺及质量控制要点

水泥稳定碎石是以级配碎石作集料,采用一定数量的胶凝材料和足够的灰浆体积填充集料的空隙,按嵌挤原理摊铺压实成型的半刚性基层。作为基层,它具有强度高、承载能力大和性价比高等特点,能够满足城市道路中交通日益发展对底基层的要求。

(1)水泥稳定碎石材料质量控制。

武汉青王公路的水泥稳定碎石层采用的水泥为初凝时间大于3h、终凝时间小于6h的42.5级普通硅酸盐水泥,水泥剂量为5%。采用压碎值小于30%、单个颗粒最大粒径不大于37.5mm,有机质含量不宜超过2%,硫酸盐含量不应超过0.25%的级配碎石。采用均匀系数应大于10、塑性指数宜为10~17、液限小于28的土。对全路段采取了抽样取证,检测水泥剂量的含量,养生7d后实测无侧限抗压强度,对碾压成形的现场进行压实度检测,其检测结果见表7-6。

水泥稳定碎石试验数据　　表7-6

桩　　号	水泥剂量(%)	实测厚度(cm)	整平后试件高度(mm)	无侧限抗压强度单件值(MPa)	压实度(%)
K1 +800	5.1	16.6	150.2	3.1	97.4
K2 +100	5.0	16.1	150.1	3.4	97.8
K0 +400	5.2	16.6	150.3	3.0	98.2
K4 +900	5.1	15.8	150.3	3.8	97.6
K4 +700	5.3	17.3	150.3	3.0	98.3

续上表

桩 号	水泥剂量(%)	实测厚度(cm)	整平后试件高度(mm)	无侧限抗压强度单件值(MPa)	压实度(%)
K5 +300	5.2	16.6	150.3	3.1	97.0
K7 +650	5.1	17.2	150.3	3.6	97.3
K7 +850	5.2	15.9	150.0	3.4	98.6
K8 +020	5.3	15.8	150.3	3.7	97.8
K2 +280	5.0	17.3	150.2	3.3	97.2
K2 +400	5.2	15.8	150.3	3.1	97.7
K3 +200	5.3	16.8	150.2	3.2	97.2
K3 +100	5.2	16.2	150.1	3.3	97.4

根据规范中规定水泥剂量为5%的水泥稳定碎石层作为底基层,试件为150mm高养生7d后的无极限侧压强度应不小于3.0MPa,同时考虑到交通量大的问题,武汉青王公路底基层的压实度不应小于97%。根据表7-6可以知道:水泥剂量平均值为5.17%,且每分段水泥剂量均大于5%;对芯样进行刮除表皮处理整平后测得高度为150.22mm,7d后测得的无侧限抗压强度均值为3.31MPa,且每分段均大于3.0MPa;碾压后现场实测的个分段的压实度均大于97%。三值均符合规范要求。

(2)水泥稳定碎石层施工质量控制要点。

水泥稳定碎石基层施工可以分为混合料的搅拌、摊铺碾压及现场成品养护三个阶段。在混合料的搅拌过程中,关键点是对水泥剂量和含水率的控制,由于采用的是非强制性拌和,所以水泥与水会有流失,在拌和时可采用比设计配合比大0.5%的水泥剂量以及比最佳含水率高1%的用水量,来弥补水泥与水的减少。摊铺碾压的关键点在于对高程的准确控制以及压实度的控制,高程不准确时,在高程较高的地方会造成上层标定高度正常的水泥混凝土层局部厚度不够,使得该区域成为路段的薄弱区域,因此在摊铺时应该反复核查高程控制点。为了达到标准压实度,摊铺速度应该选择在2~3m/min之间,碾压机应来回碾压4次。

7.3 水平裂缝分析及预测

7.3.1 CRCP水平裂缝模型的建立

为了模拟CRCP水平裂缝的产生机理,建立了二维有限元来分析横向裂缝处钢筋层位置附近的混凝土最大主应力值,如图7-8所示。一般CRCP平均横向裂缝间距为0.8~2.1m,本书取2.1m横向裂缝间距,模型采用对称结构,对称边界用XSYMM定义,横向裂缝处考虑最不利情况相邻两板间完全断开的情况。纵向钢筋选用B21梁单元,混凝土板选用CPS4I壳单元,钢筋混凝土的黏结-滑移用Springer 2弹簧单元模拟,纵向钢筋处暂不考虑其相对滑移量,固定其纵向位移和平面转角位移。基层仍按原路面结构进行选取,并定义摩擦系数。分别考虑温缩应力和负温度梯度下的翘曲应力对水平裂缝的影响,温缩应力考虑整体均匀下降5℃的状态,温度梯度可按水泥路面设计规范推荐的最大温度梯度88℃/m进行取值。

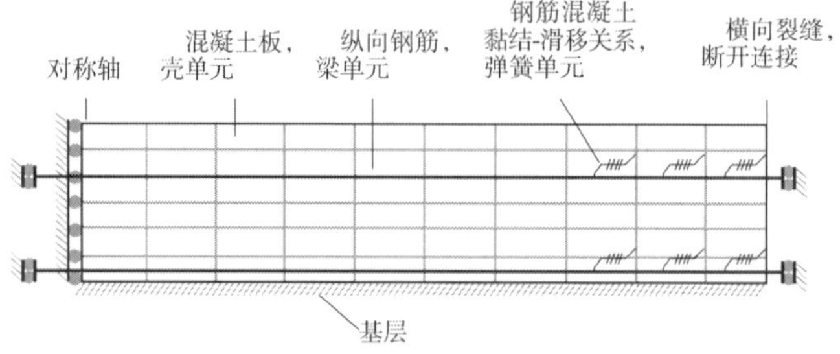

图7-8 CRCP水平裂缝模型示意图

7.3.2 温缩应力和翘曲应力作用下双层配筋CRCP水平裂缝预测

当CRCP整体均匀降温时,CRCP路面板主应力值及其方向分布情况如图7-9、图7-10所示,最大主应力值在横向裂缝上层钢筋处的混凝土上,为2.143MPa,主要是钢筋为约束混凝土产生收缩变形,由钢筋混凝土之间的黏结强度提供的作用力反作用在混凝土上而产生的拉应力,其最大主应力方向大致沿水平面向上或向下。

图7-9 均匀降温下CRCP主应力分布图

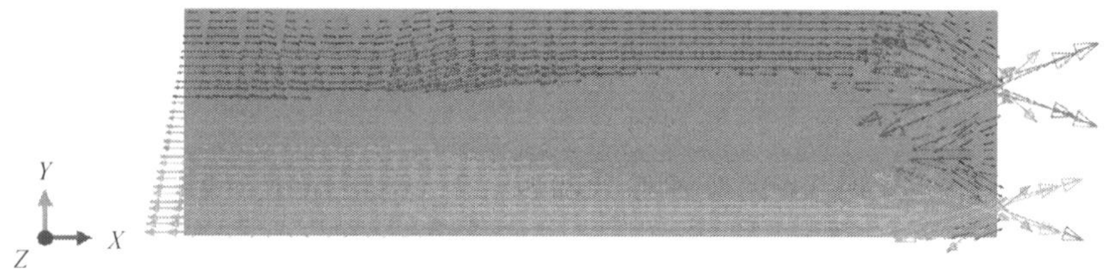

图7-10 均匀降温下CRCP主应力方向分布图

当CRCP处于负温度梯度下,CRCP路面板主应力值及其方向分布情况如图7-11、图7-12所示,CRCP最大主应力在横向裂缝上层钢筋处的混凝土上,为2.507MPa,其最大主应力方向大致沿水平面向上或向下。根据应力分析可知,当CRCP处于降温状态时,最大主应力发生在纵向钢筋层位置,其方向大致沿水平面向上或向下,负温度梯度会加剧上层钢筋层处混凝土的拉应力,在上层钢筋层处易沿水平面方向发生疲劳裂缝或极限开裂,即水平裂缝。

图7-11 负温度梯度下CRCP主应力分布图

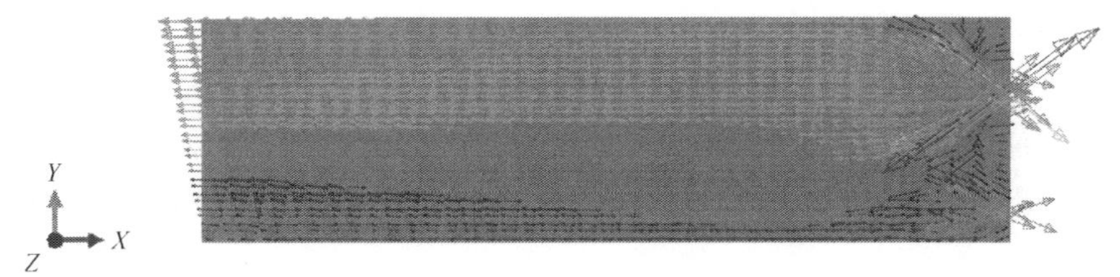

图 7-12　负温度梯度下 CRCP 主应力方向分布图

7.3.3　CRCP 动力响应模型参数选

在进行路面结构设计时,一般将车辆荷载简化为均布的静荷载作用在路面上进行受力分析,但车辆荷载作用在路面结构上时并非恒定的静荷载,动态的车辆荷载行驶在道路上时,在对道路施加振动效果时,道路也相应加剧车辆自身的振动效果。路面承受的动荷载一般分为两种形式:一是在路面固定位置施加大小随时间变化的荷载,荷载在路面分布时也可考虑其分布不均匀性;二是对路面某一段施加随位置移动的荷载,荷载大小也可随时间变化而变化。

按照荷载作用形式,一般将作用在路面上的车辆荷载转化为:

(1)均布静荷载。《公路沥青路面设计规范》(JTG D50—2017)将 BZZ-100 作为路面设计的标准。

(2)移动恒荷载。车辆在经过路面时,可将路面均分为若干等量小段长度的“点”,车辆驶过每一“点”时一般需要 0.01 ~0.1s,若车辆以 10m/s 的速度行驶,这一小段的“点”长度也可达 0.1 ~1m,将这些“点”可聚集成“线”,就可以构成的整个路面长度。这种荷载作用在路面段上的大小不变。

(3)振动移动荷载。将荷载作用在由“点”构成的路段上,同时存在一定的振动频率和幅值,可通过调整振动频率和幅值来模拟不同交通量和轴载。振动波形一般有三角形和正(余)弦形式,Al-Qadi 等对车辆荷载进行实测时发现,半正弦波形式更符合车辆荷载作用在路面上的实测数据,如图 7-13、图 7-14 所示。

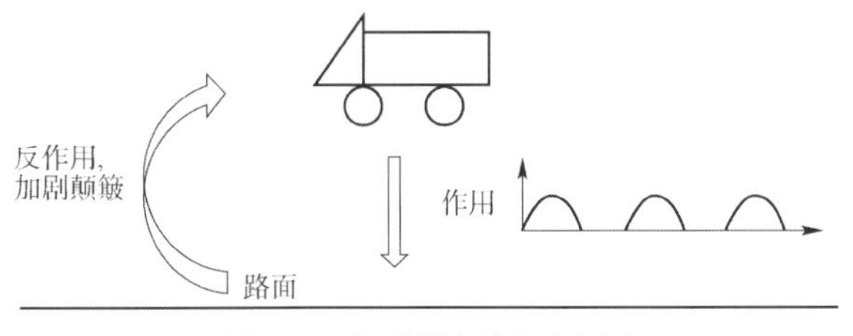

图 7-13　车-路耦合效应示意图

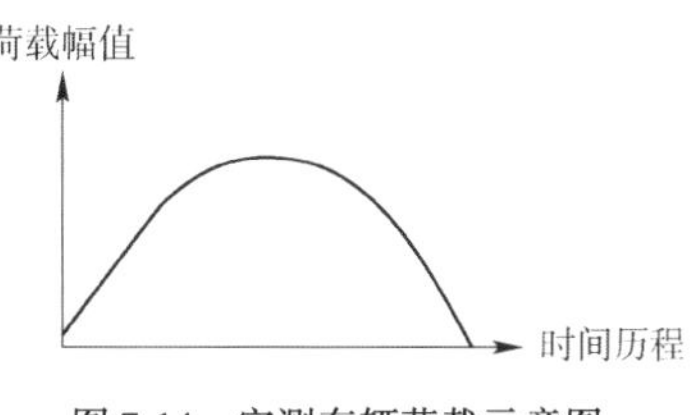

图 7-14　实测车辆荷载示意图

动态荷载的函数式为:

$$p(t) = p_0 + p \cdot \sin(\omega t) \tag{7-1}$$

式中:p_0——车辆静荷载;

p——荷载增量,$p = M_0 \mu \omega^2$,μ 与路面平整度有关;

ω——振动圆周率,$\omega = 2\pi v/L$;

v——车速;

L——路面不平整波长。

在进行路面设计时,一般采用均布荷载分布。事实上,轮胎在与地面接触时,接触面积上的受力分布并不均匀，接触面积和接触压力与轴重有关，但为简化计算工作量，荷载分布仍采用均匀分布，将圆形荷载简化为矩形荷载，如图7-15所示，依据已有文献中的公式，推算出BZZ-100下圆形荷载与矩形荷载相应的轮胎与地面接触压力和接触面积，见表7-7，通过ABAQUS子程序DLOAD实现移动荷载的施加。

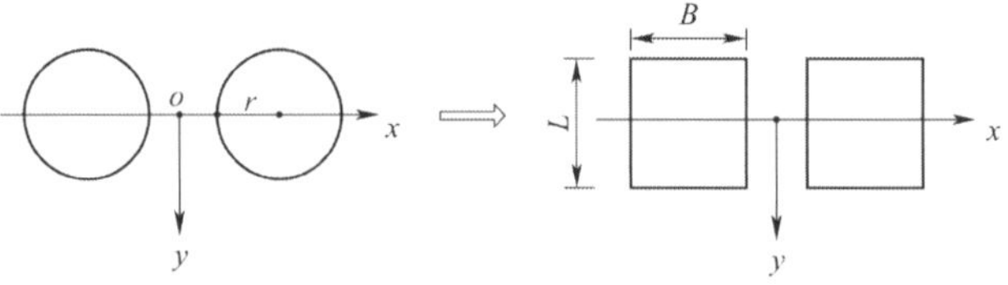

图7-15　圆形荷载转换为矩形荷载示意图

荷载计算参数　　表7-7

单圆荷重（kN）	矩形荷载宽度 B（mm）	矩形荷载长度 L（mm）	圆形荷载半径 r（mm）	接地压力（MPa）
25.4	233	159	108.24	0.690

7.3.4　横向裂缝间距对双层配筋CRCP水平裂缝的影响

（1）温度荷载作用。

现场实测时，发现随着时间的变化，横向裂缝间距会慢慢变小，目前实测试验路横向裂缝间距为0.8m，因此，分别分析两种不同横向裂缝间距2.1m和0.8m对水平裂缝的影响。计算结果如图7-16所示，横向裂缝间距分别为2.1m、0.8m时，上层钢筋附近混凝土的最大主应力分别为2.505MPa、3.203MPa，下层钢筋附近混凝土的最大主应力分别为0.643MPa、1.334MPa。计算结果表明，在负温度梯度作用下，横向裂缝间距越小，钢筋层附近混凝土产生水平裂缝的风险越大。

为进一步分析横向裂缝间距的影响，分析CRCP整体均匀降温5℃下，CRCP最大主应力分布，如图7-17所示，上层钢筋附近混凝土的最大主应力分别为2.109MPa、0.980MPa，下层钢筋附近混凝土的最大主应力分别为1.907MPa、0.941MPa，在整体降温条件下，横向裂缝间距越大，钢筋层附近混凝土产生水平裂缝的风险越大。综合分析可知，横向裂缝间距过大或者过小，在温度变化下，均会增加水平裂缝的开裂风险。因此，需将水平裂缝控制在合理范围内，对不同CRCP，其合理范围值不同。

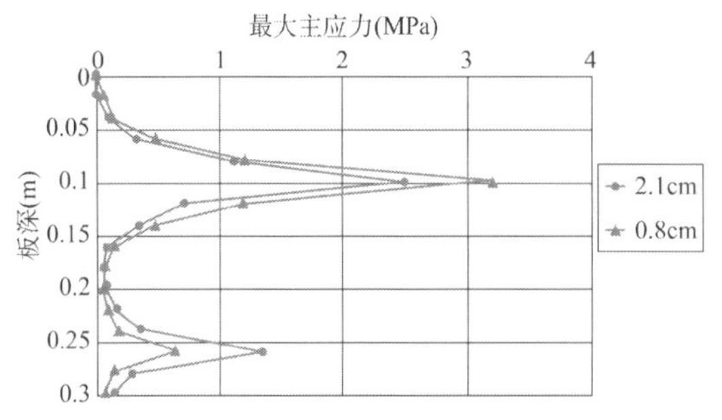

图7-16　负温度梯度下横向裂缝间距对CRCP水平开裂的影响

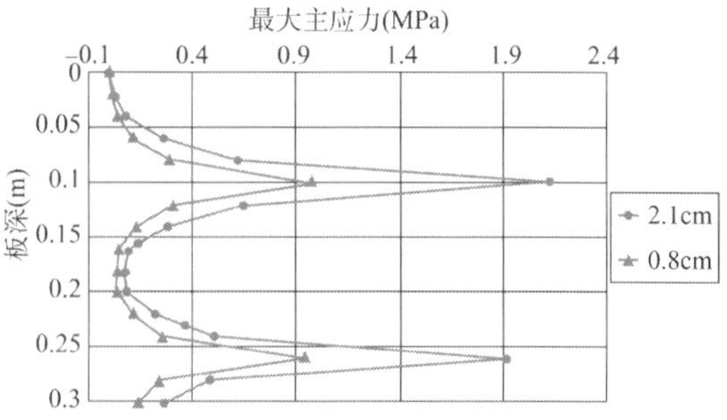

图7-17　均匀降温下横向裂缝间距对CRCP水平开裂的影响

(2)交通荷载作用。

分别考虑横向裂缝间距为2.1m、0.8m时,车辆荷载作用下,上层钢筋处混凝土的裂缝宽度分别取0mm、0.2mm、0.5mm,上层钢筋附近混凝土的最大主应力值分别为0.122MPa、0.0157MPa(图7-18),下层钢筋附近混凝土的最大主应力值分别为0.0242MPa、0.0414MPa(图7-19)。

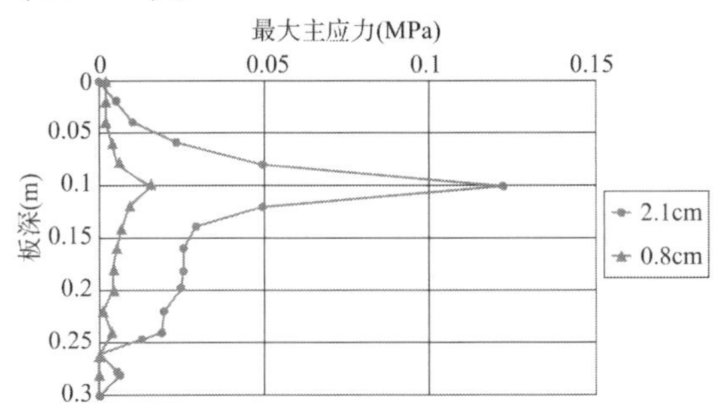

图7-18 上层钢筋附近混凝土最大主应力达到峰值时的情况

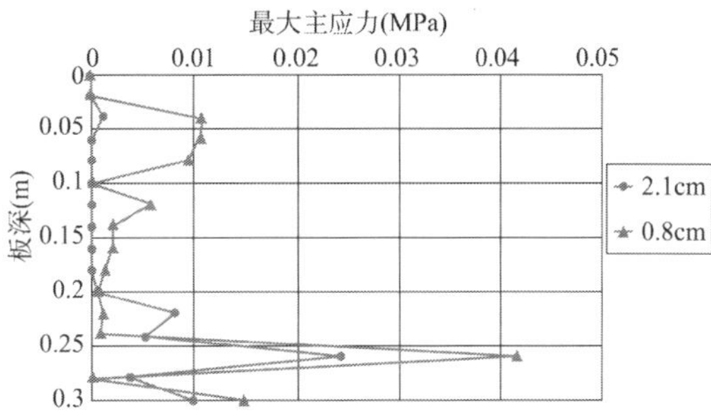

图7-19 下层钢筋附近混凝土最大主应力达到峰值时的情况

总体而言,窄的横向间距能够减小荷载作用下CRCP水平裂缝出现的概率。

7.3.5 横向裂缝宽度对双层配筋CRCP水平裂缝的影响

(1)温度荷载作用。

横向裂缝的宽度会造成钢筋混凝土出现相对滑移量,加大钢筋层附近混凝土的最大主应力值,分别选取上层钢筋处混凝土裂缝宽度为0mm、0.2mm、0.5mm,下层钢筋处混凝土相应裂缝宽度为0mm、0.05mm、0.125mm三种情况下,横向裂缝沿深度方向混凝土的最大主应力分布计算结果如图7-20所示。三种裂缝宽度下,上层钢筋处混凝土最大主应力值分别为2.507MPa、2.527MPa、2.557MPa,下层钢筋处混凝土最大主应力值分别为1.334MPa、2.154MPa、3.117MPa。由分析可知,上层钢筋与混凝土相对滑移量持续增大,黏结强度部分失效,将无法为上部混凝土收缩提供更大的约束力,下层钢筋处裂缝宽度小,能承受更大的混凝土收缩位移,当产生从上至下开展的裂缝时,随着裂缝宽度的开展,下层钢筋处混凝土产生水平裂缝的风险也将增大。

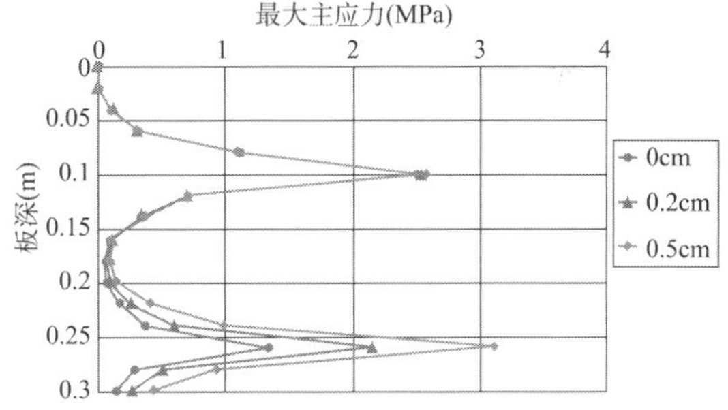

图7-20 不同横向裂缝宽度对CRCP水平开裂的影响

(2)交通荷载作用。

横向裂缝宽度对车辆荷载作用在CRCP路面上的最不利位置有很大的影响,横向裂缝的宽度越大,裂缝处钢筋混凝土的黏结-滑移量越大,使得钢筋层附近的混凝土最大主应力值增大。利用移动荷载子程序加载到CRCP面层板上,分析不同荷载作用位置对应的上、下层钢筋处混凝土的最大主应力值。0.2mm裂缝宽度时,上层钢筋处混凝土应力达到最不利时,车辆荷载作用在距横向裂缝0.54~0.70m的范围内,其余情况类似,计算结果如图7-21、图7-22所示,分别对应上层钢筋处的裂缝宽度为0.2mm、0.5mm的工况。

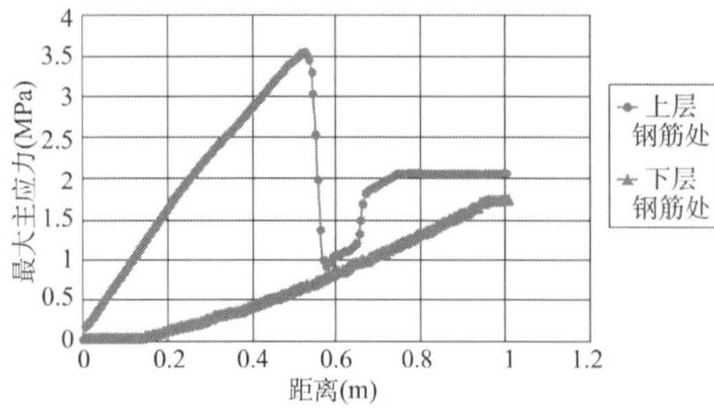

图 7-21　裂缝宽度 0.2mm 时，移动荷载对上、下层钢筋附近混凝土的最大主应力影响

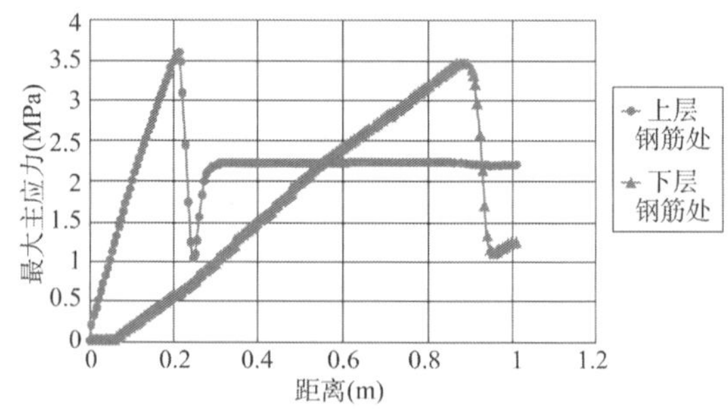

图 7-22　裂缝宽度 0.5mm 时，移动荷载对上、下层钢筋附近混凝土的最大主应力影响

总体而言，裂缝宽度对 CRCP 钢筋层附近混凝土水平开裂的影响很大，在车辆荷载作用下，上层钢筋处混凝土的裂缝宽度分别取 0mm、0.2mm、0.5mm，上层钢筋附近混凝土的最大主应力值分别为 0.122MPa、2.048MPa、3.614MPa（图 7-23），下层钢筋附近混凝土的最大主应力值分别为 0.0242MPa、1.755MPa、3.500MPa（图 7-24）。有效控制裂缝宽度，减小钢筋混凝土的滑移量能够很好地减小 CRCP 水平开裂的风险。

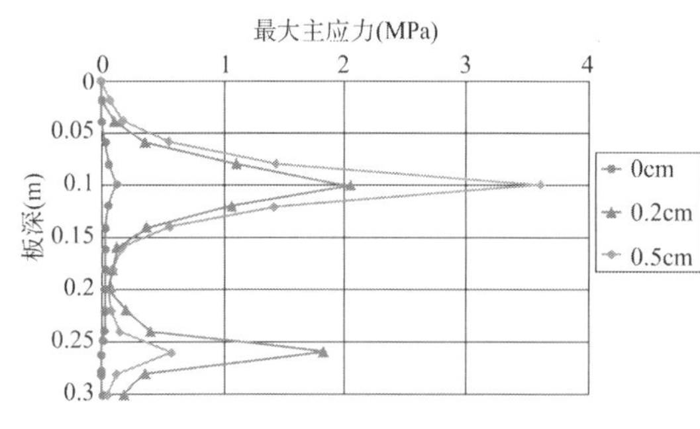

图 7-23　上层钢筋附近混凝土最大主应力达到峰值时的情况

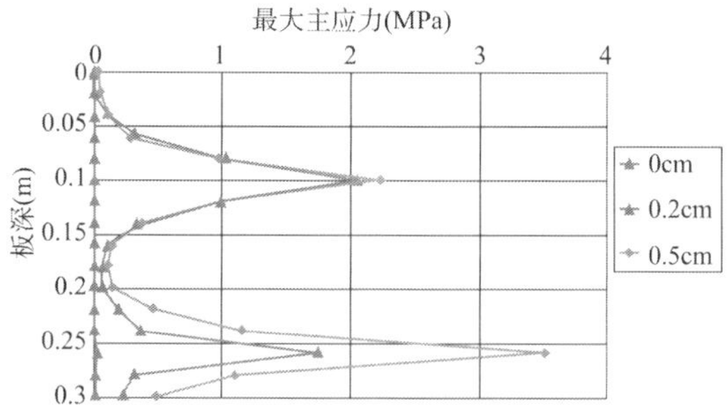

图 7-24　下层钢筋附近混凝土最大主应力达到峰值时的情况

7.3.6　钢筋布置情况对双层配筋 CRCP 水平裂缝的影响

（1）温度荷载作用。

对比了双层钢筋分别布置在距 CRCP 板顶 9cm、26cm，10cm、20cm 及单层钢筋布置在 CRCP 中部的三种钢筋布置方式下，横向裂缝沿深度方向混凝土的最大主应力分布计算结果如图 7-25 所示。钢筋布置在 10cm、20cm 时的最大主应力值在分布在上、下两根钢筋层的混凝土处，为 1.784MPa，此处的钢筋黏结-滑移已发生失效；钢筋布置在 15cm 时，钢筋无法对负温度梯度作用下的上下部分混凝土的收缩产生足够的约束力，中间钢筋层处的混凝土产生的主应力并不大，为 1.597MPa。双层钢筋在布置时，将上层钢筋布置在板 1/3 处，将下层钢筋适当下移，能够有效降低钢

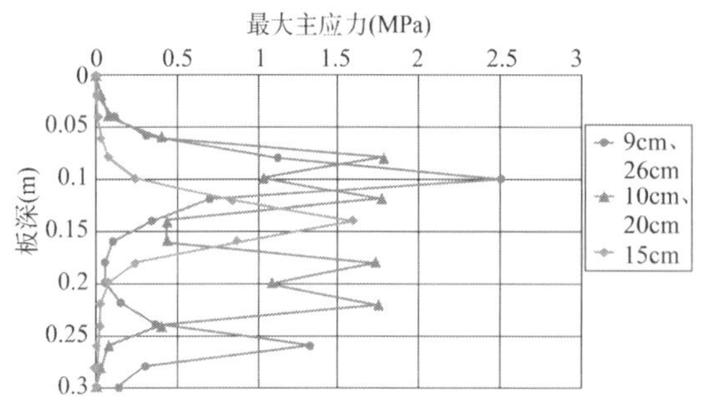

图 7-25　不同钢筋布置方式对 CRCP 水平开裂的影响

筋层附近混凝土的最大主应力,降低水平裂缝产生的风险。

(2)交通荷载作用。

钢筋布置情况对车辆荷载作用下双层配筋 CRCP 水平裂缝开展影响很大,钢筋布置在板深 9cm、16cm,10cm、20cm 处,单层布置在 15cm 处时,上层钢筋附近混凝土的最大主应力值分别为 0.122MPa、0.106MPa、0.034MPa(图 7-26),下层钢筋附近混凝土的最大主应力值分别为 0.0242MPa、0.0806MPa、0MPa(图 7-27)。单层布筋时,能够减小水平裂缝的产生风险,但是明显对混凝土的约束能力不够,不能有效约束混凝土横向开裂;双层布筋时,钢筋布置在 10cm、20cm 时,在车辆荷载作用下,上层钢筋附近 CRCP 水平裂缝的开展概率降低,但下层钢筋层附近 CRCP 水平开裂的概率增加;钢筋布置在 9cm、16cm 时则正好相反。合理地布置双层钢筋的埋置深度,可以达到均衡上、下层水平裂缝的开展。

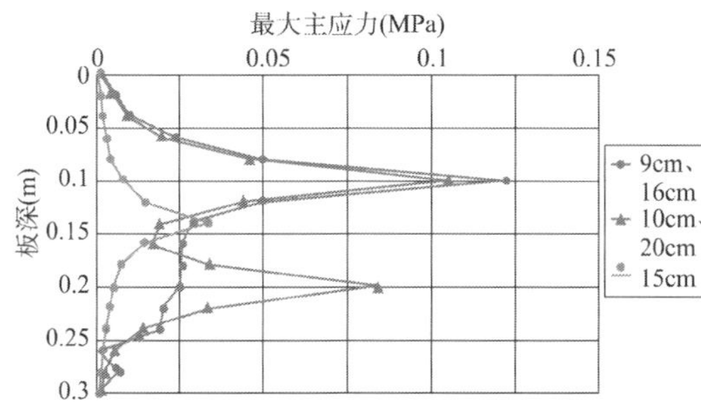

图 7-26　上层钢筋附近混凝土最大主应力达到峰值时的情况

图 7-27　下层钢筋附近混凝土最大主应力达到峰值时的情况

7.4　裂缝的主动控制与平整度观测

裂缝是造成水泥路面破坏主要因素之一,减少裂缝会增加路面的使用寿命。减少裂缝的出现有两个途径,一是在修筑路面时通过合理设置路面构造而减少裂缝数量,二是通过修复早期裂缝直接减少裂缝数量。

7.4.1　裂缝的主动控制措施

武汉青王公路在主动减少裂缝出现方面主要从两个角度考虑,一是采用诱导缝,二是对井盖处进行预切缝处理。诱导切缝以及预切缝减少裂缝的原理同切缝控制裂缝一样,通过人为切缝,在该处主动释放混凝土胀缩与荷载产生的应力,减少其他区域的应力。但减少其他区域裂缝的同时也造成设置裂缝处应力集中,形成薄弱区域。诱导缝长度、宽度与深度必须设置合理,过长、过宽或者过深会造成应力太过集中,产生的裂缝密集而且宽度较大,容易产生冲断破坏,反之则起不到引导路面裂缝发展的作用。

武汉青王公路在长 117m 的试验路段上设置了裂缝,设置位置为混凝土面层板两侧边缘,宽度为 2 ~ 3mm、深度为 2 ~ 3cm、从板边缘向内延伸 50cm,相邻诱导缝间隔为 1.5m,诱导缝设置如图 7-28 所示。在混凝土浇筑完成 1 个月后,对井盖处进行预切缝处理,位置为与板宽方向平行且通过井盖直径,深度为 3 ~ 4cm,宽度为 4 ~ 5mm,切缝后用水清洗,再用硅酮类填缝。诱导缝与井盖切缝如图 7-28、图 7-29 所示。

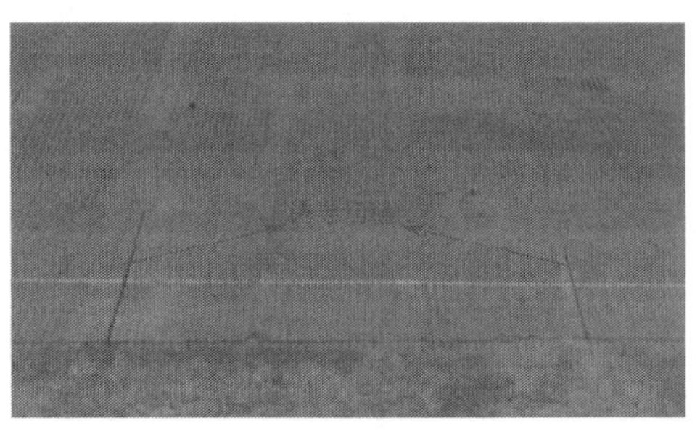

图 7-28　诱导缝设置实物图

图 7-29　井盖处切缝处理构造图

经过检测，在诱导切缝试验路段先只出现了一条宽度为 0.2mm 的细微横向裂缝，随着期龄的增长，这条裂缝发展至 0.94mm，同时出现少量的微小裂缝，达到了诱导裂缝发展的作用。青王公路大多数井盖处未有裂缝产生，只有几处井盖处产生横穿整个路面的裂缝且位置靠近切缝，且每处井盖的数量较少，不会造成冲断破坏现象，如图 7-30 所示。

7.4.2　早期接缝病害及修复

实体工程根据原设计设置了横向接缝，接缝处纵向连续配筋全部切断，虽然增设了传力杆，但在养护过程中发现，混凝土面板有不规则拉裂现象出现，如图 7-31 所示。此外，切缝处是连续配筋混凝土路面的薄弱环节，在荷载作用下，拉断处易产生不规则裂缝（图 7-32），甚至剥落（图 7-33），这将给路面的使用寿命带来很大影响。

图 7-30　井盖处贯穿裂缝

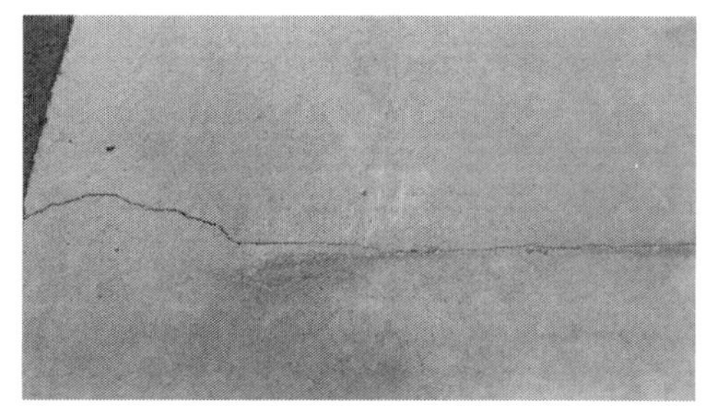

图 7-31　养护期间的拉断现象

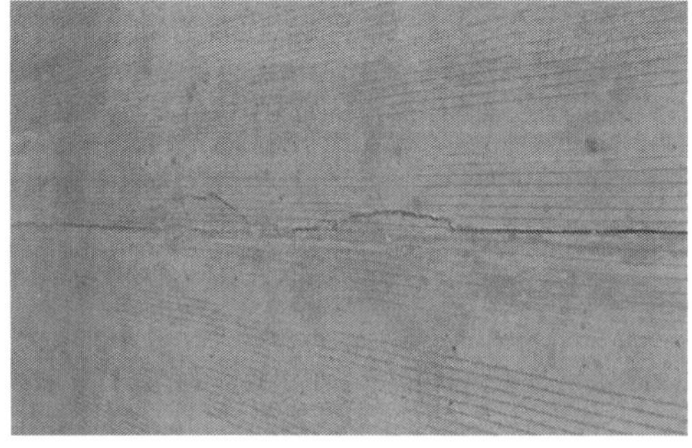

图 7-32　切缝处的裂缝病害

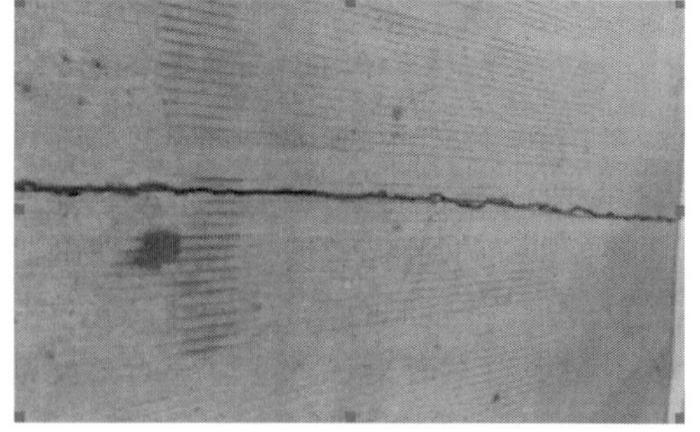

图 7-33　切缝处裂缝的剥落

针对这些情况，作者提出两种处置方案：第一种方案是在开裂端以裂缝为中心开断面宽度 20cm、深度 15cm 的矩形槽，采用环氧砂浆填补；第二种方案是在开裂端以裂缝为中心开断面宽度 50cm、深度 15cm 的矩形槽，采用 C50 混凝土填补。若开裂不严重，可暂不处理或采用沥青灌缝的方法处置;若开裂严重,宜采用第一种处置方案,不建议采用第二种处置方案,因为C50混凝土强度大、模量高、温缩和干缩性大,可能会因变形不协调而在C50混凝土与原混凝土界面处产生开裂。此外,采用环氧砂浆修补会与原路面产生色差,可以分层进行修补,减小色差,同时要保证环氧砂浆在施工工程中的密实等质量问题。方案一的施工图如图7-34所示,方案二的施工图如图7-35所示。

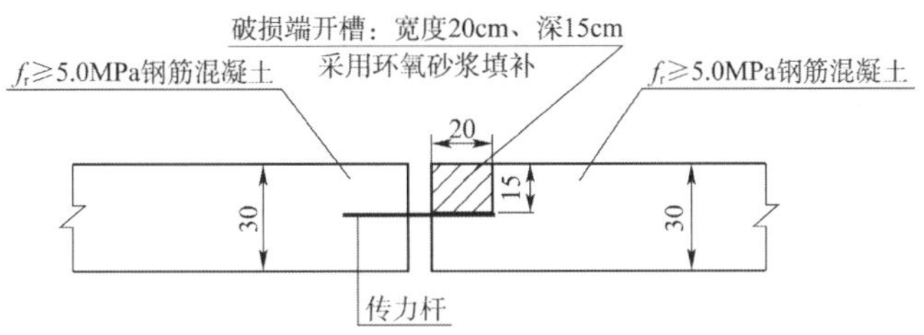

图7-34 环氧砂浆填补方案施工图(尺寸单位:cm)

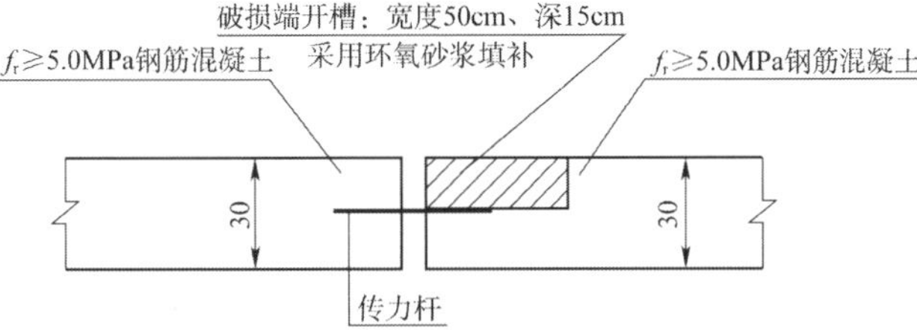

图7-35 C50混凝土填补方案施工图(尺寸单位:cm)

7.4.3 早期裂缝观测分析

青王公路面层是双层CRC板,对于面层的设计、施工以及早期病害处理仍处于摸索之中。本节将从对路面早期裂缝调查来评价武汉青王公路路面设计与施工的合理性。

(1)横向裂缝产生规律分析。

裂缝既是水泥混凝土路面早期病害,同时也是路面后期许多病害形成的主要因素,因此早期运营过程中裂缝的间距与宽度可以作为评判路面的实际效果好坏。连续配筋混凝土路面的裂缝从出现到形成到稳定,因主导作用与发展不同可以分为三个阶段:硬化开裂期、过渡开裂期及稳定开裂期,各阶段的时间以及主导作用表现形式见表7-8。

连续配筋混凝土裂缝形成过程 表7-8

开 裂 期	时 间 段	主 导 作 用	表 现 形 式
硬化开裂期	路面完工80d内	干缩作用	裂缝开始出现,数量增加较快
过渡开裂期	路面完工80~200d	干缩与温缩共同作用	裂缝呈线性增加
稳定开裂期	路面完工后200d后	温缩与行车荷载	数量增加很平缓,宽度不断增大

(2)裂缝的检测与统计。

武汉青王公路右幅车道于2015年6月底完成施工,分别在2015年11月和2016年3月对青王公路右侧外侧车道的横向裂缝进行了观测与统计。在两次观测后的数据统计中,对于裂缝宽度的统计,舍弃宽度小于0.2mm细微裂缝;对于裂缝间距的统计,考虑到道路沿线伸缩缝、切缝等构造物对横向裂缝的产生有重大影响,因此裂缝间距的统计起点为第一条裂缝,并舍弃路线中伸缩缝、切缝等构造物到两边第一条裂缝之间的距离。同时分路段统计时,以青王公路为面沿线以伸缩缝为分界线，选取其中 15 段，分路段段统计结果见表 7-9、表 7-10。

2015 年 11 月分路段裂缝检测结果　　表 7-9

路　段	横向裂缝（条）	最大裂缝缝隙宽度（mm）	最大裂缝间距（m）	真缝与施工缝/井盖切缝（条）
K1 +213 ~ K1 +650	12	0.66	82	2/8
K1 +650 ~ K2 +010	0	—	—	2/9
K2 +010 ~ K2 +270	8	0.62	68	1/4
K2 +270 ~ K2 +950	58	0.72	60	1/11
K2 +950 ~ K3 +460	26	0.80	49	3/10
K3 +460 ~ K4 +350	34	0.80	50	7/21
K4 +350 ~ K4 +990	33	0.80	47	718
K4 +990 ~ K5 +425	15	0.80	39	2/13
K5 +425 ~ K5 +875	23	0.80	40	2/12
K5 +875 ~ K6 +310	13	0.74	40	3/11
K6 +310 ~ K7 +260	91	0.78	41	8/25
K7 +260 ~ K7 +910	35	0.74	47	5/18
K7 +910 ~ K8 +280	6	0.68	39	2/9
K8 +848 ~ K9 +190	10	0.78	64	7/12
K9 +190 ~ K9 +474	8	0.80	62	0/0

2016 年 3 月分路段裂缝检测结果　　表 7-10

路　段	横向裂缝（条）	最大裂缝缝隙宽度（mm）	最大裂缝间距（m）	真缝与施工缝/井盖切缝（条）
K1 +213 ~ K1 +650	131	0.84	35	2/8
K1 +650 ~ K2 +010	91	0.86	23	2/9
K2 +010 ~ K2 +270	73	0.86	27	1/4
K2 +270 ~ K2 +950	258	0.92	29	1/11
K2 +950 ~ K3 +460	194	0.96	30	3/10
K3 +460 ~ K4 +350	272	0.94	26	7/21
K4 +350 ~ K4 +990	108	0.92	25	718
K4 +990 ~ K5 +425	34	0.90	29	2/13
K5 +425 ~ K5 +875	73	0.96	22	2/12
K5 +875 ~ K6 +310	69	0.94	21	3/11
K6 +310 ~ K7 +260	239	0.84	28	8/25
K7 +260 ~ K7 +910	109	0.88	25	5/18
K7 +910 ~ K8 +280	30	0.84	25	2/9
K8 +848 ~ K9 +190	36	0.90	30	7/12
K9 +190 ~ K9 +474	23	0.90	31	0/0

在对全路段所有裂缝宽度与裂缝间距统计时，裂缝宽度进行统计时对0.21～0.29mm全部统计到0.2mm内，裂缝宽度进行统计时对0.1～1m全部统计到1m内。2015年11月和2016年3月的裂缝缝隙宽度分布如图7-36、图7-37所示，裂缝间距分布如图7-38、图7-39所示。

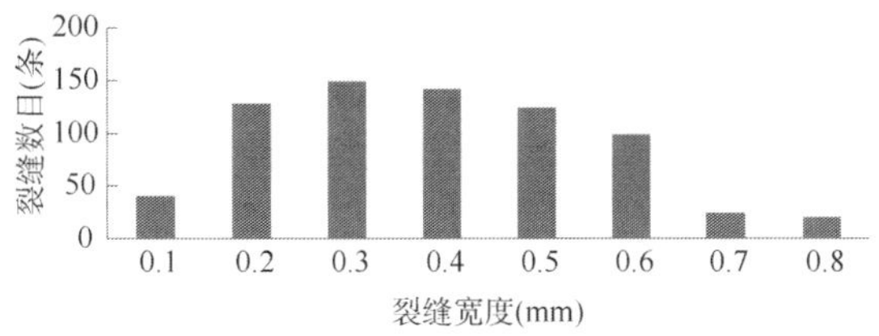

图7-36　2015年11月裂缝宽度检测情况

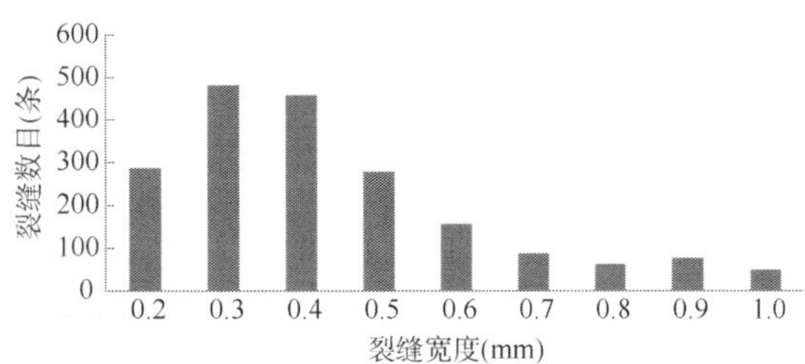

图7-37　2016年3月裂缝宽度检测情况

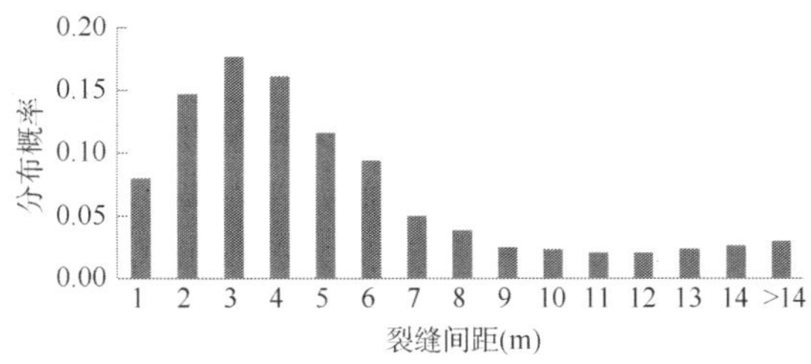

图7-38　2015年11月裂缝间距检测情况

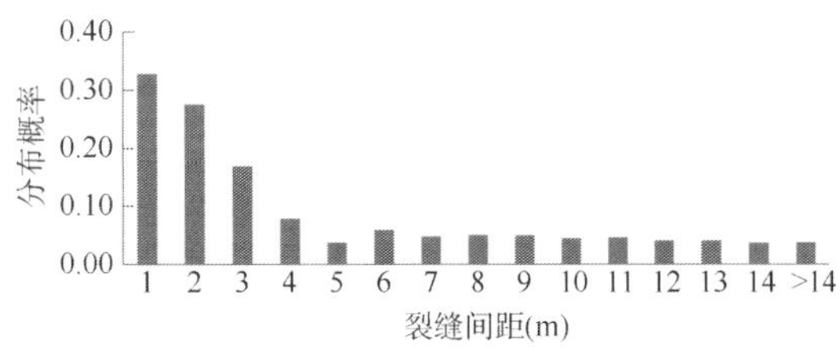

图7-39　2016年3月裂缝间距检测情况

(3)裂缝宽度与裂缝间距的评价。

裂缝宽度的大小影响着路面结构的传荷能力，裂缝间距大则影响路面结构的整体稳定性，太小容易造成冲断破坏，因此，有必要对裂缝宽度与裂缝间距进行检测与评价。对全路段两次检测的裂缝宽度进行统计，检测结果见表7-11。

武汉青王公路裂缝统计表 表 7-11

日期		2015 年 11 月	2016 年 3 月
裂缝宽度 d (mm)	最大值	0.76	0.94
	最小值	0.20	0.20
	平均值	0.60	0.415
裂缝间距 L_d (m)	最大值	117	42
	最小值	0.2	0.1
	平均值	4.90	2.178
裂缝条数		375	1848

从表 7-8 ~ 表 7-11 与图 7-37 ~ 图 7-40 中可以得出以下结论：第二次检测同第一次相比，裂缝数量有着极大的提高，这是因为第二次观测时混凝土已经处于稳定开裂期，经过前两个阶段的累计裂缝数量会有增加，同时也使得裂缝间距平均值减少；第二次检测与第一次检测相比，裂缝宽度的最大值变大而平均值减少，这是因为第一阶段形成的裂缝在历经温度与行车荷载后，裂缝处板内应力完全释放导致裂缝宽度增大，而在第二阶段形成大量的裂缝板内应力却完全释放，表现出裂缝宽度较小，第二阶段形成的裂缝比第一阶段形成的裂缝数量多，从而表现出裂缝平均宽度变小的现象。根据相关文献，在 CRC 板经过一个夏季高温与冬季低温且达到稳定开裂一段时间后，横向裂缝平均间距与平均宽度会趋向于稳定，因此 2016 年 3 月检测得出的横向裂缝间距与平均宽度可以作为武汉青王公路最终表现出来的横向裂缝间距与平均宽度值。根据《城镇道路路面设计规范》(CJJ 169—2011)6.6.3 中规定，CRCP 最大裂缝宽度不宜超过 1mm，平均裂缝间距保持在 1.0 ~ 2.5m，武汉青王公路最大裂缝宽度为 0.94mm，平均裂缝间距为 2.178m，符合规范设计要求。

根据相关文献的研究成果，CRCP 横向间距的分布应服从 Dagum 函数分布，公式如下所示：

$$f(x)=\frac{\alpha k\left(\frac{x-\gamma}{\beta}\right)^{\alpha k-1}}{\beta\left[1+\left(\frac{x-\gamma}{\beta}\right)^{\alpha}\right]^{k+1}} \tag{7-2}$$

式中：x——裂缝间距；

α、β、γ、k——函数待预估参数。

利用上述函数对两次检测的裂缝间距进行分析，经分析计算得到各参数与回归系数 R^2，见表 7-12。

分布参数及回归系数 表 7-12

检 测 时 间	α	β	γ	k	R_2
2015 年 11 月	3.4786	4.7856	-0.2014	0.6573	0.9973
2016 年 3 月	2.8270	2.3494	-0.1124	0.4471	0.9997

(4)横向裂缝分布。

华中科技大学也对青王路和 21 号公路的横向裂缝分布进行了观测。青王路和 21 号公路中均采用了横向伸缩缝和横向施工缝两种接缝形式，横向伸缩缝和施工缝处的纵向钢筋分别为不连续状态和连续状态。自由端、横向伸缩缝和施工缝附近的横向裂缝间距调查结果如图 7-41 所示，由于自由端可以在温度变化下实现自由伸缩变形，由此引起的板内应力水平低，因此自由端附近的横向裂缝少，裂缝间距也最长。施工缝处由于纵向钢筋连续而受到与板中位置类似的约束作用，施工缝处的裂缝分布与板中位置无明显差异。由于横向伸缩缝处纵向钢筋断开，此处裂缝分布与自由端类似，当气温从 25℃降到 5℃时，该横向伸缩缝的宽度变化为 1.5cm，相邻的施工缝宽度则无明显变化。如图 7-40 所示，调查的三段路面板中平均裂缝间距分别为 1.27m、1.72m 和 0.80m，在纵向配筋率相同的路段，平均裂缝间距还与施工温度和水泥混凝土材料性质等因素密切相关。

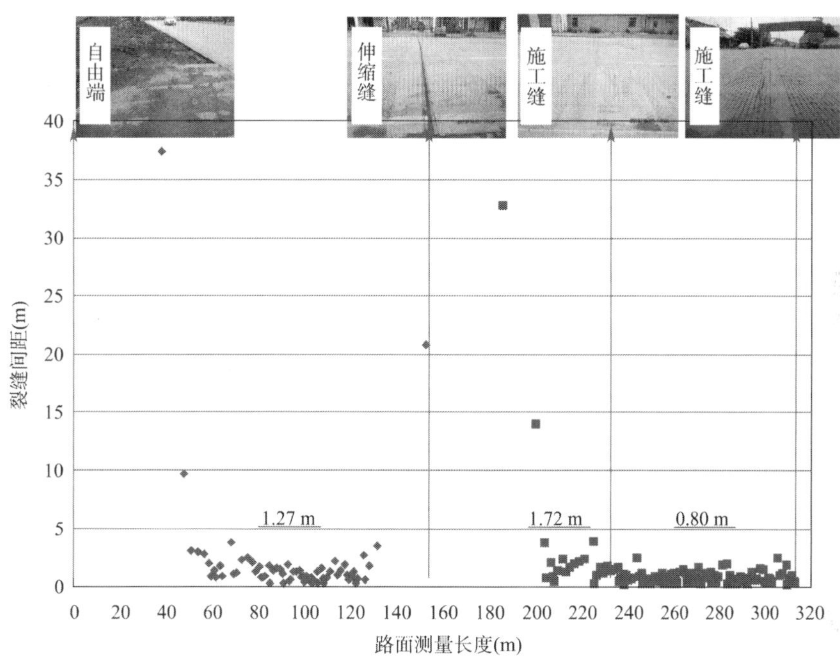

图 7-40　自由端、横向伸缩缝和施工缝附近横向裂缝分布对比(21 号公路)

7.4.4　路面平整度观测与分析

路面平整度是水泥混凝土路面行驶质量的一个重要指标，它可以反映出水泥混凝土路面施工工艺水平。武汉青王公路面层双层钢筋网中上层钢筋离顶面只有 7cm，这种钢筋埋置深度较小的结构会给施工带来许多困难，容易造成路面平整度不满足要求，因此有必要对路面平整度进行检测。左幅与右幅的平整度检测结果如图 7-41、图 7-42 所示。

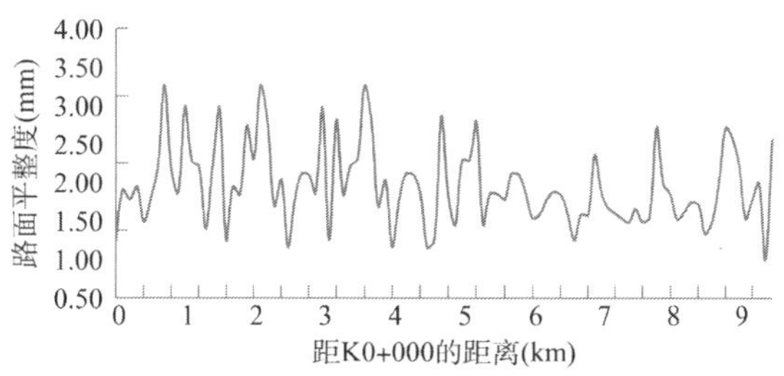

图 7-41　左幅车道平整度示意图

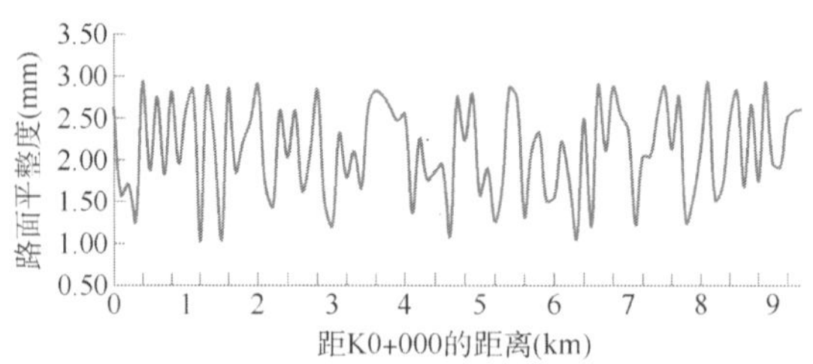

图7-42　左幅车道平整度示意图

对整个路面平整度进行统计计算，左幅车道与右幅车道的平整度最大间隙平均值与平整度标准差计算值见表7-13。

平整度统计计算结果表　　表7-13

项　　目	左 幅 车 道	右 幅 车 道
平整度最大间隙平均值(mm)	2.3	2.1
平整度标准差计算值	0.7	0.6

按照设计要求，根据武汉青王公路所处环境，平整度最大间隙平均值不能超过3mm，平整度标准差计算值不能超过1.2，综合表7-12和表7-13可知，武汉青王公路的平整度达到了设计要求。

7.4.5　双层布筋与单层布筋优缺点比较

(1)双层布筋有更好的稳定性，在标准轴载的作用下，受荷板的竖向位移比单层布筋要小。在车辆反复碾压的作用下，双层布筋对基层和基础所造成的累积塑性变形要比单层布筋小，从而可以减小板底由于车辆荷载累积作用而出现的面层板与基层分离导致板底出现脱空的程度。

(2)相较于单层布筋，双层布筋能更好地应对板底出现局部脱空的情况。双层布筋在板底出现局部脱空的情况下，受荷板板底的横向拉应力小于单层布筋的方案，且受荷板的竖向位移也比单层布筋方案小。下层钢筋的布置可有效提升水泥混凝土面层板的抗弯拉强度，降低连续配筋混凝土面层板出现断板的概率。

(3)单层布筋的连续配筋混凝土路面，钢筋起不到承受车辆荷载的作用；而双层布筋的连续配筋混凝土路面中，钢筋能起到承受车辆荷载的作用。

(4)双层布筋增大了施工难度，相较于单层布筋方案，双层布筋增加了横向钢筋用量，增大了钢筋布设的难度，而且混凝土不易振捣密实，成本也比单层布筋高。

第8章 结 语

双层配筋 CRCP 在重载、板底脱空等不利条件下仍具良好的可靠性和耐久性，可应用于重载交通的公路与城市道路、岩溶与采空地区公路、机场跑道、隧道路面等。然而，现行行业规范中只涉及单层配筋 CRCP，双层配筋 CRCP 设计与施工内容缺乏；双层配筋 CRCP 因结构复杂，配筋率难以计算，结构组合和钢筋布置方式难以确定，横向裂缝宽度与间距难以控制和预测，设计与施工质量难以保障等技术难题有待解决。为此，作者及课程组成员依托国家工程实验室和交通行业重点实验室，结合国家自科基金、交通运输部应用基础研究等科研与技术咨询项目，通过刻苦攻关，在双层连续配筋混凝土路面相关理论、设计方法、施工技术等方面取得了一定的成果，具体如下。

推导了裂缝宽度等配筋率设计控制指标的解析公式，为双层配筋 CRCP 的配筋率设计提供了理论基础和科学依据；提出了考虑双层钢筋相互影响的配筋率控制指标，充分考虑了下层钢筋对结构温湿应力的影响，避免了配筋率设计过度保守导致的钢筋浪费问题；建立了上层和下层钢筋的配筋率计算方法，解决了行业规范中无双层配筋 CRCP 配筋率设计的问题，对现行行业规范起到了有益补充。

揭示了双层配筋 CRCP 在重载、板底脱空等不利条件下的力学响应特征，论证了其结构可靠及耐久的应用优势，为双层配筋 CRCP 的推广应用提供了理论依据；研发了适用于重载及多雨地区双层配筋 CRCP 结构组合，与传统结构相比，新结构的荷载疲劳应力大幅度减小，降低了在重载及多雨等不利条件下出现板底脱空及断板的概率，有效提升了结构的使用寿命；发明了上下层连续钢筋及支座的布设方式，取消了上层横向钢筋，增大了硬路肩纵向钢筋的间距，总体节约钢筋用量约 20%，并有利于混凝土的振捣密实，提升了混凝土的施工质量。

分析了温湿作用下面板的开裂行为特征，揭示了双层配筋 CRCP 裂缝的开裂机理，为双层配筋 CRCP 的开裂控制提供了理论依据；揭示了横向裂缝间距及宽度对水平裂缝的影响规律，通过合理的钢筋布置方式等措施，降低了双层配筋 CRCP 水平裂缝的开裂风险，解决了钢筋处混凝土易发生疲劳裂缝或极限开裂的问题；发明了混凝土面板的裂缝主动控制技术，开发了井盖处预切缝处理技术，提出了面板两侧边缘诱导预切缝的设置技术，有效控制了裂缝的非均匀发展，避免了板边缘因裂缝间距过小而发生冲断破坏。

解决了双层配筋 CRCP 设计与施工技术复杂、质量难以控制的技术难题；发明了横向缩缝及施工缝早期病害防治和延缓技术；研发了适用于双层配筋 CRCP 的横向缩缝及施工方法,有效解决了接缝易出现张开、破碎等早期病害的问题;提出了双层配筋 CRCP 切缝、接缝维护等关键技术,保障了双层配筋 CRCP 的施工质量,形成了“重载道路连续配筋混凝土路面施工”工法。

本书提出的技术完善了双层配筋 CRCP 的结构设计体系,保障了施工质量,避免了结构设计针对性不强、易出现早期病害和钢筋浪费等问题,技术经济指标先进性显著。成果在湖北省武汉市青王公路改造工程、21 号公路维修改造工程、湖北省武穴市省道蕲龙线提质改造工程等南方 6 条重载国省道、市政道路的新建和改造工程中应用。成果的推广应用可充分利用我国相对丰富的水泥和钢筋资源,减少对石油资源的依赖,并对解决重载交通路面早期损坏严重、修补不断、社会影响不良等问题,保障交通安全畅通,促进新时代重载交通路面结构设计及应用技术的发展,意义深远。成果荣获了 2019 年中国公路学会科学技术奖二等奖。

参考文献

[1] (美)黄仰贤. 路面分析与设计[M]. 余定选,齐诚,译. 北京:人民交通出版社,1998.

[2] 胡长顺,王秉纲. 复合式路面设计原理与施工技术[M]. 北京:人民交通出版社,1999.

[3] 张洪亮,左志武. 连续配筋混凝土路面[M]. 北京:人民交通出版社,2011.

[4] 李盛,刘朝晖. 刚柔复合式路面耐久性理论与技术[M]. 北京:人民交通出版社, 2014.

[5] 中华人民共和国行业标准. 公路水泥混凝土路面设计规范:JTG D40—2011[S]. 北京:人民交通出版社,2011.

[6] KimS , Won M C , Mccullough B F . CRCP-10 Computer Program User' s Guide[R]. Austin, TX, USA: Center for Transportation Research, The University of Texas at Austin, 2001.

[7] AASHTO, Guide for Design of Pavement Structure[S]. American Association of State Highway and Transportation Officials, Washington D. C. ,2002.

[8] 曹前,刘青,刘朝晖,等. 双层连续配筋混凝土路面荷载应力分析[J]. 公路,2016,61(08):22-26.

[9] 王晓帆. 温湿耦合对双层连续配筋混凝土路面纵向配筋率设计的影响研究[D]. 长沙:长沙理工大学,2017.

[10] Sheng LI, Fan YANG, ZhaoHui LIU. A new structure for continuously reinforced concrete pavement with road performanceevaluation[J]. Construction and Building Materials,2017,157:1047-1052.

[11] Kohler E R, Roesler J R. Crack Width Measurements in Continuously Reinforced Concrete Pavements[J]. Journal of Transportation Engineering, 2005, 131(09): 645-652.

[12] 曹东伟. 连续配筋混凝土路面结构研究[D]. 西安:长安大学, 2001.

[13] 刘朝晖. 连续配筋混凝土复合式沥青路面[M]. 北京:人民交通出版社,2012.

[14] 王衍辉,徐士翠. 连续配筋混凝土路面收缩应力及参数敏感性分析[J]. 中外公路,2012, 32(03):90-95.

[15] 张磊,黄卫,王斌. 考虑温度与荷载耦合作用的连续配筋混凝土复合式路面损伤分析[J]. 土木工程学报, 2011,01:108-114.

[16] 廖公云,黄晓明. ABAQUS 有限元软件在道路工程中的应用[M]. 南京:东南大学出版社, 2014: 199-210.

[17] Seongcheol, Choi, Soojun Ha, Moon C Won. Mechanism of Transverse Crack Development in Continuously Reinforced Concrete Pavement at Early Ages[J]. Journal of the Transportation Research Board. 2015,2524:42-58.

[18] 谈至明,姚祖康. 非线性温度场下的水泥混凝土路面温度应力[J]. 中国公路学报,1993(04):9-17.

[19] 黄晓明,白桃,李昶. 连续配筋水泥混凝土路面的温度翘曲应力研究[J]. 同济大学学报

(自然科学版),2011,39(07):1026-1030.

[20] Samir N. Shoukry, Gergis W. William, BrianDownie, Mourad Y. Riad. Effect of Moisture and Temperature on the Mechanical Properties of Concrete[J]. Construction & Building Materials, 2011, 25(02): 688-696.

[21] 高原,张君,孙伟. 干湿循环下混凝土湿度与变形的测量[J]. 清华大学学报(自然科学版), 2012, 52(02):144-149.

[22] 魏亚. 水泥混凝土路面板湿度翘曲形成机理及变形计算[J]. 工程力学,2012,29(11): 266-271.

[23] 张倫,赵鸿铎,赵队家,等. 水泥混凝土路面板湿度翘曲应力计算方法[J]. 交通运输工程学报,2016, 16(01):1-7.

[24] KIM S M, WON M C, MCCULOUGH B F. Mechanistic Modeling of Continuously Reinforced Concrete Pavement[J]. Aci Structural Journal, 2003, 100(05): 674-682.

[25] 查旭东. 连续配筋混凝土路面横向开裂发展规律[J]. 交通运输工程学报, 2008, 8(02): 65-68.

[26] 高英,黄晓明,陈锋锋. 基于可靠度的连续配筋混凝土路面配筋率设计方法[J]. 东南大学学报(自然科学版),2009,39(04):835-839.

[27] 李盛,刘朝晖,李宇峙. 连续配筋混凝土路面纵向配筋方法分析[J]. 公路,2013(03): 20-25.

[28] 张庆宇. 连续配筋混凝土路面结构设计与施工技术研究[D]. 上海:上海交通大学,2006.

[29] WON M, GHEBRAB T, CHOI P, et al. Minimize Premature Distresses in Continuously Reinforced Concrete Pavement[J]. Pavement Distress, 2014.

[30] SUN R J, COBOS L, WON M C. Behavior of the Longitudinal Construction Joint of Continuously Reinforced Concrete Pavement[J]. Geotechnical Special Publication, 2011, 205(212): 200-207.

[31] WANG D, ROESLER J R, GUO D Z. Analytical Approach to Predicting Temperature Fields in Multilayered Pavement Systems[J]. Journal of Engineering Mechanics, 2009, 135(4):334-344.

[32] 中华人民共和国行业标准. 城镇道路路面设计规范:CJJ 169—2012[S]. 北京:中国建筑工业出版社,2012.

[33] 赵队家,刘少文,申俊敏. 重载交通水泥混凝土路面结构设计[M]. 北京:人民交通出版社,2012.

[34] 刘建伟,张倫,申俊敏,等. 水泥混凝土路面国内外现状和发展新对策[J]. 中外公路, 2016,04:73-77.

[35] 陈亮亮. 连续配筋水泥混凝土路面冲断破坏预估模型研究[D]. 哈尔滨工业大学,2014.

[36] Bhattacharya P D, Chatterjee R. Calibration of Mechanistic-Empirical Performance Model for Continuously Reinforced Concrete Pavement Punch-Outs[J]. Transportation Research Re-

cord Journal of the Transportation Research Board,2004,1896(1):15-22.
[37] Won M C, Kim S M. Horizontal Cracking in Continuously Reinforced Concrete Pavements [J]. Aci Structural Journal,2010,101(6):784-791.
[38] Kohler E, Roesler J. Crack spacing and crack width investigation from experimental CRCP sections[J]. International Journal of Pavement Engineering,2006,7(4):331-340.
[39] Johnston D P, Surdahl R W. Influence of Mixture Design and Environmental Factors on Continuously Reinforced Concrete Pavement Cracking[J]. Transportation Research Record Journal of the Transportation Research Board,2007,2020(1):83-88.
[40] 孙中阁,杨鸿. 连续配筋混凝土路面在 110 国道改造中的应用[J]. 公路交通科技,2004(8):77-80.
[41] 刘朝晖,李宇峙,苏纪开,等. 国道 325 线恩平东段一级公路连续配筋混凝土试验路路面结构设计[J]. 广东公路交通,2003,(81):13-16.
[42] 张云龙,刘寒冰. 连续配筋混凝土路面温度应力的有限元分析[J]. 公路交通科技,2011,28(1),1-6.
[43] 刘朝晖,王骁帆,李盛,等. 温缩和干缩对连续配筋混凝土路面纵向配筋的影响[J]. 中国公路学报, 2016,11:1-9.
[44] 王斌,杨军. 移动荷载作用下连续配筋混凝土路面三维有限元分析[J]. 东南大学学报, 2008, 38(5): 850-855.
[45] 陈小兵. 基于裂缝形成规律的连续配筋混凝土路面结构设计方法研究[D]. 南京:东南大学,2013.
[46] 王虎,胡长顺,王秉纲. 连续配筋混凝土路面荷载应力精确解[J]. 中国公路学报,2000,02:3-6.
[47] 曹前,刘青,刘朝晖,等. 双层连续配筋混凝土路面荷载应力分析[J]. 公路,2016,08:22-26.
[48] 张艳聪,张倄. 重载交通水泥混凝土路面层间参数与结构性能[M]. 北京:人民交通出版社股份有限公司,2015.
[49] 赵华. 双层钢筋混凝土路面应力分析与结构设计研究[D]. 西安:长安大学,2009.
[50] Zhou, Wujun, Pangil Choi, Sureel Saraf, et al. Premature Distresses at Transverse Construction Joints (TCJs) in Continuously Reinforced Concrete Pavements[J]. Construction and Building Materials 2014,55: 212-219.
[51] 李盛,杨帆,刘萌,等. 新型双层 CRCP 结构及在城市道路中的应用[J]. 中南大学学报(自然科学版), 2019,50(4): 983-989.
[52] 杨帆. 双层连续配筋混凝土路面配筋率设计研究[D]. 长沙:长沙理工大学,2019.
[53] 陈尚武. 武汉青王公路双层 CRCP 结构研究及工程应用[D]. 长沙:长沙理工大学,2017.
[54] 曹前. 双层连续配筋混凝土路面结构分析与应用研究[D]. 长沙:长沙理工大学,2017.
[55] 李和林. 双层连续配筋混凝土路面水平裂缝产生机理研究[D]. 武汉:华中科技大学,2019.

[56] 李盛,柳力,刘朝晖,等.适用多雨地区城市道路的双层钢筋混凝土路面结构[P].中国专利:201610135174.8,2016.

[57] 李盛,刘朝晖,曹前,等.一种设置连续钢筋的水泥混凝土路面结构[P].中国专利:201510265087.X,2015.

[58] 李盛,曹前,刘朝晖,等.适用于连续配筋混凝土路面结构的接缝及施工方法[P].中国专利:201610135171.4,2016.

[59] 李盛,杨帆,许可,等.一种双层连续配筋混凝土路面配筋率控制指标的确定方法[P].中国专利:2019103213892,2019.

[60] 周吴军,李和林,胡涛,等.一种用于连续配筋混凝土路面早期横向裂缝的预测方法[P].中国专利:201910471037.5,2019.

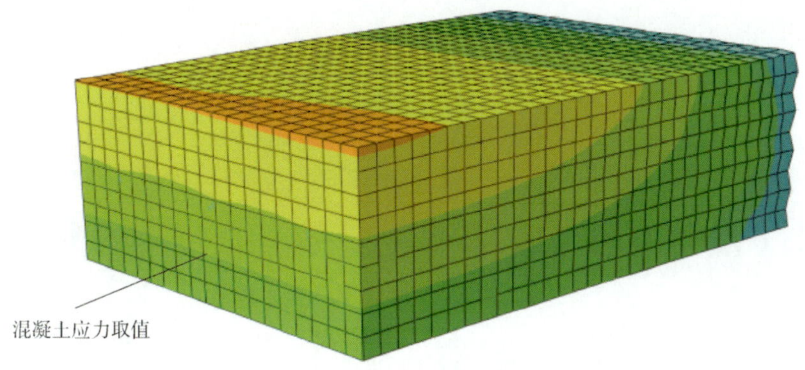

图 2-9　CRC 板应变云图

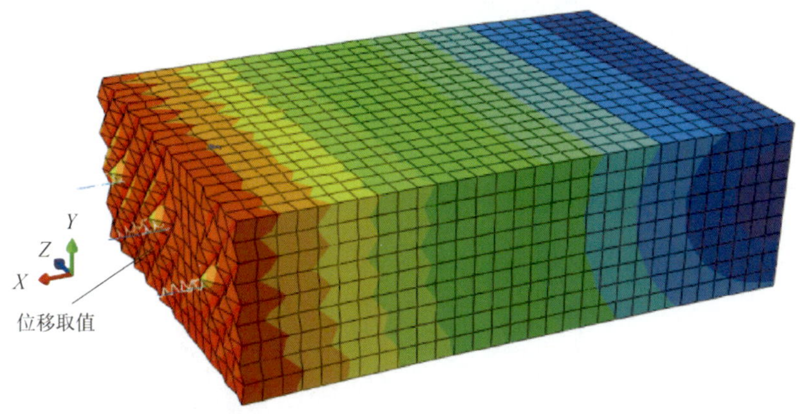

图 2-10　混凝土 S11 应力云图(单位:Pa)

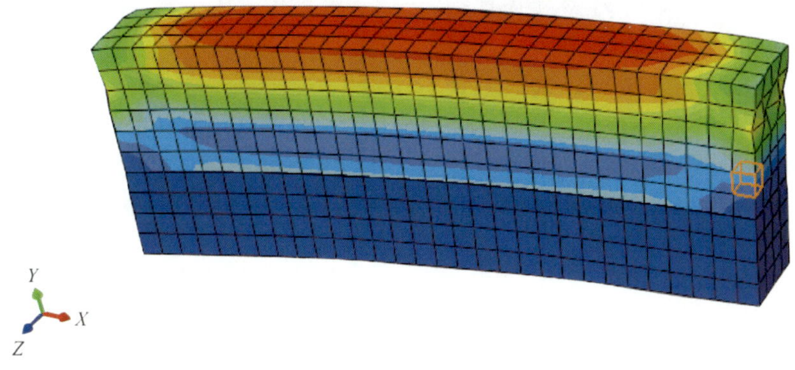

图 2-24　双层 CRC 板应变云图

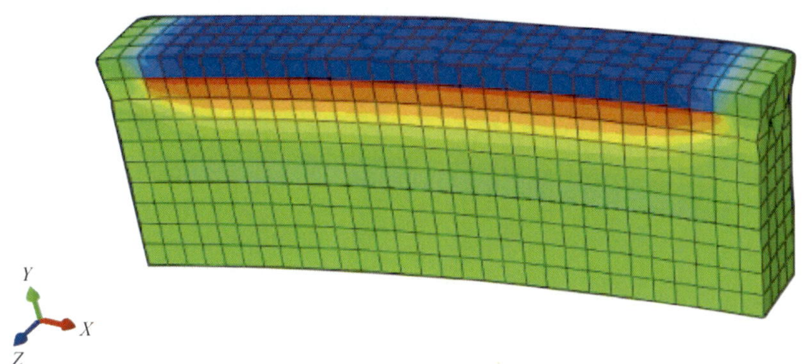

图 2-25　双层 CRC 板混凝土 S11 应力云图

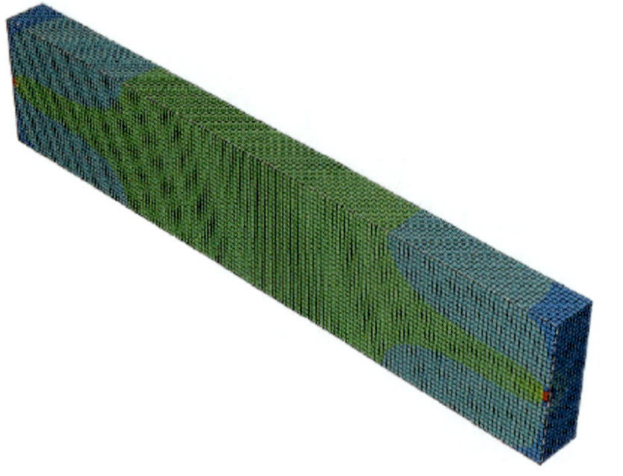

图 3-7　板宽 1/2 纵向截面混凝土应力云图

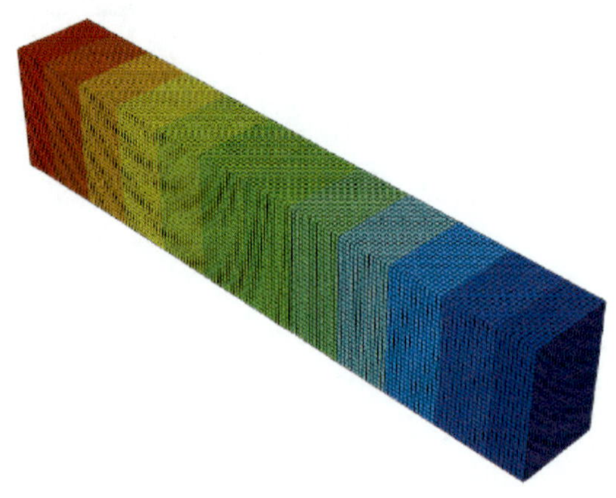

图 3-9　混凝土位移云图

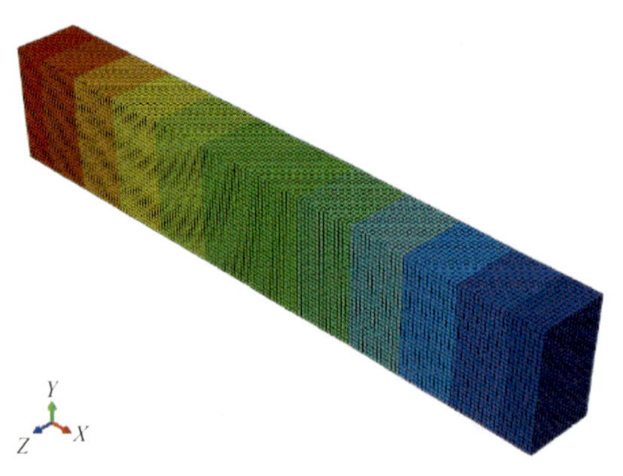

图 3-14　双层布筋板条位移云图

图 3-15　双层布筋板条板宽 1/2 处剖面图

图 3-16　单层布筋板条位移云图

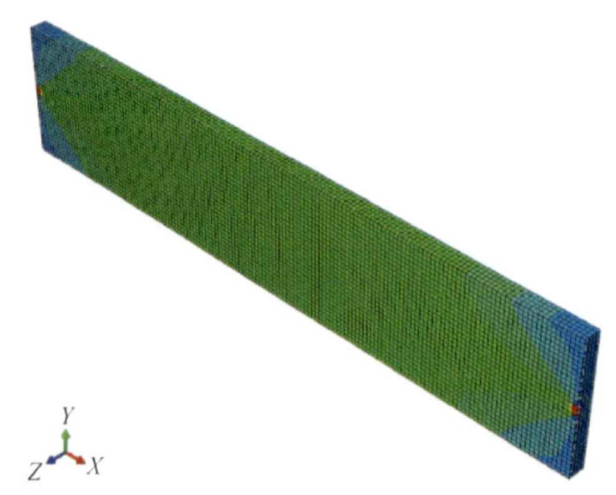

图 3-17　单层布筋板条板宽 1/2 剖面图

图 3-22　混凝土板温度翘曲应力云图

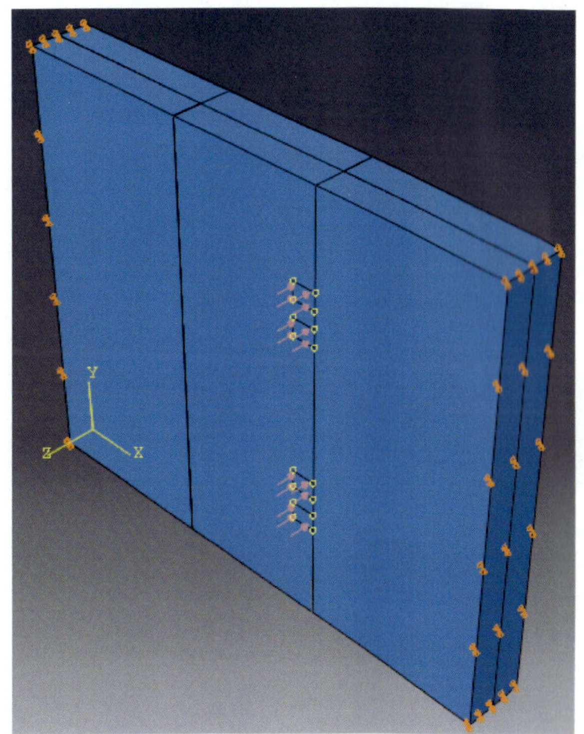

图 3-29　模型结构示意图

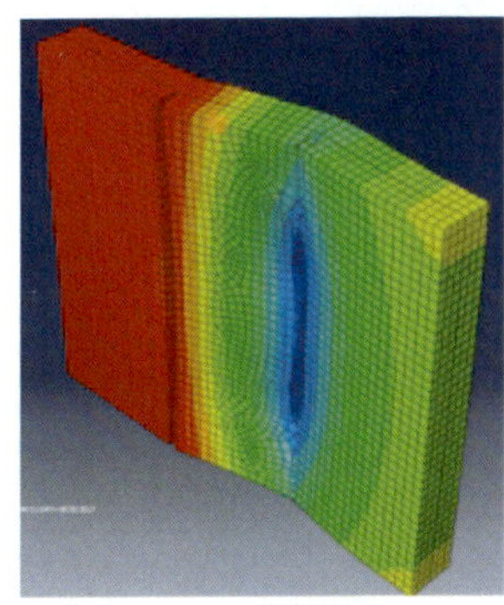

a)模型位移云图

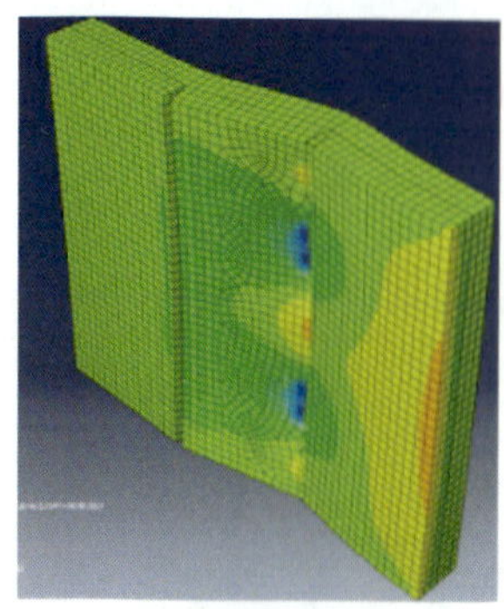

b)模型受力云图

图 3-30　模型受力云图与位移云图

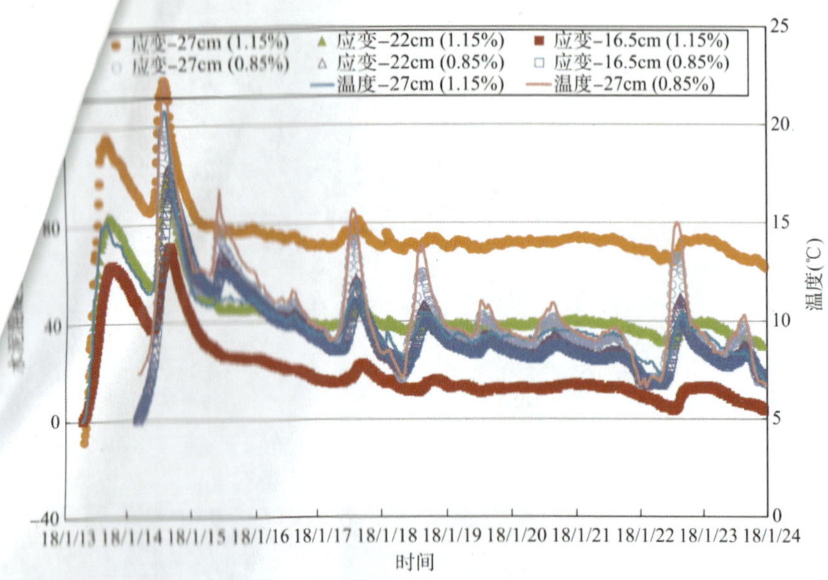

图 3-41 不同试验段 CRCP 早期行为

图 7-9 均匀降温下 CRCP 主应力分布图

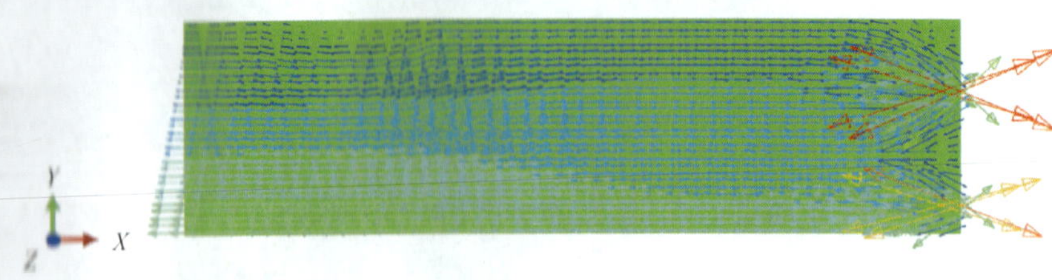

图 7-10 均匀降温下 CRCP 主应力方向分布图

图 7-11 负温度梯度下 CRCP 主应力分布图

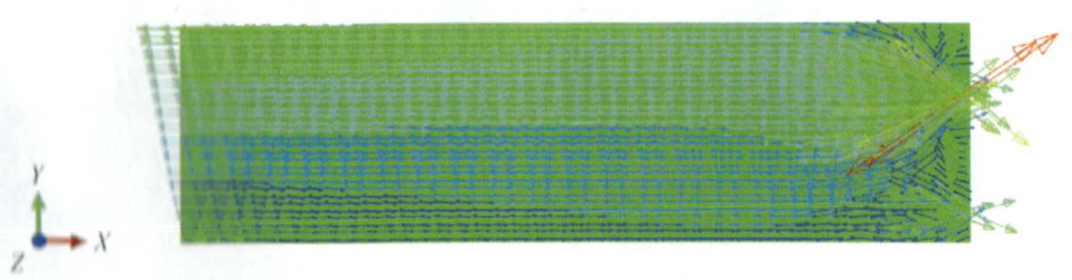

图 7-12 负温度梯度下 CRCP 主应力方向分布图